Irène Kummer · Beratung und Therapie bei Jugendlichen

IRENE
KUMMER

Beratung und Therapie bei Jugendlichen

KÖSEL

CIP-Kurztitelaufnahme der Deutschen Bibliothek

Kummer, Irène Elisabeth:
Beratung und Therapie bei Jugendlichen / Irène Kummer. –
München: Kösel, 1986.
ISBN 3-466-34154-X

Satz: R. & J. Blank, München
Druck und Bindung: Kösel, Kempten
Umschlag: Günther Oberhauser, München
ISBN 3-466-34154-X

Inhalt

Vorwort

Dieses Buch ist ein Erfahrungsbericht über ein jahrelanges Zusammensein mit Jugendlichen in meinem Unterricht als Deutschlehrerin in Menzingen, als Lebenskundelehrerin in Zürich und in der Jugendberatung, sei es in Institutionen oder in meiner privaten Praxis. Es ist auch Zeugnis all jener Gespräche und Auseinandersetzungen, die bei irgendwelchen organisierten oder spontanen Begegnungen mit Jugendlichen stattfanden. Sie haben mich herausgefordert – oft bis an meine Grenzen –, haben mich ihre Denk- und Fühlweise gelehrt und mir gezeigt, wie sie uns Erwachsene erleben. Es war eine strenge und reiche Zeit zugleich, und mein ganzes Herz hing an dieser Arbeit und diesen Begegnungen.

Ich möchte an der Stelle all jenen danken, die sich mir gestellt haben, die mich herausforderten und damit sehr ernst nahmen. Ich danke auch meinen beiden Stiefkindern Christine und Thomas, denen ich begegnet bin, als sie Jugendliche waren. Sie haben mir alle Themen, Fragen, Probleme und meine eigenen Gefühle nochmals aus einer anderen Sicht gezeigt.

Aus dem Anliegen der Jugendlichen und der Auseinandersetzung mit Sinn und Grenzen einzelner psychologischer Modelle entstand mein eignes Konzept: im Hinblick auf das Verständnis des Jugendalters allgemein und als Hilfe für die Beratung der Jugendlichen. Ich bin einem ganzheitlichen, wachstumsorientierten und gemeinschaftsbezogenen Menschenbild verbunden, aus dem heraus ich meine Arbeit verstehe und versuche, Jugendliche in ihrem eigenen Gestaltwandel zu begreifen und zu unterstützen.

Ich verstehe Jugendberatung generell als Wachstumshilfe, als *eine* Form und Möglichkeit derselben. Es ist deshalb eine notwendige Folge, daß Fragen der Gesellschaft, der Schule und der Erziehung allgemein ins Blickfeld geraten: im Sinne von Kritik und neuen Perspektiven. Die Impulse für diese Aspekte der Auseinandersetzung entstammen neben der Erfahrung dem langjährigen intensiven Kontakt mit der Psychologie Alfred Adlers und mit der Humanistischen Psychologie. In meinem Buch „Individualität und Verbundenheit" habe ich mein Menschenbild, meine Auffassung der menschlichen Gestaltwerdung und der heilenden Prozesse im Sinne einer „Metapsychologie" dargestellt. Das vorliegende Buch stellt eine Konkretisierung dieser Anschauungen im Bereich des Jugendalters dar.

Wesentlich für die Entstehung dieser Arbeit war auch die Zusammenarbeit mit meinen Kollegen. Mein besonderer Dank gilt in diesem Zusammenhang der damaligen Jugendberaterin an der Gewerbeschule Zürich, Frau Adi Rieser, meinem Kollegen am Seminar in Menzigen und Leiter von TZI-Kursen, Karl Aschwanden, dem Theaterpädagogen Fridolin Henking, der Werklehrerin Sr. Manuela Vasella und der Unterstützung der Rektorin des Seminars, Sr. Ingrid Hug.

Mit dem vorliegenden Buch möchte ich all jenen Anregungen geben, die in Ausbildung, Erziehung, Beratung und Therapie mit Jugendlichen zu tun haben.

Zürich, im Frühjahr 1986

1 Jugendberatung als Wachstumshilfe

1.1 Die Verantwortung für den Raum der Jugendlichen in unserer Erwachsenenwelt

Die Beziehung zu dem, was wir Jugend nennen in unserer Zeit, die das „Jugendalter" entdeckt oder gar erfunden hat, ist eine sehr komplexe, zum Teil ambivalente oder gar feindliche. Die Jugendzeit ist zumindest zum Thema geworden – und das heißt immer auch zum Problem – als Faszinosum und als Bedrohung.
Für unsere Gesellschaft ist „Jugend" überwertig, faßbar in Kombinationen wie „Jugend und Schönheit", „Jugendfrische", „Jugendlichkeit" usw., überwertig gegenüber „Alter" und „Tod". Jugend als Marktartikel hat Einzug gehalten in die Werbung verschiedenster Bereiche, die Ware Jugend wird zum Verkauf angeboten für eine Gesellschaft, die sich mit anderen Werten nicht zu identifizieren weiß. Es handelt sich hier nicht um die Auseinandersetzung mit einer Realität, sondern um einen modernen Mythos in einer Welt, in der die heute Heranwachsenden gelernt haben, mit der Aussicht auf bevorstehende Katastrophen zu leben.
Der Begriff der Jugend ist also zunächst eng verknüpft mit den Wertvorstellungen einer Gesellschaft, der der Sinn für „Wachstum", „Reife" und auch „Ganzheit" weitgehend abhanden gekommen ist, die also nur statische an die Stelle der dynamischen Begriffe setzt.
Wird der Mythos Jugend so verherrlicht, strebt die Kurve des Lebens bis zum Höhepunkt der vollen jugendlichen

Entfaltung und sinkt dann ab, gegen Alter und Tod hin, so muß auf der anderen Seite die Beziehung zu denjenigen, die diese Jugend verkörpern, eine ambivalente sein. Zunächst wird die Jugendkultur wie ja auch der Mythos Jugend vom Markt gekappt und nach allen Seiten hin verwertet, von der Schallplattenindustrie bis zur Mode, bis hin zu einer Jugendkultur, die von Erwachsenen gefertigt wird. Da unsere Kultur durch eine blitzschnelle Assimilationsfähigkeit charakterisiert ist, werden neue Werte und Vorstellungen gleichsam schon im Entstehen „entwendet". Wenn dies auch nicht nur für die Jugendlichen gilt, so ist für sie diese Tendenz unserer Kultur besonders gefährlich, denn so wird einer Menschengruppe ihre Identität, kaum ist sie im Begriff, sich zu entwickeln, schon wieder genommen. Dabei ist gerade für diese Altersgruppe die Suche nach einer eigenen Identität etwas primär Wichtiges.

So muß einerseits die mangelnde Fähigkeit der Erwachsenen, sich mit ihrer jeweiligen Entwicklungsstufe zu identifizieren, verunsichernd auf die Jugendlichen zurückwirken. Nicht sie selber, sondern ein plakatives Bild von „Jugend" wird zum Identifikationsobjekt der Erwachsenen, die zwar alt aber nicht reif zu werden vermögen und wirklich jung zu sein sich oft auch nicht erlauben.

Die Beziehungsproblematik kann sich bis zu einem schizophrenen Beziehungsmuster zuspitzen, indem Jugend zum Idol wird: einerseits machen die Erwachsenen nicht nur die Welt der Jugend, sondern andererseits werden auch immer mehr Jugendliche in die Erwachsenenwelt hinein verführt und können so nicht bleiben, was sie möchten. Es entsteht z.B. der Typus der Kindfrau, des Mädchens von ca. vierzehn Jahren mit dem Charme des Kindes und der auf die Bedürfnisse des Erwachsenen ausgerichteten frühreifen Sexualität. Immer früher sind die Jugendlichen auf diese Weise mit der Bedürfniswelt der Erwachsenen konfrontiert, mit der an sie gerichteten Botschaft, daß sie jugendlich und erwachsen gleichzeitig sein sollen. Andererseits wird ihnen ebensofrüh die Welt

der Ersatzbedürfnisse vom Markt her mit ihrem Verführungscharakter nahegebracht. Die dringliche Auseinandersetzung mit den Grundfragen der Existenz findet nicht statt. An ihre Stelle treten Idole, Ersatzbefriedigungen, Identifikationen und Projektionen.
So ist die Identitätssuche des Jugendlichen von dem ihm gegebenen Rahmen der gesellschaftlichen Verhältnisse her in mehrfacher Hinsicht erschwert. Sie entspricht der mangelnden Identifizierung des Erwachsenen mit sich selbst auf körperlicher, seelischer und geistiger Ebene und einer daraus erwachsenden mangelnden Beziehung zur Welt im engeren und weiteren Sinn. Die fehlende Beziehung zum Prozeß des Lebens mit seinen existentiellen Bedürfnissen nach Bezogenheit, Transzendenz, Verwurzeltsein, Identität, Hingabe und Wirkmächtigkeit, wie Erich Fromm sie benennt, schafft Ersatzbedürfnisse und -befriedigungen. An die Stelle der Bezogenheit treten Isolation und Konsum als Ersatz, an diejenige nach Transzendenz tritt Zurückgeworfensein auf sich selbst, und daraus folgen Narzißmus und Verfallensein an künstliche Transzendenz, an diejenige von Verwurzelung Halt- und Heimatlosigkeit sowie Verbrauch all dessen, was zur Ware degradiert werden kann. An die Stelle der Identität tritt Identitätsverlust. Hingabe wandelt sich in Protest, in Resignation, Flucht und in Träume. Die verwehrte Wirkmächtigkeit schlägt um in Verzweiflung und Destruktion. Generell gesagt, tritt das Streben nach Macht und Erfolg in den Vordergrund. Macht ist zur paranoiden Idee, daß alles machbar sei, geworden; dic Technik ist Vollstrecker dieser Idee. Die zerstörerische Kraft der Technik wiederum zeigt nur das gestörte Verhältnis des Menschen zu sich selbst, den Griff, mit dem wir uns unserer selbst zu bemächtigen suchen, um uns und die Welt in Besitz zu haben, weil wir nicht wir selbst zu sein vermögen.
Aus dieser mangelnden Beziehungsfähigkeit bemächtigt sich die Erwachsenenwelt der „Idee Jugend“ als Identifikationsobjekt und der Jugendkultur, um sich an ihr zu

bereichern und sie steuern zu können. Den Jugendlichen selbst bleibt so die Möglichkeit der Anpassung, die dann in einem schizophrenen Arrangement enden muß. Es bleibt die Identifikation mit einem Bild von „Erwachsensein", das gekoppelt ist mit den Vorstellungen von Macht, Erfolg und Genuß als Konsum. Hier entsteht jener Typus des jugendlichen Erwachsenen, in dem unsere Gesellschaft sich in verklärter Form wieder zu begegnen vermeint. Als Gegenpol dieser Überidentifikation, die mit wahrer Identifikation nichts zu tun hat, können wir die totale Verweigerung sehen. Verweigerung als letzte – oft verzweifelte – Identität gegen eine besitzergreifende Gesellschaft ist die Basis all jener Jugendbewegungen, die dem Bestehenden ihr „Nein" nicht nur im Wort entgegenschleudern.

Das zum Teil kompromißlose Nein der Jugend, ihr Protest, die Verweigerung, der Rückzug oder die Demonstration, die Destruktion und Gewalt, provozieren die erbitterten, nur zu schnell eskalierenden Maßnahmen der Erwachsenenwelt. Und gerade hier erweist sich, daß das – wie immer ausgedrückte – Nein der Jugend in geheimer Verrechnung zur Lebensgestaltung der Erwachsenenwelt steht. Bei genauem Hinsehen lebt die Jugend meist genau die Aspekte, die von der Erwachsenenwelt unterdrückt und verdrängt werden. Wo die Leistung dominiert, folgt als Antwort die Verweigerung jeglicher Leistung, das Mißachten beruflicher Erfolge und von Karriere. Wo Sicherheit einer der größten Werte ist, bleibt die Lebensführung der Jugendlichen betont ohne Bindung und Absicherung; an die Stelle der Planung auf lange Sicht tritt das bewußte Leben im Heute („wissen wir denn, was in ein paar Jahren ist?"). Dem gesellschaftlichen Rahmen stellen sich die „Aussteiger" gegenüber, dem Umweltkonsum und -mißbrauch das Wiederaufgreifen natürlicher, nicht auf Profit ausgehender Produktionsweisen, der Gewalt die Friedfertigkeit usw.

So wird diese Lebensweise in sich zum Protest und Angriff auf die Werte der Erwachsenenwelt. Doch ist der

Protest als die Kehrseite der legitimierten gesellschaftlichen Realität zu sehen. In den Lebensformen der Jugend treten also genau jene ungelebten Impulse der Erwachsenenwelt hervor: die Zuwendung zum Heute, friedliche, nicht profitable, ungesicherte Lebensweise. Die Ideale der Jugend, die angestrebten Lebensformen sind die uneingestandenen Sehnsüchte der Erwachsenen, wo Ordnung und Struktur herrschen, Macht und Erfolg. Die Auseinandersetzung, die die Erwachsenen so mit sich selbst austragen müßten, kann auf diese Weise an die Jugend delegiert werden; so läßt sich der Kampf außen statt innen führen. Die Jugend wird für die eigene mangelnde Integrationsfähigkeit mißbraucht. Die starre, einseitige Lebensweise der Erwachsenen provoziert die ebenso einseitige Lebensweise der Jugend.

Das wird besonders dort problematisch, wo die geheimen destruktiven Impulse zum Vorschein kommen. Das Nein gegen eine zum Profit umfunktionierte Kunst endet in der Zerstörung derselben. Die Konsumgesellschaft muß sich zum Teil panisch gegen die Zerstörung ihrer Güter schützen. Sogar das Versicherungssystem gerät dadurch aus den Fugen. Die mangelnde Fähigkeit zum Hören produziert unter anderem die Sprayerkultur, jene vielen Sprüche an allen Wänden, durch die sich vor allem die Jugend Gesehenwerden und Gehörtwerden verschafft. Die oberflächlich friedliche Gesellschaft wird gestört durch die aggressiven, gewalttätigen Ausbrüche der Jugend – durch die eigene Aggression, und durch die eigenen Sehnsüchte nach Transzendenz im Treiben der Jugendsekten und im Drogenkonsum.

Gerade weil es abgespaltene Seiten sind, können sie kaum zu einer positiven Lebensgestaltung führen, sondern enden oft in Verzweiflung und Selbstdestruktion und im Labyrinth der verzweifelten Gegenmaßnahmen der Erwachsenenwelt, die sich beweist, daß der Weg der Jugend zu nichts führt und die damit wieder die Bestätigung ihrer eigenen Welt bekommt.

Doch die von der Jugend stellvertretend gelebten Seiten der Erwachsenenwelt tragen eben einerseits die vergessenen positiven Werte in sich, die zu leben jedoch den Jugendlichen wenig Raum geboten wird, andererseits kann die zum Vorschein kommende Destruktivität als Spiegel für unsere Gesellschaft verstanden werden.
Die Chance bestünde also darin, den positiven Aspekten im Leben der Jugendlichen Raum zu geben, sie selber wieder neu zu integrieren und andererseits die destruktiven Impulse als eigenen Schatten zu verstehen und in sich selbst – im Rahmen des Individuellen wie der Gesellschaft – auszutragen. Dies würde bedeuten, die Jugend als Herausforderung in der Auseinandersetzung zu verstehen, und als Aufforderung und Anstoß zum eigenen Wachstumsprozeß. Daraus ergibt sich auch eine neue Definition dessen, was wir Erwachsene als Verantwortung unserer Jugend gegenüber einzulösen haben.

1.2 Macht und Verantwortung

Jugendberatung ist nur Teil einer umfassenden Begleitung junger Menschen in der Adoleszenz. Deshalb gilt alles, was generell über den Umgang mit Jugendlichen – ausgenommen die spezifisch methodischen Aspekte – gesagt wurde, für jeden Kontakt, dessen Ziel es ist, sie zu verstehen und in ihrem Wachstum zu fördern. Dies wiederum bedeutet, Jugendlichen den Spiel-Raum zu gewähren, der ihnen ermöglicht, die eigene Identität und Autonomie einzuüben, und mit der Selbstgestaltung zu experimentieren sowie Verantwortung und Verbindlichkeit in der Gemeinschaft zu erproben. Es bedeutet, daß die betreffenden Erwachsenen selber in Kontakt mit ihrem eigenen Wachsen sind, sich auf das In-Frage-Stellen durch die Jugendlichen einlassen können, den Weg finden zwischen Sich-Einlassen und Abgrenzen und damit in der Beziehung bleiben; es bedeutet, zu versuchen, wahr zu sein und das Versprochene einzulösen, auch wenn es schwierig wird. Gefordert ist darüber hinaus ein Sinn für Wandlung, und zwar für jene existentiellen Veränderungen, die tiefe Unsicherheit, Aufbruch und gleichzeitig einen wachen Kontakt zu den tiefen Schichten der eigenen Person bedeuten. Wer sich selber diesen Wandlungen in seinem Leben auszusetzen vermag, kann sie im Jugendlichen bejahen und seine schöpferischen, heilenden Kräfte unterstützen.

Unserer Gesellschaft sind diese Werte jedoch weitgehend fremd, weil sie nicht wachstumsorientiert sondern machtbesessen ist. In bezug auf unsere neuzeitliche Entwicklung hat Horst E. Richter vom „Gotteskomplex" des modernen Menschen gesprochen, und im individuellen Bereich hat Alfred Adler das neurotische Streben als Streben nach „Gottähnlichkeit" bezeichnet.

Dem Prozeß der Formung und Wandlung, den wir als so entscheidend wichtig für die Adoleszenz betrachtet haben, steht der Akt der Bemächtigung gegenüber. Bemächtigung führt in Gegensätze, das Prozeßhafte in die Verkörperung grundlegender Polaritäten unseres Daseins. Das Streben nach All-Macht bewirkt Trennung und Abspaltung, Wachsen und Werden bedeutet Verbundenheit. Macht und Ohnmacht werden als Wertgegensätze von oben und unten gesetzt und damit in eine Dynamik des Entweder – Oder, des Alles oder Nichts eingefangen und nicht als polare Befindlichkeiten der menschlichen Existenz verstanden.

Die Auswirkungen auf jede Art von Beziehung sind folgenreich – auch im Bereich von Schule, Ausbildung und Erziehung. In der Oben-unten-Struktur mit ihrem starren Schema zeigt sich vor allem wertendes Vergleichen, und daraus ergeben sich Konkurrenz und Rivalität an Stelle von Zusammenarbeit, gegenseitiger Ergänzung und konstruktiver Kritik. Mißtrauen und Angst und schließlich das Gefühl der Isolation sind die Folge, was wiederum krampfhafte Versuche, doch dazuzugehören, auslöst. Auf dieser Basis gibt es jedoch nur Außenseitertum, Anpassung unter Selbstaufgabe oder Überhebung. Die destruktive machtorientierte und die verbindliche, wachstumsorientierte Haltung mit ihren Konsequenzen lassen sich folgendermaßen schematisch darstellen:

Antithetisches Wahrnehmungsschema	Wahrnehmungsschema als Orientierungshilfe (offen)
unten – oben	auf gleicher Ebene
Allmachts-Ohnmachts-Komplex	Polarität von Macht und Ohnmacht
der erste – der letzte etwas Besonderes sein	gewöhnlich/selbstverständlich einmalig sein
wertendes Vergleichen	nichtwertendes Wahrnehmen
Hierarchie Konkurrenz Rivalität	Zusammenarbeit Kritik Ergänzung
Mißtrauen Angst	Vertrauen kritische Offenheit
Isolation	Dazugehören
Aufspaltung Zerstörung	Verbinden Aufbauen

Was die Machtmuster ausmacht und miteinander verbindet, ist das Immergleiche. Dieses jedoch ist das Fixierte und Erstarrte, das gegen den Prozeß des Lebens Gestellte. Das Streben nach Macht und Überlegenheit ist ein Ersatz für Lebendigsein und Wachsen. Der Mensch ist nur damit beschäftigt, sich zu messen, seinen Wert festzulegen. Es gibt nichts, aus dem Menschen nicht ihr Gefühl der Überlegenheit und des Besondersseins speisen könnten, und sei es auch aus dem Außenseitertum oder dem Unglücklichsein. Für die meisten Menschen unserer Kultur ist deshalb der Gedanke, gewöhnlich zu sein, etwas vom Erschreckendsten. Es verbindet sich damit die Phan-

tasie, niemand mehr zu sein, unterzugehen, keinen Wert zu haben, unbedeutend zu sein. Doch gehört es zum Wesen des Menschen, wert zu sein – einfach durch die Tatsache der Existenz –, und so sind die meisten Menschen unserer Welt damit beschäftigt, hinter dem herzujagen, was ihnen schon immer eigen ist.
Es käme jedoch vor allem darauf an, einander gegenseitig dieses Wertsein zu spiegeln – vor allem den Unsicheren, die ihren Wert im Maß ihres Angenommen- und Geliebtseins erfahren. Auch für Jugendliche ist es eine der wesentlichsten Fragen, ob sie sich als wert erleben, als angenommen und zugehörig. Das ist jedoch nicht möglich, solange Oben-unten-Strukturen im genannten Sinne alles durchformen, auch das Lernen, den ganzen Schulbetrieb, die Beziehung zwischen Lehrern oder Vorgesetzten und den Jugendlichen.
Ich möchte in dieser Arbeit versuchen, die Konsequenzen eines wachstumsorientierten Menschenbildes im Bereich der Arbeit mit Jugendlichen darzustellen.

1.3 Gestaltwerdung und Gestaltwandel im Jugendalter

Das Jugendalter ist eine Zeit des Gestaltwandels, des Übergangs. Während des ganzen Lebens gibt sich der Mensch immer wieder neu Form oder Gestalt, und zwar als körperlich-seelisch-geistige Ganzheit. Ich gebe mir Gestalt in der Weise, wie ich mich aufrichte, in der Welt stehe, mich der Welt zuwende, mich öffne und zurücknehme. Individualität und Verbundenheit, sich auftun und sich zurücknehmen sind Pole der menschlichen Gestaltung und Umgestaltung. Die Weise, wie der Mensch mit seiner Gestalt in der Welt ist und sich Form gibt, ist sein „Lebensstil“. Der Lebensstil ist Ausdruck der Individualität, der persönlichen Gestalt.

Diese Gestalt wiederum ist keine fixe Größe. Wir stehen unser ganzes Leben lang – mehr oder weniger – in einem Prozeß der Wandlung. Es gibt in unserem Leben jedoch auch große Schwellen, Wendepunkte, durch die neue Möglichkeiten Gestalt gewinnen, neue Grenzen gebildet werden. Zwischen der alten und der neuen Gestalt liegt eine Phase des Übergangs, die in gewissem Sinne gestaltlos ist und als eine Art Chaos erlebt wird, weil das Alte nicht mehr und das Neue noch nicht ist. Wendepunkte sind deshalb ein Vorgang, der als ein Akt des Sterbens und Geborenwerdens bezeichnet werden kann.

Zu den wichtigen Schwellen im Leben eines Menschen gehören seine eigene Geburt das Erwachsenwerden, die Verbindung in der Partnerschaft, das Gebären, der Übergang zum Alter und schließlich das Sterben.

Diese allgemeine Erfahrung von Schwellen und Wendepunkten kann einen ersten Zugang zur Erlebnisweise des Jugendlichen geben, denn die großen Schwellen haben vieles gemeinsam, was zum Verständnis ihrer Eigenart und Bedeutung im Leben des Menschen beizutragen vermag. Diesen Wandlungen ist ihre Totalität gemeinsam. Sie stellen zunächst eine tiefgehende Veränderung auf der biologischen Ebene dar. Wenn der einzelne Mensch dies zulassen kann, entsteht eine neue und sehr intensive Beziehung zum eigenen Körper, in dem Energien umgepolt werden. Dies gilt auch für die Adoleszenz. Die hormonellen Veränderungen sind nur Motor der energetischen Wandlung, in der der genitale Bereich zum wichtigen unteren Pol des Energiestromes wird. Die vitale biologische Kraft, die mit dieser Wandlung an den wichtigen Schwellen verbunden ist, macht oft große Angst, weil sie Hingabe an etwas Unbekanntes, Neues erfordert, die bisherige Gestalt buchstäblich sprengt und den Menschen überwältigt. Dagegen wehren wir uns oft in allen Phasen des Lebens. Wir wollen festhalten, bewahren, uns schützen. Oft leben wir lange Zeit in einem Hin und Her zwischen Festhalten am Alten und Loslassen. Am schlimmsten

wäre es zu versteinern, denn die Erstarrung ist gegen das Leben gerichtet.
Die biologische Wandlung läßt sich von der seelisch-geistigen nicht trennen. Der Abschied von der alten Gestalt bedeutet eine tiefe Unsicherheit, das Gefühl, den Boden unter den Füßen zu verlieren. Doch dieses Erleben von Ausgesetztsein ist notwendig, um die neue Gestalt zu formen, eine neue Identität zu gewinnen. Die großen Wendepunkte oder Schwellen bedeuten gerade deshalb auch eine Chance intensivierten Kontaktes zu den eigenen seelischen Tiefenschichten. Das Neugeborene hat Hirnwellen, wie sie sonst nur in der tiefen Meditation möglich sind, und die Mutter, die es geboren hat, lebt in einem Zustand, der – falls sie sich dem Prozeß hingeben kann – sich demjenigen ihres neugeborenen Kindes nähert. Jugendliche zeigen oft einen erstaunlichen Bewußtseinszustand und vermögen zu fundamentalen und existentiellen Erkenntnissen vorzustoßen, und auch bei Sterbenden finden wir dieses Phänomen wieder.
Wendepunkte sind auch Wandlungen auf der Beziehungsebene. Das Neugeborene gibt die totale Geborgenheit bei der Mutter zugunsten der Begegnung „Aug in Auge", im Gegenüber-Sein, auf. Durch die Geburt werden Mann und Frau zu Eltern und die Familie wird geboren. In der Adoleszenz wird die ganzheitliche, alle Schichten der Person erfassende Beziehung zum andern Geschlecht und der weiterzeugende Akt möglich; und im Sterben weiten sich die Grenzen ins Unbekannte.
Was ist nun das Spezifische im Gestaltwandel der Adoleszenz?
Adoleszenz ist – ausgehend von den biologischen Vorgängen – ein tiefer energetischer Wandel, oder genauer, die definitive Polarisierung des Menschen, dessen unterer Pol nun der Genitalbereich darstellt. Es entsteht eine neue Geschlossenheit der Person durch die energetische Polarisierung. Von diesem Wandel wird auch das Erleben der eigenen Gestalt im Sinne der Identität erfaßt und der Bereich der Beziehungen transformiert. Die Möglichkeit

des sexuellen Kontaktes stellt eine neue Beziehungsgestalt dar, mit einer intensiven Spannweite zwischen Körperlichkeit und seelisch-geistiger Verbindung, zwischen Intimität und Eigenständigkeit und eine neue Verbindung mit dem Bereich des nicht mehr Persönlichen im Sinne archaisch-vitaler und kosmisch-transzendenter Dimensionen.

Für die Phase der Adoleszenz ist bedeutsam, daß alles Alte, was sich bisher im Sinne des Lebensstils und der mit ihm verbundenen Rollen, Muster und Arrangements verfestigt hat, erneut aufgebrochen und in Frage gestellt wird. Bisher ruhige und liebe Kinder werden fast über Nacht zu Rebellen, zu unausgeglichenen, launischen Wesen, die sich selbst nicht mehr kennen und über sich erschrecken, auch wenn sie das schwer zuzugeben vermögen. Was bisher als Wert erschien, ist es nicht mehr – „alles ist sinnlos geworden“, sagen viele – und eine unbestimmte Trauer überfällt sie. In Beziehungen sind Jugendliche plötzlich seltsam gehemmt, werden von den kleinsten kritischen Bemerkungen verunsichert, vergleichen mehr als bisher und versuchen, sich gleichzeitig unabhängiger als je zu zeigen. Ihr eigener Körper wird ihnen fremd und oft unannehmbar, die sexuellen Regungen haben oft etwas Befremdendes, aber auch Faszinierendes, und der Bereich der Gefühle scheint sich auf eine nie gekannte Art selbständig zu machen. Es werden auch kreative Möglichkeiten frei, die eine erstaunliche Gestaltgebung erfahren. Tiefe Einsichten brechen auf, und Klarsicht und Verwirrung schlagen ebenso unberechenbar ineinander um, wie beißende Kritik und Sprachlosigkeit, wie Hingabe an Menschen und Aufgaben und extreme Selbstbefangenheit. Häufig stoßen Jugendliche gerade in dieser extremen Verunsicherung auf Kritik und Ablehnung. Sie sollten bleiben, wie sie waren oder sein, wie sie noch gar nicht sein können. Die Übergangszeit wird von den andern als solche negiert oder verurteilt.

Doch gerade dadurch, daß im Jugendalter alles Alte aufgebrochen wird und in die Krise – wörtlich „Entschei-

dung" – gestellt ist, bedeutet diese Phase auch eine große Chance für die Gestaltwerdung, bevor sich im Erwachsenenalter die Strukturen erneut verfestigen.
In diesem Prozeß gibt es fast für alle Jugendlichen, die ihn überhaupt zulassen können, Momente, in denen sie glauben, den Boden völlig unter den Füßen zu verlieren, keine Identität mehr zu haben und in Sinnlosigkeit abzustürzen. Diese Krisen können nur im Raum der Beziehung aufgehoben und eingelöst werden.
Die Chance des Aufbruchs im Jugendalter bedeutet für Eltern und Erzieher, ja für die ganze Gesellschaft, eine wichtige Aufgabe. Es kommt ganz wesentlich darauf an, welche Angebote – Beziehungsangebote, Sinnangebote, Lernangebote – Jugendliche in der Schule und in der Berufsausbildung sowie in der Freizeit bekommen und welcher Raum ihnen als ihr eigener Spiel-Raum zur Verfügung gestellt wird. Die Raumlosigkeit ist eines der modernen Probleme überhaupt, das Kinder, Jugendliche, Erwachsene und alte Menschen gleichermaßen trifft. Ein 19jähriges Mädchen schrieb mir in einem seiner Briefe:

„Raum. Oft sitze ich nur da. Ich brauche immer mehr Raum – oder besser gesagt – der Raum ist der wesentliche Teil meiner Ich-Werdung... Erst durch den Raum wird der Mensch. Vielleicht ist es eine Distanz. Aber wunderbar ist doch auch, daß der Mensch so viel Raum braucht für sein Werden. Dies ist vielleicht wieder eine Besonderheit des Menschen, daß sein Raum größer ist als er selber. Davon haben Illies und Meves damals in Baar auch gesprochen: ‚... die gesunde Aggression ist die, die den Raum schafft, der zur Menschwerdung nötig ist.'"

Sich Raum schaffen für die Menschwerdung bedeutet konkret Aggression im Sinne der Grundbedeutung „etwas angehen". Angegangen werden die Lebensaufgaben, von denen Alfred Adler sagt, sie seien alle Beziehungsfragen. Die Themenkreise des Jugendalters stellen bestimmte Variationen dieser Lebensaufgaben dar. Die Beziehung zu sich selbst kristallisiert sich in der Suche nach der eigenen Gestalt oder Identität. Diese wiederum steht in engem

Zusammenhang mit der Ablösung von der Herkunftsfamilie und damit von Autoritäten allgemein und gibt so auch den Weg frei für neue Beziehungen. So wird die Aufgabe der Partnerschaft vorbereitet durch die Auseinandersetzung mit dem eigenen Körper, mit der eigenen Sexualität, und werden die Beziehungen zum andern Geschlecht gleichsam eingeübt. Wichtig im Jugendalter ist der Kontakt zu den Gleichaltrigen, das Angenommen-Sein und Bestehen in der Auseinandersetzung mit ihnen, was wiederum wesentlich zum Verständnis der eigenen Gestalt beiträgt. Beziehung ist jedoch auch Aufgabe in dem Sinn, daß die Bedürfnisse anderer respektiert, ja überhaupt wahrgenommen werden. Dasselbe gilt – heute in einem bisher ungekannten Ausmaß – auch für die Natur, für die Welt, ja den Kosmos allgemein. Gerade junge Menschen stellen sich dieser Aufgabe heute ganz bewußt. In die Zeit der Adoleszenz und damit des allgemeinen Umbruchs fällt auch die Suche nach einem Beruf, der Entscheid für eine bestimmte Ausbildung oder das Engagement in einer Schule, was sehr viel an Einsatz verlangt.
Es wird deutlich, wie vielseitig ein Jugendlicher heute gefordert – oft überfordert – ist. Die Frage nach dem Sinn des Lebens ist ebenfalls eine Beziehungsfrage im Hinblick auf das Leben allgemein, auf die Ausrichtung des persönlichen Weges und des eigenen Engagements.
Gestaltwerdung geschieht in der Verschränkung von Individualität und Verbundenheit. Wo diese Balance gestört ist, wird das Formen der eigenen Gestalt schwierig. Doch ist der Mensch immer in diesem Prozeß – mit mehr oder weniger großen Schwierigkeiten. Wenn wir dies ernst nehmen, kann sich aller Umgang mit Menschen und insbesondere die therapeutische Arbeit nur am Prozeßcharakter, am Wachstum, an dieser Grundbewegung des Menschen orientieren. Ausgeschlossen sind alle Haltungen und daraus erwachsenden Methoden, die statisch sind und deshalb fixierend wirken und alle, die die dynamische Ganzheit des Menschen aufzulösen suchen.

Das Wichtigste in der Auseinandersetzung der Psychologie mit ihrem Tun muß deshalb die Suche nach Möglichkeiten sein, die dem Menschen als einem werdenden, sich entwerfenden Wesen gerecht zu werden vermögen. Das kann meiner Meinung nach nur ein ganzheitlicher, die Subjektivität berücksichtigender Ansatz sein. Begriffe wie „Gestalt", „Gestaltwerdung", „Formgebung" und „Gestaltwandel" mit der im letzten Kapitel beschriebenen Phänomenologie entsprechen am ehesten diesen Anliegen. Es geht also, konkreter gesagt, darum, zusammen mit einem Menschen seine eigene Dynamik aufzuspüren, erlebbar und bewußt zu machen und mit ihm zu erforschen, wie er mit seinem Gestaltungsprozeß besser umgehen kann, wo und wie er sich selbst hindert und im Wege steht und ihn auch durch die auftauchenden Ängste, Nöte, Schmerzen und Krisen zu begleiten, bis er selber wieder allein mit dem Prozeß der Formgebung umgehen kann. In besonderem Maß beziehe ich diesen Ansatz auf den Umgang mit Jugendlichen. Jede Unterstützung von Jugendlichen muß eine ihrer formbildenden Kräfte sein, abgestimmt auf die besondere Situation der Übergangsphase, in der sie sich befinden. Ich möchte zunächst als Beispiel einen Brief einer 20jährigen an mich zitieren, den sie als eine Art Selbstreflexion schrieb, nachdem sie drei Jahre bei mir in der Jugendberatung gewesen war. Sie schrieb ihn vor zehn Jahren, als ich mein Konzept noch nicht mit den jetzigen Worten und überhaupt nicht so umrissen formulieren konnte. Es sind ihre eigenen Worte, in denen sie die Not und Schwierigkeit mit ihrer Formbildung, mit ihrer Identität und Bezogenheit auf andere, zu schildern versucht:

„*. . . Ich habe das Gefühl, daß ich meine Hände verliere und mein Rumpf armlos ist.* Ich empfinde mich als ein verkrüppeltes, kleines Menschlein, eine Art Kopffüßler, wie sie auf den Zeichnungen von kleinen Kindern zu finden sind. Erstarrt am Ort bin ich, gelähmt, ohne Hände und ohne Arme. Ich meine, daß ich mich nicht bewegen kann. Es gibt in mir einen Antrieb, der die Hand auf den Kopf des andern legen möchte. Eigentlich habe ich Hände. Aber sie sind weg, plötzlich nicht mehr da – oder noch da, aber starr und unbeweglich. Ich bin gebannt – ich empfinde, daß ich nicht gebannt sein möchte. *Ich halte meine eigenen Hände fest.* Dann – langsam lasse ich mich los, fast schmerzlich und doch befreiend. An meinem Rumpf *wachsen Arme und vor allem Hände* – zwei warme Hände, die sich bewegen. . .

Ich erinnere mich an einen Abend, an dem ich über den Schreibheften meiner Schwester saß und die Buchstaben übermalte, zuerst, – später selber die imitierten Formen versuchte. Erinnere mich vor allem an die *gestaute Wut* über das fortwährende Mißlingen – bis ich aufgab. *Krampfhaft versuchte ich meine Ausdrucksformen in Form zu behalten.* Krampfhaft jeder Buchstabe, jede Form – bis meine verhaßten Hände schmerzten. Ich versteifte mich auf stereotype Formen – aber alle diese Formen waren im Grunde genommen *nicht meine* Formen, – meine krampfhaften Versuche, meine Formlosigkeit zur Form zu vergewaltigen, machten mich *völlig unfähig zum unmittelbaren eigenen Ausdruck*, zu meinem Ausdruck. Ich klammerte mich an Formen fest, zu denen ich entwicklungsmäßig noch nicht fähig war. Es war, als ob alle diese aufgezwungenen Formen zwar in meiner Vorstellung lebten, groß und schön, aber in meinem Ausdruck lagen wie ‚*Formleichen*' – verborgen und leblos bleich. Meine *Gesten*, die ich machte, *waren so groß*, daß sie meine kurzen Arme in der Geste überforderten – die Bewegung *mußte erstarren, weil ich sie nicht* in der Größe und Schwungkraft *ausführen konnte*. Während meiner ganzen Kindheit habe ich mich abgemüht mich zu ‚*überformen*', indem ich meine Stufe nie stufengemäß auslebte, sondern bereits die Stufe darüber zwangsweise ergriff und notgedrungen an ihr versagen mußte – ohne diese krampfhaften, jahrelangen, vergeblichen Versuche aufzugeben. Ich habe nie *mich* zum Ausdruck gebracht – nie *spontan meine* Schritte gemacht. Meine Überforderung hat meine Ausdruckskraft in jenen Jahren weitgehend abgetötet. Ich habe nie *meine* Bewegung ausgeführt, nie *meine* Sprache gesprochen – und was am schlimmsten ist, *nie mich spüren ‚dürfen' lassen*. Ich durfte *von mir aus* und unter *meinem* Zwang nicht sein. . .

Ich möchte *meine* Formen *ausformen* lernen aus der entspannten Hand – *mich* ausdrücken, *meinen* Ausdruck finden. Ich meine sogar, daß ich auf dem Weg bin dazu, nur manchmal erstarrt die Bewegung, *weil ich mich fortwährend selber überrenne*. Ob sich einmal meine Muskeln lösen werden? Ich möchte. Nur habe ich manchmal grauenhaft Angst, *ich könnte nie mehr aus dem Teufelskreis der erstarrenden Bewegungen herauskommen*. Das macht mich traurig, ganz fest.

Aber *ich möchte* . . .

Geschrieben ist dies für Irène und Adi. Es beeindruckt mich tief, daß ich mich euch zeigen *darf* und vor allem *kann*!"

Der Brief zeigt ein erlebnisbezogenes Wissen darum, daß es eine Identität gibt, die sich im Selbstausdruck kristallisiert und dieser Selbstausdruck zugleich Grenze und Verbundenheit bedeutet, daß es ein inneres Wachstumsgesetz gibt, dessen Stufen nicht übersprungen werden dürfen und auch Achtsamkeit den eigenen kleinen und großen Bewegungen gegenüber einschließt. Aus dieser Art von Verkrampfung heraus gibt es nur das eine: loslassen, um den Teufelskreis zu unterbrechen. Diese tiefe Sehnsucht ist Beatas Wegweiser auf ihrem Weg. Doch ist der Akt der Selbstwahrnehmung hingeordnet auf die Beziehung, in der sie sich für diesen Prozeß aufgehoben fühlt.
Die Zusammenfassung des Briefes zeigt genau jene Aspekte, die ich als entscheidend im Kontakt und in der Arbeit mit Jugendlichen sehe:

1. Unterstützung der je persönlichen Gestalt im Sinne von Identität und Autonomie sowie Verbundenheit mit der Welt. Ermutigung, die eigene Form auch als Ausdrucksform zu erspüren und zu leben. Das bedeutet, im Jugendlichen die Experimentierfreudigkeit, das Wagnis, die Spontaneität in der Selbstgestaltung zu fördern und den Grundrhythmus von Grenzen bilden und wieder aufgeben einzuüben.
2. Den Sinn für das eigene Wachsen wecken und das leistungs- und ergebnisbezogene Denken abbauen. Es bedeutet, das Erspüren des je individuellen wie des überpersönlichen Wachstumsgesetzes erleichtern.
3. Den Bezug schaffen zu den eigenen Mustern, die oft eine bestimmte Art der „Verformung" bedeuten, aber von der individuellen Geschichte her verständlich sind. Wie weit der Bezug zur Kindheit hergestellt werden darf im Sinne eines Aufarbeitens, ist nicht generell zu beantworten.
4. Der Ort des Wachsens und Heilwerdens ist die Beziehung, und nicht der nach außen verlegter Probleme und Inhalte. Die Beziehung vermag einen Raum zu bilden, in dem der Jugendliche den Mut finden kann, sich

in all seinen Aspekten zu begegnen – auch in dem seiner Beziehung – aber so, daß jede Erkenntnis, auch die schmerzliche, aufgehoben bleibt.
Alle Aspekte – außer eventuell der Bezug zur eigenen Biographie – gelten für den Umgang mit Jugendlichen allgemein, sei es in der Rolle der Eltern, Erzieher, Lehrer, Lehrmeister, Berater oder Vertrauensperson. Es geht nur darum zu konkretisieren, was das für die je spezifische Situation bedeuten kann.
Die Jugendberatung läßt sich in die folgenden Ebenen unterteilen, die in den einzelnen Kapiteln zur Darstellung gelangen:

Ebenen der Jugendberatung

- **Beratungsmodelle**
- **Problemkreise**
- **Beratungsformen**
- **Raum der Beziehung**
- **Methoden**
- **Techniken**

1.4 Themen und Problemkreise der Jugendberatung

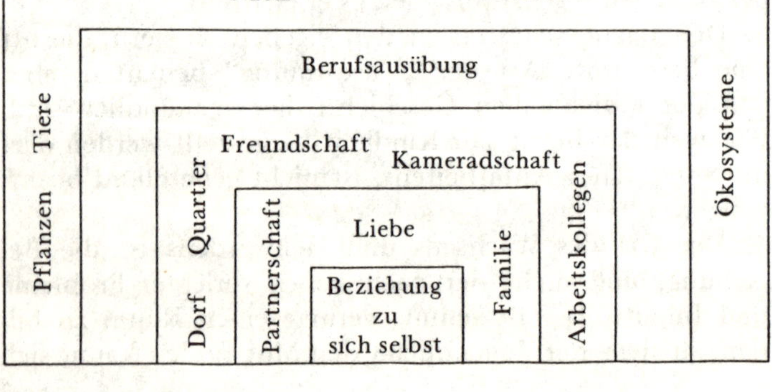

Schon Alfred Adler betonte, daß die Lebensaufgaben Beziehungsfragen seien. Als Lebensaufgaben lassen sich anführen: (s. Schaubild Seite 26)

Es kristallisieren sich die Themen der Beratung als Variationen des Grundthemas der Beziehung heraus, so wie sie sich in der Phase der Adoleszenz stellen:

Ablösung von Familie und Autoritäten
- Einüben von Verantwortung, Urteilsvermögen
- Abgrenzung und Verbundenheit in bezug auf die Umwelt

Sexuelle Reifung und Kontakt mit dem anderen Geschlecht
- Beziehung zum eigenen Körper } Bejahung des eigenen Körpers Integration der Sexualität
- Identifikation mit dem eigenen Geschlecht und Auseinandersetzung mit der Geschlechtsrolle
- Beziehungsfähigkeit in der Polarität von Nähe und Distanz
  ganzheitliche Kontaktfähigkeit

Sozialer Kontakt
- Entwicklung von Selbstwertgefühl/Gemeinschaftsgefühl und von Mut und Vertrauen
- Fähigkeit zur kritischen Auseinandersetzung mit der Gesellschaft

Berufliche Identität
- Entfaltung der eigenen Begabungen
- Mut zur eigenen Lebensgestaltung in kritischer Auseinandersetzung mit den bisherigen Vorstellungen

Sinn des Lebens
- Fähigkeit, Eigenwerte zu setzen und sich kritisch mit übernommenen Werten auseinanderzusetzen
- Integration in ein größeres Ganzes und Wachheit für Fragen und Probleme der Welt

Die Themenkreise der Jugendberatung sind deshalb speziell akzentuierte Aspekte der allgemeinen Lebensaufgaben im Sinne der Individualpsychologie.

1.5 Gestaltfindung durch die Beziehung

Ein Großteil des Vertrauens, das man mir als Jugendberaterin entgegenbrachte, hing damit zusammen, daß ich versuchte, da oder zumindest erreichbar zu sein, wenn man mich brauchte. Die Verläßlichkeit ist für den Jugendlichen etwas vom Wichtigsten. Sie fängt mit dem Erreichbarsein an und geht bis zur Bereitschaft, auch nachts, morgens früh oder am Wochenende da zu sein.

Viele Telefonate kommen auch nicht von den Jugendlichen selbst, sondern von verzweifelten oder aufgebrachten Eltern und Erziehern. Viele der jugendlichen Ausreißer sind schließlich bei mir gelandet. „Ich wußte niemanden sonst mehr, zu dem ich noch hätte gehen können." Dieser Satz zeigt etwas ganz Wichtiges auf: Mit vielen Jugendlichen kann man keine längerdauernde regelmäßige Beratung durchführen. Sie kommen, tauchen auf, wann es ihnen gerade paßt oder wieder Feuer auf dem Dach ist. Dennoch ist vielleicht das Entscheidende, daß sie jenes Vertrauen haben, das ihnen ermöglicht, in der letzten Not den Weg noch zu finden, bevor es zu spät ist. Das ist der Grund, warum ich Jugendlichen immer das Gefühl gebe, sie könnten jederzeit wiederkommen, auch wenn sie im Zorn weggehen oder Angst haben. Vor allem verwahrloste Jugendliche haben es schwer, regelmäßig in die Beratung zu kommen. Krisen im Jugendalter sind oft sehr dramatisch. Sie gehen manchmal um Sein oder Nichtsein – nicht selten in Augenblicken, in denen wir es nicht erwarten. Dies geschieht vor allem deshalb, weil die Verunsicherung den Jugendlichen auf vielen Ebenen seines Lebens ergreift und er deshalb oft ganz plötzlich keinen Halt mehr findet. Das Gefühl der Verwirrung und der Verzweiflung kann übermächtig werden, fast immer verbunden mit einem tiefen Gefühl der Einsamkeit, des Isoliertseins „mich versteht keiner mehr".

Eine Vertrauensbasis zu schaffen ist deshalb oft lebenswichtig. Dasein können heißt deshalb sehr Verschiedenes. Es heißt, erreichbar sein, aber es heißt auch, innerlich

präsent und offen sein für die Begegnung mit Jugendlichen. Dieses Da-Sein darf nicht wertend sein.
Im Jugendalter ist es möglich, die grundlegende Erlaubnis, sein zu dürfen, sich selbst sein und wachsen zu dürfen, nachzuholen. Das Vertrauen, das ich erweckt habe, die Beziehung, die ich angeboten habe, muß ich einlösen. Und deshalb darf ich nicht *mehr* eingehen, als ich einlösen kann. Sonst erfahren Jugendliche, die es sowieso schwer haben, Vertrauen und einen Boden zu finden, den altgewohnten Beziehungsbruch, an dem sie seit jeher schon leiden. Im selben Maß jedoch, wie Zuwendung, Vertrauen und Verständnis die Voraussetzungen für eine Beratung mit Jugendlichen sind und es manchmal lange Zeit braucht, bis sie hergestellt sind, braucht es auch die Abgrenzung, das „Nein" oder „Halt" des Beraters. Jugendliche kennen oft keine Grenzen. Sie kämen am liebsten alle Tage, sie wollen stundenlang bleiben, den Berater festhalten. Sie tun alles, um seine Aufmerksamkeit zu gewinnen. Seine Sorge, sein schnelles Herkommen soll beweisen, daß diese Jugendlichen ihm wichtig sind. Viele möchten am liebsten seine Einzelkinder sein. Sie haben immer noch etwas zu sagen, haben immer noch ein Problem, wenn sie gehen sollten. Wenn der Berater hier nachgibt, wird er zum Sklaven des Jugendlichen. So entsteht jedoch eine neue Not, weil die Grenzenlosigkeit des anderen die eigenen, noch unsicheren Grenzen verwischt. Durch die Unfähigkeit, die eigenen Grenzen zu wahren, wird die Identitätsdiffusion des Jugendlichen nur weiter verstärkt. Ich muß sagen können, wieviel Zeit ich für diese Beratung einsetzen kann, wann ich gehen muß und ob ich ein Telefon annehmen kann. Ich muß einen Jugendlichen fortschicken können, wenn es mir zuviel ist und ich ihm dieses Engagement nicht versprochen habe. Ich muß „nein" sagen können, damit meine Grenze da ist. „Nein" und „halt" sagen können, bedeutet, klar zu sein. Klarheit gibt Freiheit und Frei-Raum.
Manchmal muß das „Halt" eingeübt werden. Ich sage zum Beispiel schon im voraus, daß jetzt bald die Bera-

tung zuende sein werde, damit die Betreffenden Zeit haben, Abschied zu nehmen.
Ich muß mich abgrenzen, damit ich nicht Aggressionen anstaue, die ich dann ebenso diffus und hintergründig loslasse, wie es vielleicht zuhause bei diesem Jugendlichen der Fall ist. Ich muß dem anderen – auch dem jungen Menschen in Schwierigkeiten – mein „Nein“ zumuten, wo ich mich überfordert oder auch eingeengt fühle; das macht stark: Ich mute dem anderen etwas zu.
Wann ich auf Bitten und Anrufe eingehen soll und wann mich abgrenzen, läßt sich entscheiden, wenn man das Ziel des Verhaltens kennt.
So wird die Beratung, im Spiel zwischen Zuwendung und Abgrenzung, zu einem Einüben der eigenen Verantwortung. Gleichzeitig bekommt der Jugendliche auch ein Gefühl dafür, wo seine eigenen Grenzen und seine Wünsche sich abzugrenzen liegen. An mir als Berater lernt der Jugendliche mit sich umgehen, z.B. wenn ich meine eigenen Bedürfnisse wahrnehme und deshalb Übergriffe abwehre, etwa in folgendem Sinn: „Ich bin müde und möchte gehen. Ich habe auch mir selber gegenüber eine Verantwortung. Ich mag dich und will dich nicht für etwas bestrafen.“ So lernen Jugendliche, daß das „Halt“ und „Nein“ nicht Ablehnung bedeutet, daß wir auseinandergehen und wieder zusammenkommen. So können viele Jugendliche auch erfahren, daß sie ihr „Nein“ – mit dem sie oft ihre Eltern verschonen mußten – dem anderen ruhig zumuten dürfen.
Auf diese Weise wird offene Beziehung auf gleicher Ebene eingeübt. Doch das ist sehr schwer. Für viele Jugendliche ist der Berater auch Elternersatz. Es gibt eine intensive Bindung mit entsprechenden Ansprüchen, aber auch mit Verlassenheitsängsten. Die ganze Beziehungsnot kann hier zum Austragen kommen. Dann sollte die Klarheit des Beraters die Gefühle des Jugendlichen klären helfen. In der Beratungssituation besteht ja auch die reale Beziehung des Hier und Jetzt, in der ich bereit bin, dem Jugendlichen meine Zuwendung zu geben. So kann der Jugend-

liche langsam unterscheiden lernen – zwischen der realen Ebene des Jetzt und jenen Gefühlen, die in die Situation daheim gehören. Dann ist es auch möglich, daß ich ein Stück Mutter oder Vater bin und jene Zuneigung gebe, die Kinder vielleicht ein Leben lang entbehrt und nach der sie sich gesehnt haben.
Dazu kommt, daß Jugendliche in dieser Lebensphase oft kaum Zärtlichkeit bekommen. Die Eltern halten ihre Kinder für zu groß, oder sie selbst ertragen gar keine körperliche Nähe von seiten der Eltern. Zugleich besteht auch kaum Unbefangenheit den Gleichaltrigen gegenüber, da sexuelle Gefühle – oder die Angst vor ihnen – mitzuspielen beginnen, auch den gleichgeschlechtlichen Kameraden gegenüber. Mädchen haben vielleicht etwas mehr Spielraum als Buben, doch auch sie haben mir oft gesagt, sie hielten es fast nicht mehr aus vor lauter Sehnsucht, einmal wieder in die Arme genommen oder gestreichelt zu werden. Ich habe Jugendliche immer wieder einmal in die Arme genommen, wenn ich spürte, daß sie es brauchten. Die vorübergehende intensive Bindung, die durch solche Nähe entstehen kann – vor allem wenn ein großes Defizit aus der Kindheit darunter liegt – ist nicht einfach durchzuhalten. Immer wieder gibt es Forderungen, die ich nicht erfüllen kann und will und demzufolge zurückweisen muß. Ein „Nein", das Weggehen nach einer bestimmten Zeit, kann für den Jugendlichen sehr schmerzhaft sein, weil alte Wunden aufgerührt werden. Erklärungen, Verteidigungen und Begründungen von meiner Seite helfen nichts. Viele Jugendliche sind ja gerade mit guten Gründen und Argumenten zurückgewiesen worden und stehen dann mit ihren Gefühlen ganz allein da, ohne noch eine Sprache für sie zu haben. Wenn ich dem Jugendlichen seinen Schmerz zugestehe, ihm sagen kann: „ich weiß, es tut weh", darf er mit diesem Schmerz in Kontakt kommen, darf ihn ausdrücken, ohne daß der andere dadurch in Not gerät. Oft ist das Unterdrücken des Schmerzes ein Schonverhalten gegenüber den Eltern, von denen man glaubt, sie würden diese Gefühle nicht er-

tragen können. Wenn ich mich dem Schmerz des Jugendlichen und ebenso seiner Wut stelle, spürt er, daß er sich selbst seiner Umwelt zumuten darf, wie er ist. Er erlebt sich als zumutbar, und dadurch entsteht wiederum ein tieferes Gefühl von Zugehörigkeit.

In der Beziehung zum Berater entsteht neben dem Gefühl der Geborgenheit und des Schmerzes über Grenzen auch immer wieder dasjenige von Wut. Sie kann sehr heftig sein und gilt oft gar nicht dem Berater, sondern den Eltern, denen gegenüber diese Gefühle auch kaum geäußert werden dürfen. Auch diese Wut darf sein. Und doch werde ich, wenn ich spüre, daß die Wut eigentlich gar nicht mir gilt, den Jugendlichen mit meiner realen Person konfrontieren: „Schau mich jetzt an, bin ich das wirklich?" So lernt der Jugendliche auch differenzieren. Neurotische Optik zeigt sich gerade in der Unfähigkeit zu differenzieren.

Sobald jedoch der Jugendliche es wagt hinzuschauen, wird er auch Dinge sehen, die ihm wehtun. Das ist oft ein langer Prozeß, in dessen Verlauf meine Person für den Jugendlichen immer realer werden soll und wird. Mit dem Jugendberater kann der Jugendliche Beziehung neu lernen und üben, kann er wagen, seine Gefühle auszudrücken, ohne all jene Risiken, die für ihn daheim so gefährlich sind. Es geht vor allem darum, Möglichkeiten der Abgrenzung zu erproben, nein sagen lernen und erfahren, daß es mehr Klarheit in der Beziehung gibt, Wut auszudrücken, auch wenn sie „ungerecht" ist und – was besonders wichtig ist – zu lernen, mit den Reaktionen des anderen umzugehen.

Die Jugendberatung ist auf dieser Beziehungsebene ein Gleichgewicht zwischen Einfühlung in den Jugendlichen, seine Lage und seine Gefühle einerseits und Konfrontation mit dem, was sein Verhalten auslöst, auf der anderen Seite. Das ist möglich, wenn zunächst das Verstehen überwiegt, so daß eine Vertrauensbasis geschaffen werden kann.

Freilich ist es immer auch möglich, daß ich im Unrecht bin. Dafür muß ich offen bleiben und das mit dem Jugendlichen austragen können. So lernt er, seine Ansprüche auf Unfehlbarkeit des anderen – vor allem des Erwachsenen – zu revidieren und mit seiner Fehlerhaftigkeit umzugehen. Das ist jedoch nur möglich, wenn das Geschehene transparent gemacht werden kann.

Am wichtigsten in der Jugendberatung ist also die reale Beziehungsebene des Hier und Jetzt, auch wenn Nachholbedürfnisse mitspielen und Gefühle gelebt werden, die zuhause – sei es in der Vergangenheit oder in der Gegenwart – nicht gelebt werden können.

Auf diese Weise können Jugendliche lernen, sich selber mit ihren Fehlern zu akzeptieren, wenn sie einmal erfahren, daß auch andere sie so annehmen.

Es geht also um einen Lernvorgang auf der Ebene der Beziehung, aber auch um eine neue Optik. Langsam lösen sich verfestigte Vorstellungen und Meinungen darüber, wie ich bin, wie die anderen seien und wie die Welt im allgemeinen sei.

Die erste Kontaktnahme – oft nach einer langen Zeit des Beobachtens, Ringens und Zögerns – zeigt schon die Beziehungsmuster und -ängste auf.

Es gibt Jugendliche, die reden und reden. Sie sitzen da und schauen kaum hin. Es ist, wie wenn ein gestauter Bach plötzlich einen Ausweg findet. So erfahre ich zum Beispiel, daß der Jugendliche einfach mein Zuhören braucht. Ich gebe ihm nur Zeichen für mein Dasein, für mein Mit-ihm-Sein.

Das bedeutet, daß ich mich immer wieder von der Vorstellung, was Beratung, was meine Aufgabe als Berater sei, zu lösen habe.

Andere Jugendliche sprechen, und ich weiß gar nicht, worum es geht. Ich kann nur spüren, daß das Wichtige ungesagt bleibt. Vielleicht noch nicht beim ersten, aber bei einem der nächsten Male werde ich ihm das sagen. Vielleicht so: „Ich spüre, daß du mir etwas Wichtiges sagen möchtest. Du erzählst mir jedoch so viel und springst so schnell von einem zum anderen, daß ich nicht mitkommen kann.“ Verschiedenes kann sich daraus ergeben, etwa ein plötzliches Weinen und dann das eigentliche Problem; die Einsicht, daß „ich es immer so mache, und dann laufen mir die andern davon“ oder wütender Protest.

In der Beratung kommen manchmal die Aggressionen gegen die Eltern sehr heftig zum Ausdruck; Klagen über das Unverständnis, das Autoritärsein, über Maßnahmen, den Lebensstil der Eltern. Andere Jugendliche drücken sich sehr vorsichtig aus, kritisieren, schwächen jedoch sogleich wieder ab. Wieder andere betonen die Harmonie ihrer Familie, geben das Bild einer heilen Welt. Und dann gibt es Jugendliche, die mehr oder weniger Belangloses sagen, so daß man kaum auf die Idee kommt, daß etwas nicht stimmen könnte. Häufig sind es jedoch gerade sehr gestörte Milieus, die nicht zur Sprache kommen, etwa Alkoholismus oder Kriminalität in der Familie, Geisteskrankheit oder tiefe sexuelle Störungen. Erst nach längerer Zeit wagen diese Jugendlichen oft, ihr „Geheimnis“ preiszugeben. Je höher der soziale Stand, desto schwieriger ist es für den Jugendlichen, von diesen Dingen zu sprechen. In fast allen Mittelstandsmilieus werden die Konflikte gut verdeckt. Doch auch von den offen erscheinenden Jugendlichen darf man sich nicht täuschen lassen.

Ein Grundproblem der Arbeit am Konflikt mit den Eltern ist das Einbeziehen der tiefen Loyalität der Jugendlichen. Sie möchten ihre Eltern schonen, deren Schwächen nicht preisgeben, ja sie oft nicht einmal vor sich selber wahrhaben. Viel eher verwirren sie sich und haben zum Teil diffuse Symptome. Werden lange gehütete Geheimnisse doch endlich preisgegeben, reagieren Jugendliche sehr oft mit heftigen Schuldgefühlen und quälen sich bis zur nächsten Beratung, in der sie vielleicht versuchen, alles rückgängig zu machen oder abzuschwächen. Es gibt sogar Jugendliche, die kaum wagen, nochmals in die Beratung zu kommen. Wenn ich das voraussehe, kann ich den nächsten Termin nach möglichst kurzer Zeit abmachen, um die Reaktion etwas aufzufangen.

Der Grund des tiefgehenden Konflikts, nachdem sie mir die Wahrheit gesagt hatten, besteht darin, daß diese Jugendlichen es nicht ertragen, die Eltern vor mir „schlecht" gemacht zu haben. Ihre Angst ist, daß ich nun eine schlechte Meinung von ihnen habe.

Deshalb ist es besonders wichtig, ihnen klar zu machen, daß die Angst unbegründet ist. Ich sage ihnen, daß ich ihre Not und ihre Wut gehört habe und sie verstehe; daß ich froh bin, ihre Gefühle gehört und wahrgenommen zu haben. „Gefühle sind. Man muß sie nicht erst rechtfertigen", sage ich. „Ich arbeite mit dir und versuche mit dir einen Weg durch deine Gefühle zu finden, doch ich achte deine Eltern. Sie sind Menschen mit einem eigenen Schicksal, das ich achte, auch wenn sie viele Fehler gemacht haben." So versuche ich, dem Jugendlichen zu zeigen, daß ich ihn verstehe, mich jedoch abgrenze, nicht beeinflussen und von Gefühlen „anstecken" lasse. Das bedeutet, daß Jugendliche in dem von ihnen befürchteten Sinn die Eltern – oder Geschwister – bei mir nicht schlecht machen können. Auch in dieser Situation ist es entscheidend, beide Pole zu leben, also Einfühlung und Abgrenzung, damit der Jugendliche lernen kann, seine Gefühle als seine Sache zu verstehen und zu ihnen zu stehen. Damit geht er das Wagnis ein, eine eigene Optik zu haben, ohne die Garantie, daß sie richtig ist.

Etwas vom Schwierigsten für einen Jugendlichen – und nicht nur für ihn – ist es, Gefühle einmal zuzulassen, auch auf die Gefahr hin, daß sie ungerechtfertigt sein können. Das Warten auf die „gerechte Wut" könnte ewig dauern.

Doch immer wieder ist die Angst und Loyalität im Wege. Es ist die kindliche Angst, verstoßen zu werden und gleichzeitig die Bereitschaft, die Eltern nicht in ihren tiefen Wunden zu verletzen.

Viele Jugendliche sind wie gelähmt, wenn sie sich – auch nur in der Vorstellung – mit ihren Eltern konfrontieren

Auseinandersetzg. mit den Eltern → Ambivalenz

sollen. Diese rücken weg, werden riesengroß, schauen böse, verschwimmen, sind wie im Nebel usw. Zweifel kommen, anstatt bei den Gefühlen zu sein, beginnt „es“ zu denken. Die Jugendlichen fühlen sich wie eine Marionette, wie eine Puppe, wie ein Zwerg, können kaum noch atmen, oder „es“ stellt einfach ab.

Das Problem an der Oberfläche ist, daß ich höre, was sie über die Eltern denken und fühlen. Doch bei vielen geht es wesentlich tiefer. Sie selbst dürfen nicht wahrnehmen, wie es wirklich ist. Das ist ein Dilemma, das im Jugendalter besonders tief ist. Einerseits ist jene oft bedingungslose kindliche Annahme der Eltern nicht mehr möglich. Irgendwann hat der Jugendliche zu „sehen“ begonnen. Das ist nicht mehr ganz rückgängig zu machen. Man kann das Gesehene verwischen. Viele Jugendliche trauen ihrer Wahrnehmung nicht, um die Loyalität nicht brechen zu müssen, aber auch, um den Schmerzen zu entgehen, die oft damit verbunden sind. Das Wahrnehmen hat Konsequenzen. Man ist damit plötzlich ein Stück mehr auf sich selber gestellt, ein Stück einsamer. Der Gewinn ist noch nicht sichtbar: die neue Unabhängigkeit und Freiheit, das Stück eigene Gestalt, das damit möglich wird.

1.6 Ablösung

Von hier aus läßt sich im Rahmen der Frage nach der eigenen Gestalt und Identität auch genauer sehen, was Ablösung bedeuten könnte.

Ablösung hat etwas mit Abgrenzung zu tun. Abgrenzung heißt Unterscheidung. Ich muß also lernen zu unterscheiden, was ich als mir zugehörig annehmen will, und was ich nicht annehmen will. Bezogen auf das, was wir über die Gestaltwerdung gesagt haben, bedeutet diese Ablösung im Jugendalter eine neue und tiefergehende Abgrenzung, als sie einem Menschen in seinem Kindesalter möglich ist, obwohl von der Geburt an sich diese Ablösung Schritt für Schritt vollzieht. Die Entwöhnung, das Gehenlernen sind solche gut sichtbaren Schritte. Sind die früheren Schritte nicht klar vollzogen worden, so ergeben sich in der Jugendzeit um so größere Probleme in dieser Hinsicht.

Zunächst ist es wichtig, die Ablösung nicht einseitig zu sehen. Wenn wir Jugendliche fragen, so verstehen sie unter Ablösung meist „mehr Freiheit haben", „machen was man will", „von zuhause weggehen". Viele glauben, daß sie frei geworden sind, wenn sie nur den Kontakt mit den Eltern aufgegeben haben, in eine andere Stadt ziehen, in Wohngemeinschaften übersiedeln. Die Flucht aus dem Elternhaus wird als *die* Befreiung erlebt. Das ist ein weitverbreitetes Mißverständnis. Das abrupte Weggehen kommt ja oft einer Ausstoßung gleich. Die Jugendlichen realisieren meist erst später – wenn überhaupt – daß die Eltern ihnen immer noch „im Nacken" sitzen. Doch sie verstehen nicht warum: „Ich bin doch weggegangen", sagen sie. Oder „die Eltern habe ich längst überwunden, ich sehe sie auch nie mehr". Offensichtlich hat die Ablösung nicht etwas damit zu tun, wie weit ein Jugendlicher sich äußerlich von seinem Elternhaus entfernt. Zuhause bleiben und weggehen können Formen der Abhängigkeit sein, solange – oft unbewußte – Erwartungen oder auch Kampfmuster (etwa „ich will nicht, was du willst/nicht werden, wie du" usw.) mit im Spiel sind. Jugendliche, auf der Suche nach ihrer eigenen Gestalt, geraten oft in Konflikt, weil sie auf der einen Seite die Loyalität zu ihren Eltern brechen, auf der anderen Seite das Bedürfnis nach eigener Gestaltung des Lebens sie in eine andere Richtung drängt.

Gute Chancen für eine organische Ablösung bestehen dann, wenn die Eltern sich mit ihren eigenen Problemen auseinanderzusetzen beginnen, die projizierten Anteile auf sich zurücknehmen und integrieren und fähig werden, Schmerzen, die aus der eigenen Jugend stammen, vor sich und auch ihren Kindern zuzugeben. Dann wird es auch möglich sein, mit dem Schmerz, den die Ablösung als solche mit sich bringt, besser umzugehen. Kinder können so ohne Schuldgefühle ihren Eltern den eigenen Weg zumuten. Umgekehrt wird es den Eltern eher gelingen, ein Grundvertrauen in den Weg ihrer Kinder zu haben, auch wenn er nicht den eigenen Vorstellungen entspricht.

Wenn Jugendliche Raum sehen zu entscheiden, was sie an Normen, Ideen, Rollen usw. von sich weisen wollen, geschieht Ablösung. Diese – notwendige – Abgrenzung ist nur *ein* Schritt, aber es ist der erste. Die andere Seite der Gestaltfindung ist Verbindung. Am Ende des Prozesses steht nicht die Verachtung der Eltern und der Familie. Abgrenzung macht auch das möglich, was ich Dankbarkeit nennen möchte. Das Wort ist zwar so assoziationsgeladen, daß es fast unbrauchbar geworden ist. Doch wo Verbindung besteht, bin ich immer auch auf die Tatsache zurückverwiesen, daß ich auch empfange und empfangen habe. Das heißt nun wiederum nicht, daß ich das, was ich bekommen habe, zurückgeben muß. Die Dynamik ist nach vorwärts gerichtet. Dankbarkeit bedeutet Anerkennung der Güte eines Geschenkes und die Fähigkeit, es anderen mitzuteilen. Versöhnung mit den Eltern bedeutet die Polarität von Abgrenzung und Annehmen in bezug auf das Bisherige.

Versöhnung in diesem Sinne macht frei. Warum? Viele Jugendliche sind von dem Gedanken beherrscht, ihre Eltern ändern zu können. Sie warten bei jeder Begegnung darauf, daß die langvermißte Anerkennung, der „Segen" der Eltern doch noch kommt. Und sie warten alle vergeblich darauf. Die Erkenntnis „du bist wie du bist" schließt eben ein, daß die Eltern unrecht getan haben, daß der Jugendliche dieses Unrecht sehen muß, daß Versöhnung nicht wegschauen und übersehen bedeutet. Die Einsicht „du bist meine Mutter, mein Vater", ist die Verbindung. Es schließt auch die schmerzliche Einsicht darüber ein, daß so vieles verpaßt ist. Versöhnung bringt eine starke Gefühlsdynamik mit sich, die Trauer miteinschließt.

Versöhnung impliziert Sehen der schmerzlichen Realität

Versöhnung bedeutet, daß ich sehe, wie es war, daß ich nun aber Eltern und Familie lassen kann, wie sie sind, daß ich ihr Leben respektiere mit allem Unrecht, das darin liegt; aber auch mit dem Guten, das war. Ich kann nichts nachholen, nichts zurücktun. Ich kann es auch nicht „gutmachen". Versöhnung schließt ein, daß ich auf meine Wünsche verzichte, die aus meiner Kindheit geblieben sind. Es ist Verzicht auf den Wunsch, nun doch noch die harmonische Familie zu haben, die einst hätte sein sollen. Aus der Versöhnung erschließt sich auch die Einsicht, was ich aktuell mit meinen Eltern zu tun haben kann, in welcher Form Kontakt mit ihnen möglich ist. Denn meine Versöhnung ist eine Haltung, nicht ein Akt mit den Eltern. Im einen Fall bringt Versöhnung mehr Distanz, im anderen vielleicht mehr Nähe. Das ist nicht voraussagbar und auch nicht programmierbar. Der Prozeß der Ablösung ist ein beiderseitiger zwischen Eltern oder anderen Bezugspersonen und ihren jugendlichen Kindern. Es ist aber auch ein Prozeß, der meist erst im Laufe des Erwachsenenlebens ganz vollzogen werden kann. Vielleicht besteht eine Chance für den Erwachsenen, in der Auseinandersetzung mit den Jugendlichen, für sich selbst einen weiteren Schritt in dieser Richtung zu tun.

Ablösung bedeutet, daß man einander sich so zumuten lernt, wie man ist, und dem anderen zumutet, daß er sein Leben so leben darf, wie er es tut: „Ich mute dir zu, daß ich so bin, wie ich bin und meinen Weg gehe, wie ich es tue. Und ich mute dir zu, daß du dein Leben lebst, wie du es lebst und die Verantwortung dafür trägst." Das bedeutet – über alle Auseinandersetzung hinweg – Versöhnung. Der Jugendliche kann fähig werden, anzunehmen, was ihn stark macht und zurückzuweisen, was ihn schwach macht.

So führt das Wechselspiel von Abgrenzung und Teilnahme zum Formen der eigenen Gestalt, zur Identität.

2 Möglichkeiten und Methoden zur Förderung des Wachstums

2.1 Eignung und Zusammenspiel der verschiedenen Ansätze

Arbeitsformen in der Jugendberatung

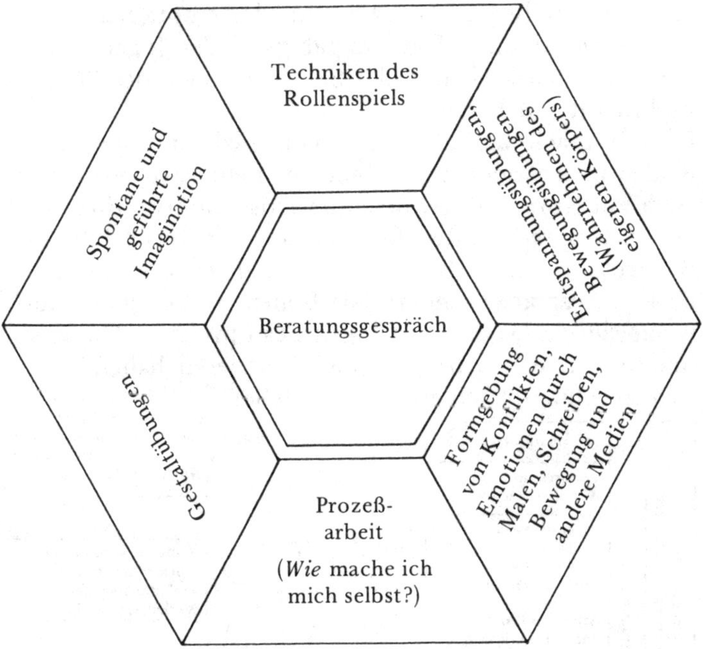

Im Zentrum der Jugendberatung steht das Beratungsgespräch in seinen verschiedensten Formen. Wichtig ist

dabei, daß jedes Sprechen im Raum der Beziehung aufgehoben ist.
Das Beratungsgespräch kann sich auf die Vermittlung wichtiger Informationen beschränken, zum Beispiel im Bereich der Sexualität, kann vor allem Zuhören bedeuten, wenn Jugendliche jemanden brauchen, dem sie Gedanken, Gefühle, Nöte mitteilen möchten. Andererseits ist es Auseinandersetzung, Diskussion, wenn es um Sinnfragen geht, Lebensberatung bei Entscheidungen, gemeinsame Arbeit an Problemen, Schwierigkeiten oder Krisenintervention.
Gewisse Gespräche bewegen sich sehr im Bereich des Sachlichen, des Kognitiven. Für das Äußern von Gefühlen braucht es zunächst einfach einen Freiraum, der das zuläßt und die Sorgfalt des Beraters, der erspürt, wie weit er im Unterstützen und Fördern des emotionalen Ausdrucks gehen darf. Die Tragfähigkeit der Jugendlichen, die Vertrauensbasis und das Selbstvertrauen des Beraters sind hier der Maßstab.
Das Gespräch befindet sich manchmal im Übergang zu Rollenspielen oder zur Arbeit am Lebensstil, manchmal auch zur Körperarbeit. Bedeutet Krisenintervention meist reines Gespräch unter Einbeziehen der verschiedensten Bezugspersonen, Helfer und Ämter, lassen sich in fast alle Problemgespräche andere Methoden einbeziehen, auch wenn sie nur wenige Sitzungen beanspruchen. Die Kombinationen, die sich als sinnvoll erwiesen haben, lassen sich folgendermaßen grafisch darstellen:

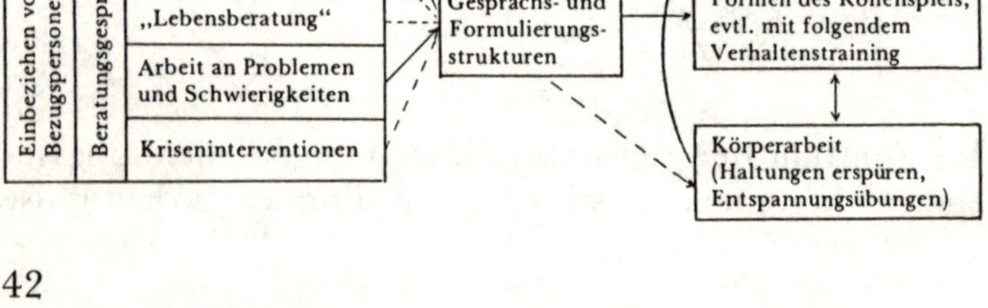

Wie das Zusammenspiel der einzelnen Möglichkeiten konkret aussieht, können nur die einzelnen Falldarstellungen zeigen.

Bei längerdauernden, intensiveren Beratungen, die manchmal in Therapie übergehen, kommen – in begrenztem Rahmen – auch Imaginationen und Körperarbeit vermehrt zum Tragen und intensivieren und vertiefen den Prozeß. Die einzelnen Möglichkeiten wechseln je nach Phase und Bedürfnis oder auch auf Initiative der Jugendlichen hin, die die Beratung auf ihre Weise mitgestalten. Da es vor allem darauf ankommt, die konkrete Situation besser zu bewältigen, stehen Methoden im Vordergrund, die die Struktur der eigenen Muster und Arrangements transparent machen können und solche, die helfen, bestimmte Teufelskreise zu durchbrechen. Dazu gehört vor allem das Rollenspiel in seinen verschiedensten Formen, eventuell auch Gestaltübungen. Die Arrangements können – falls beim Jugendlichen nicht zuviel Angst herrscht – auch durch Körperarbeit angegangen werden, indem ergründet wird, wie der Jugendliche körperlich seine Gefühle „macht“.

Je nachdem kann ein besseres Bewältigen von Situationen auch mit Entspannungs- und Atemübungen erreicht werden, immer vorausgesetzt, daß eine gewisse Stabilität bereits vorhanden ist. Ein wesentliches Anliegen des Jugendalters ist zudem die Festigung der eigenen Persönlichkeit, was durch bestimmte Übungen auf der Körperebene („Grounding-Übungen“) Unterstützung bekommt. Geführte Imaginationen vermögen bei nicht gefährdeten Jugendlichen ebenfalls die eigenen positiven Kräfte zu aktivieren, ebenso die Formgebung von Konflikten und Gefühlen durch kreatives Gestalten wie Malen, Schreiben, Bewegung.

Häufig sind es die Jugendlichen selbst, die die für sie geeigneten Heilwege ausfindig machen. Entscheidend bleibt es zu spüren, was dem Jugendlichen im Augenblick not tut.

Wieder steht am Anfang das genaue Hinhören auf den Jugendlichen und seine Bedürfnisse und die Offenheit für jene Impulse, die von ihm selber kommen.

2.2 Die Bedeutung des Lebensstils und die Lebensstilerarbeitung in der Jugendberatung

Jeder Mensch entwirft sein Leben nach einer inneren Logik, gibt ihm eine bestimmte Struktur, die ihm als Orientierungshilfe im Leben dient. Alfred Adler vergleicht deshalb die Strukturen des Lebensstils mit den Meridianen, in die wir die Welt einteilen. Sie selbst stellen keine Realität dar, vermögen jedoch zur „Ortung“ beizutragen. Wichtig ist, daß der Lebensstil als Entwurf und nicht als absolute Größe, das heißt als Programm verstanden wird; als solches erscheint er in neurotischen Arrangements.
Der Lebensstil entsteht in seinen wesentlichen Zügen in den ersten sieben Lebensjahren, stellt die subjektiv bestmögliche Lösung der damaligen Lebenssituation dar und bedeutet für den betreffenden Menschen eine Lebens- oder gar Überlebensstrategie mit einer eigenen inneren, final ausgerichteten Dynamik. Für die Beratung ist dieser Aspekt von großer Wichtigkeit, da er das oft zähe Festhalten an der im Subjektiven als lebensrettend erfahrenen Struktur einsichtig machen kann. Daraus folgt auch, daß der Kampf gegen die eigenen Muster diese nur weiter verstärkt.
Der Lebensstil ist ein inneres Bewegungsgesetz, das durch die jeweilige Situation beeinflußt und modifiziert wird. Im neurotischen Lebensstil hingegen ist das Modell starr vorgegeben und manipuliert die Situation aufgrund einer genau umschriebenen Dynamik, die den Charakter eines Teufelskreises hat.

 Lebensstil ≙ Struktur (= Gestalt)

So ist der geheime Sinn oder die private Logik eines neurotischen Arrangements lebensnotwendiger als der eines gesunden Entwurfes und gleichzeitig unzugänglicher, sinnloser und hermetischer. In diesen Widerspruch muß sich jeder einlassen, der die Dynamik des Neurotischen wirklich verstehen will. Erst dann wird es auch möglich, die positive Kraft, die im neurotischen Arrangement gleichsam „eingeschlossen“ ist, freizulegen und fruchtbar zu machen.
Die Verbindung vom einfühlenden Verstehen des Lebensstilentwurfes mit seinem notwendigen Lösungsversuch, und von sich distanzierender Wahrnehmung der Diskrepanz zwischen privater Logik und common sens im Lebensstilentwurf, bedeutet Einsicht. Sie kann erst im Prozeß der Beratung oder Therapie, der die rationale wie die emotionale Ebene umfaßt, als ganzheitliche Einsicht realisiert werden. Die Verbindung der beiden Gesichtspunkte muß vom Berater oder Therapeuten vorgelebt werden, damit der Nachvollzug durch den Jugendlichen möglich wird.
Der Lebensstil entsteht jedoch nicht durch eine – determinierende – Prägung, sondern, wie Alfred Adler schon betonte, durch eine je individuelle, unbewußte Stellungnahme zu den Gegebenheiten von Anlage und Umwelt. Die Konstituenten des Lebensstils versuche ich in der folgenden Zusammenstellung festzuhalten: (s. Seite 46)
Das Auflösen der neurotischen Dynamik, die ja eine ganzheitliche ist, kann nur wieder ganzheitlich geschehen, und zwar im Raum der Beziehung. In der Beziehung zum Berater und zu anderen Bezugspersonen kann so auch jenes Angenommen-Sein erlebt werden, das der Jugendliche – und der Mensch überhaupt – als Erfahrung seines Eigenwertes, seines Liebens-wert-Seins so dringend braucht. Wenn ein Jugendlicher sich fundamental angenommen fühlt, kann er oft seine Kompensationsmuster wenigstens ein Stück weit weglassen, muß sich und anderen nicht mehr krampfhaft seinen Wert beweisen und die eigenen Mängel bekämpfen, sondern kann sie an-

Konstituenten des Lebensstils

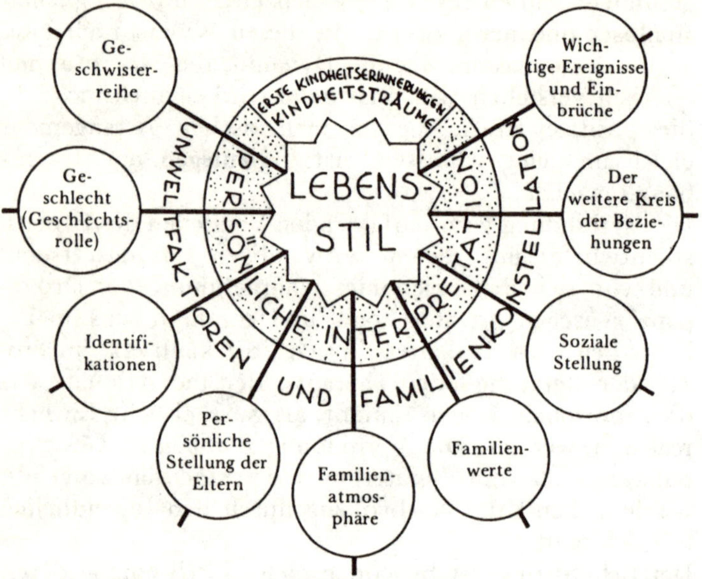

nehmen und zu ihnen stehen. Zum Wahrnehmen der eigenen Mängel gehört jedoch auch ein neues Wahrnehmen des eigenen Wertes und des eigenen Potentials, der eigenen positiven Kräfte, die oft brachliegen oder blockiert sind.

Der Lebensstil eines Menschen läßt sich zunächst aus seinen alltäglichen Reaktionen und Äußerungsweisen erkennen, in den sich stets wiederholenden Mustern und Arrangements, in bestimmten Redewendungen und auch in Körperhaltung und -ausdruck. Daneben gibt es jedoch ein von der Individualpsychologie Alfred Adlers entwikkeltes Verfahren, das die Erinnerung an die Kindheit als Projektion des gegenwärtigen Bewegungsgesetzes versteht. Die wichtigsten Komponenten sind Familienkonstellation und -dynamik sowie die einmaligen frühen Kindheitserinnerungen. Hinzu kommen weitere Aspekte

wie Kindheitsträume, Tagträume und wiederholte Erinnerungen.
Der Lebensstil läßt sich also auf der aktuellen Ebene wie aus der Projektion in die Vergangenheit und aus der Kombination beider Ebenen erfassen, wie der folgende Überblick zeigt:

Gegenwart	Gegenwartsprobleme aktuelle Muster und Arrangements Träume (Tagträume) Körperhaltung und -ausdruck	
Projektion in Vergangenheit	Familienkonstellation frühe einmalige Kindheitserinnerungen (bis 7 Jahre) Kindheitsträume Wiederholte Kindheitserinnerungen	Erarbeitung des Lebensstils

Für die Jugendberatung ist es zunächst sehr wichtig, auf der Ebene der Gegenwart zu bleiben. Es können auch nur einzelne Ebenen der Lebensstilerarbeitung einbezogen werden. Vor allem geeignet ist die Familienkonstellation, die oft guten Aufschluß über den Kontext eines Problems gibt. Es ist in jeder längeren Beratung wichtig, ein Bild der Familiendynamik zu gewinnen. Oft ist dies möglich, indem man sich einfach die verstreuten Äußerungen des Jugendlichen merkt und notiert. Es gibt jedoch auch eine direktere Methode, eine Familienkonstellation zu erarbeiten. Das konkrete Vorgehen stimme ich auf die einzelnen Jugendlichen ab. Meist bitte ich den Jugendlichen, sich die einzelnen Personen der Familie der Reihe nach vorzustellen, wie er sie in seiner Kindheit sah und erlebte und in Stichworten zu charakterisieren. Dasselbe gilt auch für die gegenseitigen Beziehungen. Diese Stichworte schreibe ich in einer Art grafischer Notation auf, wie ich sie im Beispiel zeige. Manchmal ist dies Vorgehen zu schwierig, weil schon das bloße Vorstellen traumatisch wirkt und Jugendliche – vor allem bei den Eltern – sagen, sie könnten sie nicht sehen, sie wichen gleich wieder zurück, oder sie möchten sich nicht erinnern. In diesem Fall bitte ich sie, mir ohne Imagination einige Charakteristika zu nennen, die ich nachher mit ein paar Fragen ergänzen kann. Einbezogen werden muß auch die Loyalität den Eltern gegenüber, die das Charakterisieren oft erschwert. Schon die Art und Weise, wie ein Jugendlicher seine Familie darstellt, zeigt Aspekte seines Lebensstils. Die einen erzählen zögernd, vielleicht sehr genau und gewissenhaft, andere holzschnittartig, wieder andere korrigieren sich dauernd, um noch exakter zu sein, wieder andere lösen alles Gesagte gleich wieder auf, so daß nur ein ganz diffuses Bild bleibt. Es ist auch bezeichnend, ob die Charakteristik differenziert oder plakativ, ausgewogen oder schwarz-weiß ist.

Wichtig ist es, sich zuerst das Problem genau anzuhören, zu verstehen suchen und dem Jugendlichen anschließend zu sagen, man möchte gerne mit ihm herausfinden, wo und wie er das entsprechende Verhalten eingeübt habe.

Dazu möchte ich das Beispiel von Erna aus der Schülerberatung am Seminar geben:

Als Erna kam, lächelte sie freundlich. Sie habe kein Problem. Sie sei einfach so gekommen. Nur im Singen habe sie Sorgen, weil sie nicht gut sei. Es fehle ihr wohl an der Übung, weil sie früher nie habe singen müssen.

Ich machte mit ihr eine Stimmprobe und stellte fest, daß sie die Stimme immer abblockte. Sie redete leise und zu hoch. Mir war klar, daß ihr nicht nur die Übung fehlte, sondern daß sie sich mit ihrer Stimme gar nicht herauswagte. Darauf untersuchte ich mit ihr die Familienkonstellation, um herauszufinden, warum sie sich abblockte. Ich ließ sie einfach die einzelnen Familienmitglieder und deren gegenseitige Beziehungen beschreiben – Situationsschilderungen kamen dazu – und schrieb mir ein paar Stichworte auf, wie sie auf der folgenden Darstellung wiedergegeben sind:

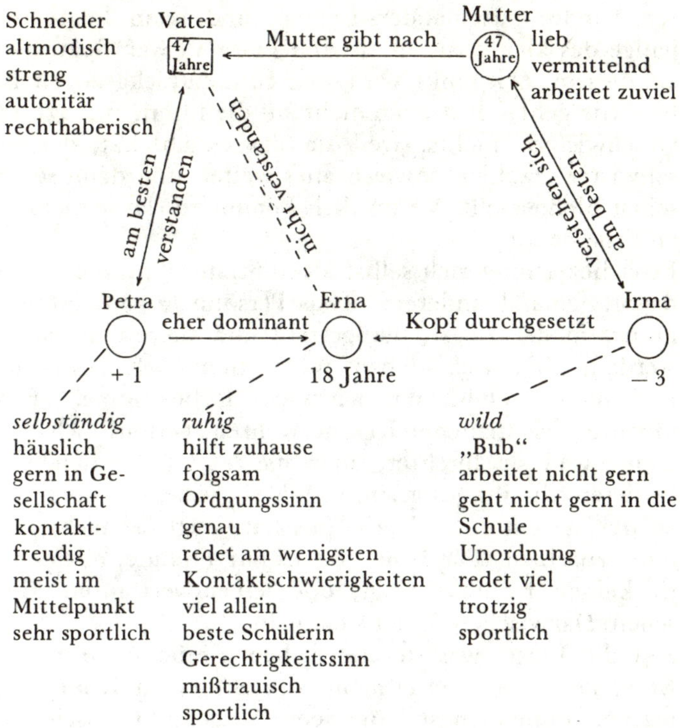

Erna ist das typische Sandwich, eingeklemmt zwischen zwei viel lebhafteren Geschwistern, die durch Sicherheit (Petra) und Wildheit (Irma) auffallen. Erna hingegen ist lieb, folgsam, fleißig und die Beste in der Schule. Sie kann nur durch Leistungen wettmachen. Doch auch mit dem sehr autoritären Vater versteht sich Erna nicht, sie wehrt sich, wenn sie sich im Recht fühlt – die einzige Möglichkeit, sich zu wehren für ein Kind, das es schwer hat sich durchzusetzen, denn das Recht ist etwas Objektives, an das es sich halten kann.

Auch die Mutter neigt sich eher dem jüngeren Mädchen Irma zu. Erna muß sich sehr früh verschlossen haben, denn zuerst hatte sie sich mit der Konkurrenz des älte-

Darstellung der Familien-Konstellation

ren Kindes auseinanderzusetzen, und dann folgte diejenige des kleineren, als sie drei Jahre alt war. Spätestens zu diesem Zeitpunkt wird sich Erna zurückgezogen haben. Sie geht selbst auch nicht auf die Eltern zu, sagt den Geschwistern nichts, weil sie das Gefühl hat, die Geschwister erzählen sowieso alles weiter, und dann sei sie selbst bloßgestellt. Vermutlich kommt zu Hause niemand an Erna heran.

Erna bezeichnet sich selbst als mißtrauisch, fürchtet sich davor, jemand anderem etwas Persönliches mitzuteilen, immer in der Angst, bloßgestellt und ausgeschlossen zu werden. „Ich weiß, daß es nicht stimmt, aber es ist immer mein Gefühl, das ich nicht losbekomme.“ Erna möchte `sich manchmal gerne wehren, getraut sich aber nicht, weil sie fürchtet, auch die letzten Menschen zu verlieren, die ihr gut gesinnt sind. Sogar bei der Freundin, zu der sie ein gutes Verhältnis hat, wagt sie nicht, sich durchzusetzen. Für Erna gibt es nur Fremde, mit denen sie keinen Kontakt wagt, oder einen vertrauten Menschen. Dazwischen findet sich nichts.

Auf die Frage, was sie anders haben möchte, antwortet Erna, sie möchte gerne mehr Kontakt haben. Kontakt zu wagen, ohne Angst vor dem Ausgeschlossensein, ist Ernas Grundproblem. Sie ist sehr entmutigt.

Ich schaue mit ihr die Familiensituation an und sage zu ihr: „Ich begreife, daß du verstummt bist. Es muß für dich sehr schwer gewesen sein, dir einen Platz zu schaffen.“ Es wirkt erleichternd und ermutigend auf Erna, daß sie nicht einfach „ein unmöglicher Mensch“ sei, sondern in ihrer ganzen Familiensituation keine andere Lösung sah als zu verstummen, sich anzupassen und sich dabei im geheimen sehr ungeliebt zu fühlen. Der rote Faden ihres Lebensstils, wie er sich langsam herausschält, läßt sich etwa so formulieren:

„Man will mich nicht. Das Zusammensein mit den anderen ist nicht gut, weil ich immer fortgebracht, ausgeschlossen werde. Und doch hoffe ich immer wieder, daß ich – wie im Schlaf – durch ein Wunder aus meiner Einsamkeit erlöst werde. Über Nacht kann das Wunder geschen, daß ich plötzlich wieder bei den anderen bin. Ich warte auf dieses Wunder, kann aber selber nichts tun, damit es eintrifft."

Erna wehrt sich gegen niemanden. „Die anderen geben doch nicht nach." Sie würde – meint sie – stets gehorchen, um Spannungen auszuweichen. Der Vater hat immer recht gehabt; die Schwester hat dem Vater gegenüber nicht nachgegeben. Erna hat über beide gesiegt, indem sie nichts gesagt und nachgegeben, die anderen aber als schlechter empfunden hat. Sie – Erna – ist die Gute. Erna lächelt, als wir dies herausarbeiten.

Unsere weitere Zusammenarbeit geschieht vor allem durch Ermutigung im Experimentieren mit Kontakten meinerseits, durch verschiedene Rollenspiele in bezug auf zuhause und konkrete Situationen, in denen Erna sich im Reden blockiert fühlt. Etwas später machen wir auch Körperübungen (Grounding und Entspannung). Mit der Zeit wird Erna etwas lockerer und wagt sich in Gruppen manchmal zu äußern.

Oft ist es sehr schwierig, Jugendliche nach Kindheitserinnerungen zu fragen. Viele sagen „Was soll das, es ist doch vorbei" oder „Ich weiß nichts mehr". Ich respektiere den Widerstand auf jeden Fall und dringe nicht weiter ein. 17- bis 18jährige haben oft viel weniger Mühe und können eher auch auf Kindheitserinnerungen angesprochen werden als jüngere Jugendliche.

Die Erarbeitung der Familienkonstellation ist oft ein guter Einstieg in die Beratung und vermag ein Problem schnell einsichtig zu machen. Manchmal wirkt die Darstellung der Familienkonstellation geradezu erlösend, weil ein Jugendlicher endlich weiß, wo der Ursprung der Probleme liegt, an denen er so leidet, wie dies bei Erna der Fall war. Wenn das Problem nicht mehr als Ausdruck einer nicht zu ändernden „unmöglichen" Persönlichkeit, sondern als etwas in bestimmtem Rahmen Trainiertes erfahren wird, ermutigt dies auch, neue Möglichkeiten auszuprobieren und zu trainieren.

Zudem fühlen sich Jugendliche durch Aspekte, die in Familienkonstellation und Kindheitserinnerungen deutlich werden, sehr tief verstanden und akzeptiert.
Die Erarbeitung des Lebensstils kann verschieden ausführlich geschehen. Für eine Kurzberatung genügt meist die Charakteristik der einzelnen Familienmitglieder und ihrer Beziehungen untereinander sowie – wenn möglich – zwei bis drei Kindheitserinnerungen. In einer längeren Beratung müssen oft weitere Aspekte berücksichtigt werden.
Viele Jugendliche kommen in die Beratung, weil sie immer wieder über dieselben Schwierigkeiten stolpern. Den einen ist es bewußt, daß sie es sind, die immer wieder gleich reagieren. Andere hadern mit dem Schicksal, das ihnen stets die gleiche (ungerechte) Situation beschert. Wieder andere haben das Gefühl, die immer gleichen schmerzlichen Erfahrungen seien auf ihren Unwert zurückzuführen.
Eine genaue Analyse eines Situationsablaufs bringt meist das verborgene Muster oder Arrangement an den Tag und macht deutlich, daß das Individuum Wesentliches zur Konstellation einer bestimmten Situation beiträgt.
Ich möchte zunächst die Grundstruktur der Muster und Arrangements in einer Grafik zeigen und anschließend mit Beispielen konkretisieren:

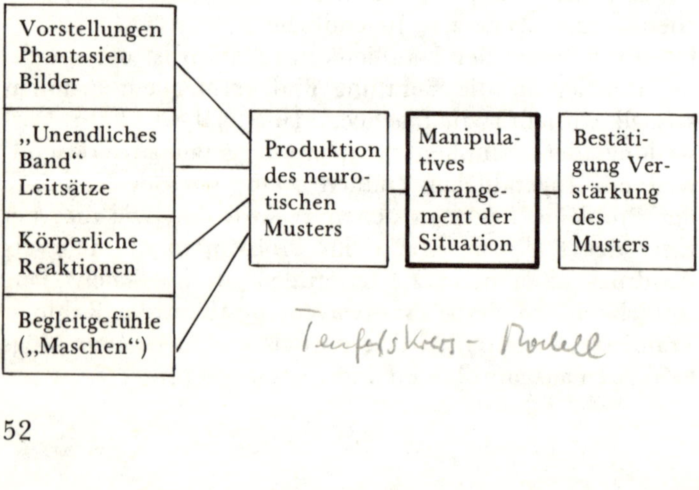

Dazu nun das folgende Beispiel:
Berta fiel von Anfang an als überaktiv in der Klasse auf, erdrückte die anderen durch ihr Wissen und ihr intellektuelles Gehabe (Fremdwörter usw.). Nach einer Weile erschien sie in der Schülerberatung. In der Klasse war sie immer mehr zur Außenseiterin geworden. Ein Problem ist ihr Rivalisieren mit dem Vater, dem sie ebenbürtig sein möchte. Dazu kommt ihre geringe Stellung innerhalb der Geschwister in bezug auf Intellektualität. Sie selbst möchte ein Gefühlsmensch sein und lehnt alles Intellektuelle ab, weil sie nur so ihren Selbstwert schützen konnte. Ihre Gefühlsäußerungen haben manchmal etwas Exhibitionistisches, Übertriebenes. Oft gibt sich Berta der Lächerlichkeit preis ohne es zu merken. Ihr Verhältnis zum Körper ist gestört. Berta ist sehr dick, hat kein Rhythmusgefühl und bewegt sich auch sonst sehr unbeholfen. Die Gemüthaftigkeit, die Berta als Identitätszeichen sieht, fehlt ihr. Ihr Liebesbedürfnis scheint sehr groß zu sein.
Sie bringt es stets fertig, in den Mittelpunkt zu kommen, wird jedoch ihrer Maßlosigkeit wegen überall wieder zurückgestoßen. Es ist ihr zunächst unmöglich, ihren eigenen Anteil zu sehen. Die folgende Kindheitserinnerung bringt jedoch das Grundmuster und den mit ihm verbundenen Teufelskreis deutlich zum Ausdruck:

„Mit fünf Jahren durfte ich in den Kindergarten gehen. Ich freute mich jeweils und beteiligte mich lebhaft. Alles interessierte mich, und ich wollte es ergründen, ausprobieren, erleben. Besonders hatten es mir die Musikinstrumente angetan. Das Tambourin und das Xylophon standen so einladend bereit – aber wir Kinder hatten da nichts zu suchen. Nur ab und zu durfte ein Kind unter Aufsicht der Kindergärtnerin das Tambourin zu einer Übung schlagen. Wie beneidete ich jedes Kind, das einmal das Tambourin oder gar den Xylophonschläger in die Hand bekam. Eines Tages war auch mir dieses Glück beschieden. Endlich lag diese Kostbarkeit einmal in meiner Hand – und mit all meinem gestauten Eifer schlug ich drauflos. Oh Schreck, das war zu laut und gar nicht schön im Takt. Also nahm es mir die Kindergärtnerin wieder weg. Geschlagen setzte ich mich auf mein Stühlchen. Noch ein-, zweimal versuchte

es das Fräulein mit mir, aber immer nahm sie mir das Instrument wieder weg. ‚Ein Kind, das nicht hören kann, bekommt das Tambourin nicht mehr. Hör nur, wie die anderen schön schlagen. . .' Aha, die anderen können es und dürfen es deshalb immer wieder. Ich kann es nicht und darf es deshalb auch nie wieder!
Noch heute passiert es mir, daß ich, vor eine Aufgabe gestellt, sie gleich anpacken will, dann aber denke: Was fällt dir ein, dich an so etwas heranzuwagen; du kannst das doch gar nicht. Du bist nicht musikalisch, nicht intellektuell, zu wenig überlegt, zu subjektiv, oder was man mir sonst noch alles sagte. Und wenn ich ein Tambourin sehe, würde ich am liebsten drauflosschlagen: Nie durfte ich, weil ich es nicht könne, aber jetzt schlage ich trotzdem, so wie ich es eben kann (vielleicht könnte ich mit der Zeit mehr als ihr ahnt!)."

Der Teufelskreis ist so angelegt, daß immer nur die Schlechtigkeit der anderen bestätigt wird und Berta kaum in der Lage ist, sich selbst in Frage zu stellen; dies ist eine besonders schwierige Konstellation zur Bearbeitung.
Die Muster und Arrangements können aus der Schilderung einer Situation auf der Aktualebene allein erarbeitet werden, und zwar, indem man den Ablauf wie eine „Zeitlupenaufnahme" unter den zuvor genannten Aspekten verfolgt, bis der Teufelskreis sichtbar wird. Bei älteren Jugendlichen können – wenn es sich anbietet wie bei Berta etwa – Kindheitserinnerungen herangezogen werden, um das Arrangement noch von einer anderen Seite zu beleuchten. Die Kongruenz ist für die Jugendlichen selbst oft verblüffend. Auch die Familienkonstellation bietet einen wichtigen Hintergrund zum Verständnis des Arrangements. Die Einsicht läßt sich mit Hilfe aller Ebenen – auch der Projektion in die Vergangenheit – vertiefen. Viele Jugendliche sind jedoch mit dieser Ausweitung der Perspektive überfordert und können nur auf ein wohlwollendes Besprechen der gegenwärtigen Situation eingehen.
Das Aufdecken des eigenen Musters kann dort sehr hilfreich sein, wo ein Jugendlicher dem, was ihm widerfährt, ratlos und oft verzweifelt gegenübersteht, oder dort, wo er selber merkt, wie er sich immer wieder in die gleiche

Situation hineinmanipuliert. Es gibt sogar Fälle, in denen ein Jugendlicher mit der Einsicht in das, was er treibt, auszusteigen vermag. Manche Jugendliche müssen furchtbar lachen, wenn ich mit ihnen erarbeite, was sie „aufführen".

Die Grundstruktur von Bertas Muster sieht folgendermaßen aus:

Vorstellungen:
Die anderen werden mich mißverstehen und ablehnen.
Sie werden sich ungerecht, autoritär verhalten.

Bilder:
Ich bin nur Zuschauer. Den anderen wird alles zuteil, was mir versagt ist. Die Welt ist voller faszinierender Dinge – ich erreiche sie nicht.

Körperliche Reaktion:
Anstauen der Impulse, immer größer werdende Spannung → Explosion

Begleitgefühle (Maschen):
Ich komme immer zu kurz. Ich bin die Mißverstandene und Verkannte. Die anderen sind ungerecht und autoritär. Sie blicken nicht durch.

Produktion des Musters – manipulatives Arrangement der Situation:

Aller aufgestaute Eifer wird losgelassen: „Ich bin nicht im Takt (und will es auch nicht sein)".
Der Ausdruck ist überdimensioniert (exhibitionistisch):
„Ich muß euch alle übertrumpfen."
↓
Löst negative Reaktionen der Umwelt aus.

Bestätigung und Verstärkung des Musters:

„Die anderen sind ungerecht und verstehen mich nicht."

Folgerung:
„Ich zeige es euch schon noch. Einmal werde ich die Größte sein."

Es geht vor allem auch darum, den eigenen manipulativen Anteil zu entdecken und beispielsweise zu sehen, wie man die Eltern in Ängste zu versetzen vermag, sie in Trab bringt, irritiert, verunsichert usw. Viele Jugendliche erleben sich als Opfer der Situation und der anderen, bis man mit ihnen zusammen erarbeitet, wieviel sie selbst in der Hand haben, was keinesfalls nur entmutigend ist. Ein 19jähriger sagte mir nach einer solchen „Entdeckung“: „Es ist zwar nicht schön, das einzusehen, aber wenigsten bin ich nicht ein so armes abhängiges Würstchen, wie ich geglaubt habe. Ich habe ganz schön Kraft, finden Sie nicht auch?“ – Es geht vor allem darum, diese Kräfte sinnvoller einzusetzen, und dies ist nach einer wirklichen Einsicht in die eigenen Muster sehr oft möglich, wenn die Arbeit auf anderen Ebenen weitergeführt wird.

Manchmal genügt eine Art Verhaltenstraining, das immer wieder besprochen und durch Körperübungen ergänzt wird.

Andere brauchen intensivere Auseinandersetzung im Rollenspiel oder über Körperarbeit, die ich jedoch fast immer mit anderen Ebenen zu kombinieren versuche.

2.3 Aufarbeitung durch Rollenspiel, Verhaltenstraining, Imaginationsübungen und Körperarbeit

a) Rollenspiel

Es gibt sehr viele Möglichkeiten, Rollenspiele einzusetzen, vor allem in Gruppen. Ich versuche, ein paar Möglichkeiten zu besprechen, die ich in der Beratungsarbeit mit Jugendlichen als hilfreich erlebt habe.

Viele Jugendliche kommen mit einem Problem, das sie mir zu schildern versuchen, bei der Formulierung der eigenen Gefühle jedoch geraten sie ins Stocken oder wissen überhaupt nicht weiter.

Manchmal übernehme ich in solchen Situationen die Funktion eines „Hilfsichs“ und versuche in Ich-Form das auszudrücken, was ich glaube, beim Jugendlichen herauszuhören. Viele Jugendliche greifen dann meine Worte auf, fahren weiter und können so ihre Schwierigkeiten im Ausdruck der eigenen Gedanken und Gefühle besser überbrücken. Wenn es jedoch zum Lebensstil eines Jugendlichen gehört, die anderen für sich machen zu lassen oder ihnen das Erraten der eigenen Wünsche und Gefühle zu überbürden, gerät man mit dieser Möglichkeit mit ins Arrangement des Betreffenden.

Das Rollenspiel stellt vor allem eine gute Möglichkeit des Übens und Experimentierens dar. Ich habe sehr häufig alternative oder neue Verhaltensweisen mit Jugendlichen „erprobt“.

Ich habe bereits das Problem von Erna dargelegt, die so große Mühe hatte, mit anderen Menschen – vor allem mit Gleichaltrigen – Kontakt zu finden. Mehrmals übten wir zusammen Situationen der ersten Kontaktnahme. Ich setzte mich beispielsweise als einer ihrer Kollegen hin und wartete, bis sie auf mich zukam. Das erste Mal schlich sie daher, senkte den Blick und setzte sich in sicherer Entfernung von mir wieder.

Ich: Hallo!
E.: Hallo. (leise)
Ich: Bist Du zum ersten Mal hier?
E.: Ja.
(Pause)
Ich: Woher kommst Du?
E.: Menzingen
(Pause)

Ich fragte Erna, wie sie sich fühle: „Schrecklich. Ich denke immer, daß der andere mich blöd finden muß und suche krampfhaft, was ich sagen könnte.“ Ich schlug vor, einen Rollentausch zu machen. Danach fragte ich Erna, wie sie sich in der Rolle des Burschen erlebt habe. „Ich wurde richtig unsicher und dachte, das Mädchen wolle gar nichts von mir wissen.“ Dann stockte sie. Es entstand

– Hilfs-Ich spielen

– Rollentausch Kl. - Th. (→ Kl. sieht sich im Spiegel)

eine lange Pause. „Ich verstehe etwas. Ich meine immer, die anderen seien sowieso sicher. Aber wenn ich so passiv bin, werden sie auch unsicher. – Ich müßte auch etwas tun.“
Das war nun gerade der schwierige Punkt. Wir übten die Szene – und andere ähnliche – immer wieder. Doch das Rollenspiel allein genügt nicht. Immer wieder fragte ich Erna, wie sie sich fühle, was jetzt in ihr vorgehe. So spürte sie langsam, wie sie ihre Angst „machte“. Das bedeutete jedoch, auch sehr präzise mit Körperhaltung und Atem zu arbeiten, wie ich es später schildern werde. Wir besprachen auch stets wieder ihre Erfahrungen mit solchen Situationen. Ganz langsam wurde ihre Sicherheit etwas größer, auch im Unterrichtsgespräch.
Wenn Jugendliche mit Interaktionsproblemen kommen, – Streit mit den Eltern, Konflikte mit Lehrmeistern oder Lehrern, Differenzen mit Freund oder Freundin – mache ich gerne ein Rollenspiel, um das Muster zu erspüren. Wichtig ist dabei das Arrangement:
Man stellt zwei Stühle auf. Der betreffende Jugendliche ist auf dem einen Stuhl er selber, auf dem anderen die betreffende Bezugsperson. Um das Gespräch darzustellen, muß er stets von einem auf den andern Stuhl hinüberwechseln. Manchmal übernehme ich nach einer Weile – wenn ich die Situation erfaßt habe – den Part der Bezugsperson.
Das Arrangement kann nun – je nach Problemlage – ganz verschieden weitergeführt werden. Das häufigste besteht darin, eine Alternative zum bisherigen Ablauf zu finden. Sehr oft betrifft die Auseinandersetzung Autoritätspersonen. Viele Jugendliche fühlen sich sehr schnell verunsichert. Die einen reagieren mit Verstummen, andere mit verzweifeltem Argumentieren.
Erna beispielsweise hatte Auseinandersetzungen mit ihrem Vater, in denen sie verzweifelt auf ihrem Recht beharrte. Das Spielen der entsprechenden Szene zeigte, daß der Vater vor allem mit klaren, sachlichen Argumenten arbeitete, jedoch weitere Gründe suchte, auch wenn

es wirklich keine mehr gab. Einmal, als wir einen solchen Zusammenprall spielten, wußte Erna plötzlich nicht mehr, ob sie nun sich selber spielte oder den Vater. Sie dachte lange nach und sagte dann: „Wir machen beide dasselbe, keiner gibt nach. Und dabei fühle ich mich so unsicher. Ob sich mein Vater auch unsicher fühlt? Ich kann es zwar kaum glauben.“ – Recht häufig kämpfen Jugendliche mit den gleichen Mitteln, wie der bekämpfte Elternteil und erwarten von ihm das Nachgeben ebenso, wie umgekehrt der Elternteil es erwartet. Sehr häufig findet sich diese Situation zwischen Söhnen und ihren Vätern oder deren Substituten, den Lehrmeistern. Die Einsicht in die Spiegelbildlichkeit der Reaktionen kann ein wichtiger Wendepunkt sein als Einsicht in den zähen Machtkampf von beiden Seiten. Es ist schwer, diesen Machtkampf aufzugeben: „Dann bin ich ja niemand mehr, und mein Vater kann mit mir machen, was er will.“ Oft kann erst ein weiteres Rollenspiel zeigen, daß mit dem Aufgeben des Machtkampfes und des mit ihm verbundenen Argumentierens vielleicht Raum frei wird für Zuhören, und daß man einen Machtkampf nur zu zweit durchführen kann. Schwierig ist es für jene Jugendlichen, die sich selbst etwas erst wirklich richtig glauben, wenn es vom „Kampfpartner“ bestätigt worden ist; das ist vor allem dort der Fall, wo Eltern schon eine Kindheit lang die Gefühle ihrer Kinder negiert oder bagatellisiert haben. In solchen Situationen hilft das Rollenspiel nur weiter, wenn das „Stehen zu sich selbst“ auch wörtlich genommen und über den Körper eingeübt wird.

Schließlich geht es in diesen Kampfsituationen um das Schwierigste, was in der Ablösung zu vollziehen ist: das Eingeständnis, daß der andere so sein darf, wie er ist. Für die meisten Jugendlichen ist dies ungeheuer schwer nachzuvollziehen, weil sie dieses Zugeständnis mißverstehen als „Gutheißen“. Die Eltern so sehen, wie sie sind, bedeutet, die kindlichen Erwartungen fallen zu lassen und nicht von den Wünschen sondern von der Realität auszugehen.

Ist diese Realität ohne Schuldgefühle akzeptiert, können wir auch Lösungsvorschläge für bestimmte Konflikte erarbeiten. Ein Kampfobjekt ist sehr oft der Ausgang. Die Eltern beharren auf zum Teil unmöglichen Arrangements, und die Jugendlichen rächen sich, indem sie immer viel zu spät nach Hause kommen. Oder die Eltern sind gegen die Freundin des Sohnes oder den Freund ihrer Tochter eingestellt. Je mehr die Eltern gegen die Beziehung kämpfen, desto intensiver wird sie oft. Ein 17jähriger sagte zu mir in einer solchen Situation: „Es ist schrecklich. Ich weiß nicht einmal, ob ich dieses Mädchen wirklich will oder nicht. Ich muß einfach mit ihm gehen, weil die Eltern dagegen sind."

Am schnellsten lassen sich diese Kampfsituationen meist mildern, wenn alle Betroffenen – also auch die Eltern – in die Beratung kommen. Ist dies nicht möglich, versuche ich mit dem Jugendlichen, über das Rollenspiel seine wahren Gefühle herauszufinden und sein Selbstgefühl zu stärken.

Rollenspiele zeigen auch, daß manche Jugendliche kaum wagen, etwas zu sagen und Wichtiges verschweigen, was notwendigerweise zu Mißverständnissen führen muß. Auch hier stellt das Rollenspiel ein Experimentierfeld dar, in dem Jugendliche lernen können, mit ihren Ängsten besser umzugehen.

Ich versuche oft auch, mit Jugendlichen zu erspüren, daß es wichtig ist, wie man etwas sagt; vor allem, wenn sie sich beklagen, ihre Vorschläge würden nie gehört und fielen immer unter den Tisch. Wir arbeiten mit der Qualität des Sprechens in Verbindung mit der Körperhaltung. So kann die eigene Ausdrucksweise erfahren und oft auch modifiziert werden. Es gibt noch eine weitere – und seltenere – Weiterführung von Rollenspielarrangements, die darin besteht, daß ich den Jugendlichen an einer bestimmten Stelle der Interaktion stoppe und ihm sage: „Nun drück' aus, was du fühlst." oder „was du bisher noch nie zu sagen gewagt hast". Das ist vor allem dann wichtig,

– Arbeit an „Wie", an Stimme + Körperhaltung

– Ausdruck des Gefühls

wenn Jugendliche durch ihre angestauten Gefühle völlig blockiert sind und man dennoch sieht: sie brennen ihnen unter den Nägeln. Dabei ist jedoch entscheidend, daß die Loyalitätsgefühle des Jugendlichen beachtet und einbezogen werden. Manchmal sage ich: „Es geht nicht darum zu sagen, was ganz richtig und gerecht ist, sondern einfach, was du jetzt fühlst." Dieser Gedanke wirkt oft sehr entlastend. Wo jedoch starke Ängste vor tiefen Gefühlen da sind, die nicht mehr bewältigt werden können, dürfen solche Arrangements nicht verwendet werden oder erst, wenn etwas mehr Stabilität geschaffen ist.

Viele Jugendliche wagen zunächst kaum, etwas Negatives zu äußern. Als ich Erna erstmals aufforderte, ihrem Vater ihre Gefühle zu sagen, schwieg sie und sagte dann: „Mir ist, als sei ich zu einem Marmorklotz erstarrt." Ich sagte daraufhin einige Sätze als Hilfs-Ich, bis sie, zaghaft noch, zu sagen wagte: „Ich habe eine solche Wut auf Dich." Dabei ließen wir es zunächst bewenden. Später kann man weitergehen und das Gesagte lauter wiederholen oder gar mit Körperausdruck verstärken lassen. Entsprechende Beispiele habe ich später ausgeführt. Andere Jugendliche legen gleich los und schreien ihre Wut heraus. Wichtig ist in solchen Situationen, daß sie den Kontakt zu sich selber nicht verlieren und auch auf ihren Füßen bleiben können. Ein Mädchen, das eine ganz schwierige Beziehung zu seiner Mutter hatte, schrie sie an, sagte ihr alle möglichen Schimpfwörter und unterstützte dies noch, indem es mit den Fäusten auf ein Kissen trommelte. Da sagte ich: „Steh auf, mach die Augen auf und sprich weiter." Da wurde es – wörtlich – „gefaßter" und sagte: „Ich lasse mich nicht mehr auf diese Gespräche mit dir ein. Ich bin ich. Und ich habe meine Meinung." Keinesfalls darf man es zulassen, daß Jugendliche sich in ihren Gefühlen auflösen, was Aufmerksamkeit und Erfahrung erfordert.

Auch innere Konflikte können im Rollenspiel ausgetragen werden – etwa das Erleben von zwei einander widersprechenden Gefühlen, bis – oft – eine neue kreative Lösung gefunden wird.

In seltenen Fällen kann auch eine konfliktgeladene Kindheitssituation gespielt werden, was nur von einem bestimmten Alter an – nicht vor siebzehn oder achtzehn Jahren – und beim Vorhandensein einer gewissen Ichstärke möglich ist. Ein Beispiel findet sich in der Fallbesprechung von „Rita".

Rollenspiele sind nur dann von Nutzen, wenn sie nicht als Technik eingesetzt sondern als ganzheitlicher Ausdruck verstanden werden.

Ich stelle die verschiedenen Möglichkeiten nochmals in einer Übersicht zusammen:

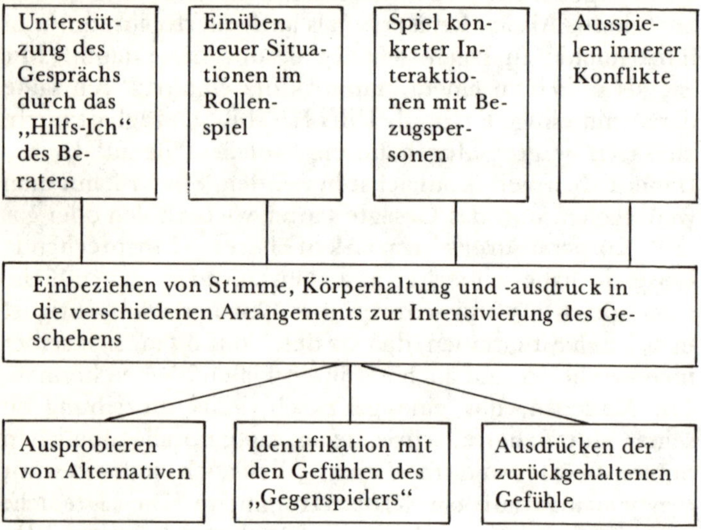

b) Imaginationen

Neben dem direkten Rollenspiel können die Bezugspersonen, mit denen der Jugendliche zu tun hat, auch innerlich vorgestellt werden. Wenn beispielsweise ein Jugendlicher bei mir Dinge sagt, von denen ich weiß, daß er sie den Eltern nie direkt sagen würde, kann ich ihm folgende Anregung geben: „Stell dir deinen Vater vor und sag ihm das direkt." Für viele ist dies jedoch sehr schwierig, sei es, daß die Gestalt nicht vorstellbar ist, wieder verschwindet oder

der Jugendliche sich gelähmt fühlt. Manche sagen auch: „Dies kommt mir so unnatürlich vor, ich kann das nicht tun.“ Oft geht es auch, das Nötige ohne diese Visualisierung der Person auszudrücken. Niemals würde ich jedoch weiter forcieren, da ich Widerstände ernst zu nehmen habe.

Viele Jugendliche haben eine leichte Vorstellungsgabe und sprechen – wenn es für sie nicht emotional zu schwierig ist – auf diese Möglichkeit gut an, andere brauchen eine konkretere Konstellation.

Manchmal geht das Verfolgen innerer Bilder über in eine Imaginationsfolge; andere Jugendliche bieten von sich aus eine Bildfolge oder ein intensiveres Bild an, auf das ich eingehen und eine geführte Imagination anschließen oder das ich stehen lassen und auf die konkrete Situation zurückgehen kann. Jugendliche mit wenig Ichstärke lassen sich von den inneren Bildern überfluten, für andere bedeuten sie einen Kontakt mit den eigenen Kräften oder die Möglichkeit, ihre innere Dynamik samt den Ängsten und Aggressionen greifbar zu machen.

Ich führe meist nur eine schon in Gang gekommene Imagination weiter, und auch nur dann, wenn ich sicher bin, wieder mit dem Jugendlichen „auf dem Boden“ zu landen.

Dazu das folgende Beispiel einer 18jährigen Schülerin: Magi bat mich nach der Schule, zu ihr ins Zimmer zu kommen, da sie nicht in mein Büro kommen wollte. Sie fühlte sich in ihrer Zimmeratmosphäre sicherer. Ich sagte zu und kam zu ihr. Sie hatte sich in einer Ecke des Zimmers niedergekauert, lehnte an der Wand und hatte die Augen geschlossen. An der Wand hingen lauter romantische Poster, Sonnenuntergänge, Kinderbilder usw. Wirklich eine kleine Zauberwelt für sich. Magi sagte zuerst gar nichts. Ich setzte mich ebenfalls auf den Boden, in die andere Ecke und schwieg.

Wir schwiegen ziemlich lange.

Dann sagte Magi tonlos: „Ich falle. Ich falle immer weiter.“

Dann schwieg sie wieder ziemlich lange. Nach einer Weile wiederholte sie, wie in einem Traumzustand: „Ich falle durch Wolken hindurch. Nichts kann mich aufhalten.“
Da wußte ich, daß mir Magi den Einstieg in einen Tagtraum gab, daß sie schon mitten drin war und nahm das Signal auf. Die ganze Imagination dauerte – was wider die Regel ist – fast zwei Stunden. Aber ich wußte, daß Magi hindurch mußte, nachdem sie mich von sich aus in ihre Bilderwelt geführt hatte.
Ich gebe jetzt den Inhalt der Imagination in groben Zügen wider, da ich die Imaginationstechnik selbst hier nicht entwickeln, sondern nur die Einheit der Grundeinstellung, das zentrale Problem aufzeigen möchte.

Magi fühlte sich durch Wolken hindurch fallen, unaufhaltsam. Manchmal sah sie Menschen. Sie streckte die Hände nach ihnen aus, aber sie reagierten nicht. Sie hielten sie nicht auf. Sie fiel einfach weiter. Magi bekam furchtbare Angst. Ich sagte: „Versuch, dein Fallen zu spüren.“ Da konnte sie plötzlich auf den Wolken stehen, obwohl sie bei jedem Schritt darin versank. Sie ging wie auf Watte. Fast schwerelos und doch mühsam. Dann versuchte sie, in die Wolken zu greifen. Sie ließen sich ballen, formen. Magi baute Gebilde daraus. Sie wollte schöne Gebilde formen. Aber sie wuchsen selbständig. Magi wurde wütend und bekam gleichzeitig Angst. Sie nahm die Wolke in die Hand, formte Bälle daraus und warf sie auf die Gebilde, vermochte aber nicht, sie zu zerstören. Ich ließ Magi mit diesen Gebilden sprechen, und sie sagte: „Ihr seid so mächtig und unnahbar. Ich habe Angst vor euch. Ihr seid abweisend. Ich möchte euch zerstören, doch ihr seid viel stärker als ich.“ Dann ging Magi näher auf sie zu. Da lösten sie sich plötzlich auf. Magi stand in einer nebligen Wolkenlandschaft. Sie ging und ging. Und es sah überall gleich aus. Sie ging immer verzweifelter. Die Angst wurde größer und größer. Sie begann wieder, durch die Wolken hindurch zu fallen. Da sagte ich zu ihr: „Laß dich in deine Angst hineinfallen.“ Magi schwieg eine Weile, dann sagte sie: „Ich fühle Boden unter den Füßen. Ich stehe. Ich mache die Augen auf. Ich bin auf einer Wiese.“ Ich ließ Magi auf dieser Wiese weitergehen. Es war schön und ruhig. Sie kam an einen See. Dort wollte sie bleiben. Da sah sie am Waldrand jemanden. Es war ihr Freund. Aber er kam nicht auf sie zu. Ich fragte Magi, was sie tun könne. Sie nahm eine Flöte und begann zu spielen. Aber es kam keine Antwort. Der Freund war verschwunden, tauchte dann wieder auf. Jetzt wagte Magi nicht mehr, etwas zu tun. Sie äußerte den Wunsch zu winken, wagte es aber nicht. Da ging der Freund wiederum weg. Plötzlich hörte sie eine Flöte aus dem Wald und antwortete mit ihrer Flöte. Sie spielten eine Weile, dann brach die Flöte aus dem Wald wieder ab. Magi wurde traurig. „Er kommt nicht. Ich kann nicht zu ihm“, sagte sie. „Das Wasser ist dazwischen.“ Ich ließ Magi am Ufer hin- und hergehen. Sie spürte ihre Füße nicht. „Es ist, wie wenn ich auf Wolken gehen würde.“ Dann legte sie sich hin. Auch jetzt spürte sie ihren Körper nicht, wie er im Sand auflag. Ich fragte sie, ob sie sich auf ihren Atem konzentrieren könne. Sie tat es und sagte nach einer Weile: „Ich spüre die Wärme der Sonne auf meinem Körper. Es ist schön. Dann stand sie wieder auf und ging auf das Wasser zu. Sie ging hinein, spürte das frische Wasser auf der sonnendurchwärmten Haut. „Jetzt spüre ich die Kieselsteine unter meinen Füßen“, sagte sie plötzlich. Dann tauchte sie ganz ins Wasser und schwamm hinaus. Sie hatte Freude an der eigenen Bewegung. Als sie zurückkam, ging sie dem Ufer entlang. Sie spürte jetzt wieder den Sand unter den Füßen. Darauf legte sie sich hin, grub Zehen und Finger in den Sand und spielte. „Ich spüre meinen Körper, wie er im Sand liegt. Ich spüre meinen Atem und den Wind.“ An dieser Stelle brach ich die Imagination ab.

Da ich auf das Angebot dieser Imagination eingestiegen war, mußte ich mit Magi durchhalten. Das Diffuse, das sie ausstrahlte, die Energielosigkeit und Unverbundenheit, kam im Bild der Wolken zum Ausdruck. Ein zentrales Problem war, daß sie – wörtlich – Boden unter den Füßen spüren lernen mußte.
Da ich Magi kannte, wußte ich, daß sie keine Grenzgängerin war, die sich in den Bildern der Bodenlosigkeit total hätte verlieren können. Deshalb konnte ich ihr die Anweisung geben, sich ganz in ihr Gefühl fallen zu lassen, um damit einen Weg durch es hindurch zu finden, was ihr auch jedesmal gelang.

c) Körperbezogene Möglichkeiten

So wie jeder Mensch einen Lebensstil entworfen hat, verkörpert er ihn auch. Der Lebensstil ist eine Verkörperung, also eine ganzheitliche Gestalt. Das bedeutet, daß es einen Zugang zum Lebensstil auf der Körperebene gibt, und zwar nicht nur in der Therapie, sondern auch in der Beratung. Für mich persönlich ist die Arbeit mit dem Körper keine eigene Methode mehr, sondern das Ingrediens fast allen Arbeitens mit Menschen auf der Ebene von Beratung und Therapie.

Im Laufe der Zeit habe ich auch Erfahrung gewonnen, wie die Körperarbeit in die Jugendberatung integriert werden kann.

Ich gehe davon aus, daß jeder Mensch – auch der Jugendliche – sich Gestalt gibt und daß alle Muster auch Körpermuster sind. Wenn die Individualpsychologie davon ausgeht, daß der Lebensstil eine „Stellungnahme" darstellt, muß dies wörtlich genommen werden. Die Art und Weise, wie ein Mensch dasteht, ist Ausdruck dieser Stellungnahme. – Ob unsicher, mit gespreizten Beinen, durchgedrückten Knien, um sich die Illusion von Stand zu geben, oder mit den Zehenspitzen sich festklammernd, auf einem Bein usw. Aus diesem Stand – und in Abhängigkeit von ihm – richtet der Mensch seinen Körper auf, verkrampft sich, macht sich steif, um die Unsicherheit auf der Körperebene zu kompensieren, oder er sackt in sich zusammen und gibt den Anschein der unterkompensatorischen Unsicherheit. Nicht nur die Vertikale – bis hinauf zum Kontakt mit dem Geistigen – ist gestört, sondern oft auch der Kontakt nach außen, indem die Brust aufgebläht wird oder einsackt, die Schultern vornüber hängen o.ä. Die einen schauen in den Boden, über die anderen hinweg, durch sie hindurch, wieder andere lauern, starren oder blinzeln – alles gestörte Kontaktmuster.

Das Wichtigste ist für mich, dem Jugendlichen seine Körpermuster zugänglich zu machen. Dies muß behutsam geschehen, weil die meisten Jugendlichen in diesem Alter gerade körperlich sehr zu verunsichern sind. Am ehesten finden sie den Zugang über eine konkrete Situation.

Als Erna ihrem Vater gegenüberstand, hielt sie den Atem an, zog die Schultern hoch, drückte die Knie durch und verkrallte ihre Zehen. Die Augen senkte sie zu Boden. Da ließ ich Erna den Vater spielen und zeigte ihr als Erna, wie sie dastand. Sie sagte: „Als Vater kann ich nur aggressiv werden oder meine Tochter anschauen und sie nicht ernst nehmen." Das Spiegeln kann die Wirkung der eigenen Haltung sichtbar machen, reicht jedoch allein nicht aus. Eine gute Möglichkeit ist es, die eigene Haltung weiter zu verstärken, um das Muster, das sie bewirkt, deutlich zu erleben und dann ganz langsam loszulassen. Erna sagte: „Jetzt kann ich atmen. Ich fühle mich irgendwie größer und stärker. Ich habe das Gefühl, daß man mir jetzt weniger anhaben kann." Jugendliche mit überkompensatorischen Mustern fühlen sich oft zuerst unsicherer, bis sie merken, daß die alte Sicherheit eine trügerische war.

Sehr oft arbeiten wir mit ganz kleinen Details, mit denen die einzelnen Jugendlichen ihre Gefühle „machen": etwa darauf achten, den Atem im Kontakt mit anderen Menschen nicht anzuhalten oder die Schultern immer wieder fallen zu lassen, den Kopf nicht nach hinten zu knicken usw. Es sind kleine Schritte, in denen der Jugendliche lernt, sich anders Gestalt zu geben. Oft ist die Wirkung einer Haltungsänderung für den Jugendlichen selbst verblüffend, manchmal auch irritierend, weil sich seine Identität mit ihr verbindet. Schwierig ist oft, bei diesem steten Üben zu bleiben, im Kontakt mit sich selbst. Immer wieder korrigiere ich Haltungen in der Situation ein bißchen, entweder durch Berührung oder Anweisung. Sehr häufig probieren wir neue Haltungen auch in unserem gegenseitigen Kontakt aus und spüren, wie die Beziehung sich verändert, wenn ein Mädchen z.B. gerade steht, anstatt seinen Oberkörper nach hinten zu kippen: „Du bist näher, aber auch irgendwie realer für mich. Doch ich habe fast das Gefühl, nach vorne zu lehnen." Das Erlebnis einer gewissen Künstlichkeit steht oft am Beginn eines Gestaltwandels.

Manchmal unterstütze ich – sehr vorsichtig – den Prozeß durch Körperübungen. Bodenkontakt im Stehen und Gehen, verbunden oft mit Stimmausdruck, etwa dastehen und dem Gegenüber ein entscheidendes Wort oder einen Satz sagen. Zwei wichtige Wörter sind „ich" und „nein". Beide können auch durch Aufspringen auf die Füße unterstützt werden. Entweder ist der Berater selbst das Gegenüber, oder eine vorgestellte Bezugsperson.

Es gibt auch andere Sätze, die wichtig sind, weil sie die notwendige Abgrenzung einer Beziehungsperson gegenüber zum Ausdruck bringen, etwa so: „Ich gehe meinen Weg, und ich mute dir den deinen zu, Mutter (Vater)." Es geht vor allem darum, die Verantwortung für die eigene Lebensgestaltung wahrzunehmen und den Eltern – bei aller Loyalität – die neue Situation zuzumuten.

Wie und wo ein Jugendlicher in der Stunde sein will, stelle ich frei, doch oft benutze ich die Haltung als weitere Ausdrucksebene. Wenn ein Jugendlicher beispielsweise etwas Abgrenzendes sagen möchte, ist es sinnvoll, „dazu zu stehen" – und zwar im doppelten Sinn des Ausdrucks. Ich nehme diese Ausdrücke unserer Sprache sehr oft wörtlich, und das heißt, „leiblich", „Stellung nehmen", „einen Standpunkt haben" usw. sind Ausdrücke, die das fehlende oder vorhandene Grounding ansprechen und deshalb auch einen Arbeitsansatz ergeben; ebenso wie das englische „somebody" und „nobody" darauf hinweist, daß das Selbstgefühl einer Persönlichkeit im Leiblichen verwurzelt ist.

Auch im Sitzen kann man sich verwurzeln, indem man sich beispielsweise nicht nach vorne verliert oder in sich zusammensackt und mit den Füßen „am Boden" bleibt. „Am Boden sein" hat jedoch noch die Bedeutung von depressiv sein. Der Kontakt mit dem Boden ist die Voraussetzung dafür, daß ein Mensch sich überhaupt aufrichten kann. Viele möchten – wenn man es ihnen freistellt – am liebsten in der Beratung oder Therapie immer liegen. Das kann gefährlich sein, weil damit ein altes kindliches Muster, nicht erwachsen und verantwortlich werden zu wollen, verstärkt wird, außer man arbeitet in der Therapie mit der Vergegenwärtigung der frühkindlichen Situation. Das kommt für die Jugendberatung nicht in Frage. Ich lasse Jugendliche deshalb fast nie liegen, wenn wir mit der Haltung arbeiten.

Eine Ausnahme bilden Atem- und Entspannungsübungen, Bewegungsübungen oder Massage, die ich jedoch nur einsetze, wenn das Vertrauen in der Beratung genügend gewachsen ist.

Manchmal ist auch das Knien eine gute Position, vor allem zum Ausdrücken von Wut, etwa dann, wenn ein Jugendlicher sie auch körperlich auszudrücken sucht. Ich bin übrigens auch schon mit Jugendlichen in den Wald gegangen, um sie Äste herumwerfen oder an Bäume schmettern zu lassen, was ihnen oft weniger künstlich vorkommt und sich auch an der Grenze zu Spaß und Spiel befindet. Wenn Jugendliche gern laut sein möchten und es nicht wagen, mache ich mit. So fühlen sie sich weniger exponiert. Auch „nein" schreien und ähnliche Formen des Ausdrucks machen wir oft beide, einander gegenüberstehend oder – wenn dies zu unangenehm ist – nebeneinander.

Alle diese Übungen und Arrangements müssen im Raum der Beziehung aufgehoben sein. Wenn der Kontakt mit vorgestellten Personen stattfindet, habe ich die Funktion der emotionalen Stütze und der eventuellen Korrektur, doch oft bin ich als Beraterin auch das direkte Gegenüber. Es ist vielleicht einfacher, erstmals im Kontakt mit mir eine neue Haltung auszuprobieren, – sich mehr aufzurichten, die durchgestreckten Knie loszulassen, die Schultern fallen zu lassen usw. – als in einer Konfrontation, die zu eben diesen Mustern führte. In besonderem Maß gilt dies vom Augenkontakt, der so viel mit Vertrauen oder mit Angst und Mißtrauen zu tun hat. Es braucht manchmal sehr lange, bis ein Jugendlicher es wagt, mir direkt in die Augen zu schauen. Wenn die Basis der Beziehung stabil genug ist, können wir auch mit dem Augenkontakt experimentieren. So sage ich etwa: „Schau mich an und bleib im Kontakt mit deinem Atem." Manchmal kommt nach einer Weile der Kommentar: „Es geht ganz gut, aber dann verschwimmt dein Gesicht plötzlich." Ich sage: „Versuch es nochmals, und immer, wenn du spürst, daß du mich undeutlich machen willst, entschließ dich

Atem + Entspannung (im Liegen) sonst nicht

Knien → Wut ausdrücken

Ausprobieren im Hier + Jetzt → Transfer

wegzuschauen. Und dann tue es auch.“ Die Reaktion: ‚Es geht viel besser. Ich spüre, daß der Kontakt mit dir auch von meinem Willen abhängig ist.“ Oder ich sage: ‚Spür, wie du mich undeutlich machst.“ Die Reaktion: „Ich muß plötzlich denken, was du dir wohl denkst.“ – „Und was tust du dann köperlich?“ – „Ich halte den Atem an.“ – „Noch etwas?“ – „Ich beiße die Zähne aufeinander und kneife die Augen zusammen. Und ziehe dann die Schultern hoch.“ „Mach es nun nochmals und verstärke dein Körpermuster. Dann laß ganz langsam los.“

Diese Art des Weitergehens ist bei allen Körpermustern möglich; sie ist aber nur mit Jugendlichen machbar, die einen gewissen Kontakt zu ihrem Körper haben und auf ihn hören können. Für viele ist dies am Anfang noch zu bedrohlich.

Ich setze in der Beratung mit Jugendlichen die Körperarbeit fast nur innerhalb eines Prozesses ein – sei dies ein Gespräch, ein Rollenspiel oder eine Imagination. Isolierte Übungen sind entweder gefährlich oder wirken auf Jugendliche als zu künstlich, außer bei Atem- und Entspannungsübungen. Viel wichtiger ist es, den Körper im lebendigen Kontakt einzubeziehen. So lernen wir, aufeinander zuzugehen, die notwendige Distanz erspüren und einhalten, „halt“ und „nein“ zu sagen, die Hände hinzustrecken und „bitte“ oder „hilf mir“ zu sagen oder einfach die Berührung, etwa der Hände, auszuhalten. Manchmal nehme ich auch ein Mädchen in die Arme, um ihm die oft so ersehnte Wärme und Zärtlichkeit zu geben. Das ist jedoch nur möglich, solange man mit seinen eigenen Gefühlen klarkommt und keine Angst vor Körperkontakt hat.

Eine Auswahl von Körperübungen für die Arbeit mit Jugendlichen:

Im folgenden möchte ich versuchen, einige wenige Körperübungen, die sich in der Arbeit mit Jugendlichen bewährt haben, aufzuführen. Sie sollen jedoch nur als Anregungen und Hinweise dienen.

Am häufigsten arbeite ich mit der individuellen Haltung, etwa in Rollenspielen oder Imaginationen. Manchmal braucht es nur eine leichte Korrektur der Haltung, damit sich der Betreffende sicherer fühlt und sich einer Konfrontation zu stellen wagt. Plötzlich tönt die Stimme fester, und der Blick wird klar und gerade. Oft experimentieren wir mit der Haltung, indem ich mich gegenüber stelle und dem Jugendlichen z.B. sage, er solle zuerst in der alten, dann in der neuen Haltung Kontakt aufnehmen und den Unterschied erspüren.

Oft jedoch ist es schwierig, die altgewohnte Haltung überhaupt wahrzunehmen. Es hilft, diese Haltung ganz langsam zu verstärken bis zu einem Höhepunkt, und dann ebenso langsam wieder loszulassen. So wird auch die innere Bedeutung der eigenen Haltung besser spürbar.

Das Ganze kann auch als Übungsfolge gestaltet werden: Der Jugendliche stellt sich in seiner gewohnten Haltung hin und spürt dann durch seinen Körper hindurch, ohne etwas zu verändern. Ich selber lenke dieses Spüren durch Impulse, indem ich bei den Füßen beginne (wie spüre ich den Kontakt mit dem Boden? Wie ist mein Gewicht auf den Füßen verteilt? Vorn oder hinten? Auf den Außen- oder Innenkanten? Stehe ich mehr auf einem oder dem andern Bein oder auf beiden gleichzeitig?). Sind alle Spannungen, alle schwachen oder verschwommenen Partien erspürt, müssen sie verstärkt und wieder losgelassen werden, wie ich oben beschrieben habe. Manchmal ist das Gefühl der Entspannung erstaunlich, oft auch kommt die Bemerkung: „Ich kann mich einfach nicht wirklich entspannen." Hier kann die Übung weitergeführt werden. Die Füße werden parallel gestellt, im Abstand von etwa 30 cm, die Knie locker gehalten. Dann beugt sich der Betreffende vornüber, indem er sich vom Gewicht des Kopfes hinunterziehen läßt. Wirbel um Wirbel wird abgerollt, ganz langsam, bis die Fingerspitzen – bei leicht gebogenen Knien – den Boden berühren. Der gesamte Kopf soll ganz locker bleiben. In dieser Haltung etwas verharren. Dann das Gesäß leicht senken und wie-

funktionale Übungen bei best. Störungen:
Unsicherheit → Selbstbehauptung
Depressivität →

der heben, während die ganzen Füße auf dem Boden bleiben und die Hände sich nicht am Boden stützen sondern nur ganz leicht berühren sollen. Nach einer Weile nochmals ruhig verharren, sich dann ganz langsam aufrichten, Wirbel um Wirbel, bis auch zuletzt der Kopf wieder gerade ist, eine Weile ruhig stehen und die Wirkung spüren. – Die meisten fühlen sich fester und sicherer stehen. Es ist dies eine Übung, die auch allein gemacht werden kann.

Im Zusammenhang mit der Arbeit an der Haltung sind jene Übungen, die die „Standfestigkeit", die Verbindung mit dem Boden fördern vor allem wichtig für Jugendliche, die unsicher sind und sich nicht wehren können. Für Jugendliche, die eher depressiv sind und schwache Knie haben, gibt es die folgende Möglichkeit:

In der Grundstellung (Füße parallel, 30 cm auseinander, Knie locker) stehen, dann die Knie langsam mehr und mehr beugen, soweit es geht, ohne die Fersen vom Boden zu heben und wieder strecken (nicht ganz durchstrecken). Dies mehrmals hintereinander machen. – Dies ist eine Übung, die im Grunde jeden Tag gemacht werden sollte.

Übungen zur Stärkung der Selbstbestätigung:

- Sich gerade mit gestreckten Knien und fest geschlossenen Füßen hinstellen. Dann aufspringen und mit einem Ton auf die gestreckten (!) Beine zurückspringen. Der Schlag geht meist durch den ganzen Körper hindurch und löst Spannungen. Ganz wichtig ist dabei der Ton. Die Übung darf nie stumm gemacht werden. Sie eignet sich weniger für Jugendliche, die zu Kopfweh neigen.
- Sich in breite Grätschstellung begeben, das Becken senken und die Hände auf die Knie abstützen. Den Oberkörper gerade halten und den Kopf aufrichten. Eine Weile so stehen. Das Gewicht langsam von einem Bein aufs andere verlagern.

Manchmal tut es gut, sich in der Vorstellung so jemandem gegenüber zu stellen, dem gegenüber man sich unsicher fühlt.

Eine weitere Variante besteht darin, aus dieser Haltung aufzuspringen und mit Ton wieder zu landen.
Statt einem Ton kann auch ein Wort gebraucht werden, etwa „ich“ oder „nein“ oder „weg“, je nach Situation. Oft mache ich selbst die Übung mit den Betreffenden, indem ich mich in derselben Position gegenüberstelle und wir Aug in Aug bleiben. Oder ich stehe einfach da und bin der Adressat der selbstbehauptenden Geste.
Um mit Gleichgewicht und Standfestigkeit zu arbeiten, kann jemand das Gewicht langsam ganz extrem auf das eine, dann auf das andere Bein verlagern und in jeder Extremstellung so lange bleiben, wie es möglich ist. Dann auf beide Füße stehen und den Stand spüren.
Manchmal ist es auch wichtig, nur nach eigenem Rhythmus stampfen zu dürfen und dazu ein passendes Wort zu sagen (rufen).
Zur Mobilisierung können zuerst die Beine geschüttelt, dann ganz intensiv die Knie im Stand und anschließend beide Fußgelenke in der Luft gedreht werden (in beide Richtungen). Bei den Füßen kann auch zuerst die Bewegung auf-ab und je seitwärts und dann erst die Drehung gemacht werden.
Bei all diesen Übungen ist darauf zu achten, daß die Atmung durchgeht. Atmen durch den offenen Mund.
Eine weitere Serie von Übungen betrifft Kopf und Nakken, die bei den meisten Menschen sehr verspannt sind. Viele spüren kaum mehr, daß Schultern und Hals verkrampft sind. Deshalb massiere ich manchmal zunächst die Schulterpartie. Die Reaktion ist etwa: „Jetzt fühle ich mich viel leichter, als ob ein Gewicht abgefallen sei“.
Eine Übung zur Entspannung der Halsmuskulatur: Kopf nach vorn und nach hinten fallen lassen, nach rechts und nach links, dann die vier Punkte in einer Drehung (in beide Richtungen) verbinden. Jeden Bestandteil längere Zeit machen.
Anschließend mit den Schultern arbeiten:
die eine Schulter hochziehen und in die Ausgangslage

– Kopf drehen – Ton machen (ich, nein, weg)
– Schultern kreisen
Atmen

zurück, dann hinunterdrücken und in die Ausgangslage zurück, anschließend nach vorn und dann nach hinten bewegen. Am Schluß in einer Drehung in beide Richtungen verbinden. Mit der linken und der rechten Schulter getrennt machen.
Atem nicht pressen sondern Mund leicht öffnen und Ton geben.
Ton geben ist für viele Menschen zunächst schwierig und muß geduldig geübt werden. Vielen fällt es auch schwer, den Kiefer oder die Zunge loszulassen. Besteht Angst, darf nicht forciert werden.
Es geht in diesen Übungen darum, sich einerseits von Gewicht (Pflichten o.ä.) zu befreien, das zu schwer lastet, andererseits darum, die Verbindung zwischen Kopf und Körper herzustellen und die dominante Kontrolle zu lockern.
Im Sitzen lasse ich manchmal Jugendliche ihre Stirn in meine Handflächen legen. Nun bewege ich den Kopf in alle möglichen Richtungen, langsam und liebevoll. Der Betreffende hat die Aufgabe, sich dem Geführtwerden einfach zu überlassen, was oft sehr schwierig ist. Dasselbe kann auch im Liegen mit dem Hinterkopf gemacht werden.
Berührungen setzen jedoch voraus, daß bereits ein gutes Vertrauensverhältnis besteht und der Jugendliche es wagen kann, jederzeit „stopp" zu sagen.
Oft ist der Rücken sehr verspannt oder steif. Meist ist auch die Atmung beeinträchtigt, die Brust in irgendeiner Form immobilisiert.
Freie und spontane Bewegungen des Rumpfes (meist mache ich mit) sind hier oft das Beste, da die meisten intensiveren Übungen für Jugendliche zuviel sind, weil hier sehr stark Gefühle blockiert sind, die sie noch nicht verarbeiten können.
Die Übung mit dem Vornüberbeugen der Wirbelsäule ist auch hier wichtig. Die Längsmuskulatur an der Wirbelsäule kann mit Massage gelockert werden. Aus der Eutonie stammt eine gute Übung: zwei Tennis- oder kleinere

Hartgummibälle links und rechts der Wirbelsäule hinlegen und sich darauf legen (unten oder oben anfangen). Ruhig atmen, immer mehr Gewicht darauf geben. Leicht hin- und herbewegen. Die Bälle die ganze Wirbelsäule entlang verschieben.

Für ältere Jugendliche gibt es eine weitere Übung: sich aufs Bett legen und den Kopf über die Bettkante hinunterhängen lassen (Kiefer locker mit offenem Mund atmen, Ton geben). Diese Übung eignet sich nur, wenn der betreffende Jugendliche seine Kontrolle nicht dringend braucht, um das Überschwemmtwerden durch Gefühle zu verhindern. Man kann sich auch über ein dickes Kissen oder gar über einen Medizinball legen, daß der Kopf hängt, was die Atmung sehr vertieft. Ist das Vertrauen groß, kann ich Jugendliche auch bitten, sich auf den Bauch zu legen, damit ich den Rücken etwas massieren kann. Oder ich lege meine Hände unterhalb des Schulterblattes links und rechts der Wirbelsäule hin und gebe Druck im Rhythmus des Ein- und Ausatmens. Langsam gebe ich mehr Druck, um die Atmung vertiefen zu helfen (beim Ausatmen Ton geben). Dasselbe kann auch auf der Vorderseite gemacht werden. Ich sage immer im voraus, was ich tun möchte und auch, wenn ich meine Hände wieder wegnehme.

Geht es vor allem um die Berührung (Wärme, Nähe), lasse ich meine Hände liegen oder vibriere ganz sanft (Rücken-, Brust- und Bauchpartie). Zur Förderung der Atmung kann der Rücken mit Handkanten oder Fäusten ganz leicht abgeklopft werden.

In seltenen Fällen läßt man den Jugendlichen sich auf den Rücken legen: er streckt die Arme entgegen, ich fasse an den Handgelenken, ziehe ihn langsam auf, bis der Kopf in der Luft hängt. Den Kopf hängen lassen. Langsam ein wenig hin- und herbewegen.

Es gibt die verschiedensten Atemübungen, je nach Richtung. Diese hier ausführlich zu behandeln würde zu weit führen. Eine ganz einfache Übung hat sich allerdings bewährt. Im Stehen: Arme seitwärts hochheben bis über den Kopf, dazu den Mund rund machen (wie ein Staubsauger) und so einatmen. Ausatmen auf „fff“ und die Arme senken. An dieser Übung nehme ich meist teil, indem wir uns vis-à-vis stehen.

Beckenübungen mache ich mit Jugendlichen fast nur in spielerischer Weise, vor allem Beckenkreisen, etwa mit der Assoziation „afrikanischer Tanz“.

Spielerisch führen wir – meist zusammen – auch spontane Bewegungen mit dem ganzen Körper, oft mit Musik durch. Es geht mir dabei vor allem darum, daß ein Jugendlicher einmal ganz in Bewegung kommt. Manchmal gebe ich eine Imagination dazu (Wasser spielen: Bächlein, Bach, Wasserfall, Meer usw. nacheinander).

Es ist schwierig, Körperarbeit wiederzugeben, da sie aus der Situation erwächst. Die genannten Körperübungen sind so etwas wie Grundsteine, die vielfältig variiert und kombiniert werden können. Am wichtigsten ist es, daß sie einerseits nicht zu Turnübungen gemacht, andererseits nicht forciert werden dürfen. Die Grenze der Tragfähigkeit muß immer sorgfältig erspürt werden. Mit der individuellen Haltung kann jedoch fast immer gearbeitet werden.

Im Zusammenhang mit dem Erspüren des Körperprozesses können manchmal auch Gestalttechniken eingesetzt werden, vor allem, einer Körpersensation eine Stimme zu geben und damit deren „Sprache“ und Botschaft besser zu verstehen.

- 2 Bälle links + rechts unter Wirbelsäule
- Kopf über Bettkante hängen lassen
- Atmen verstärken durch Druck auf Schulterblätter (Ein- u. Aus)
- Nähe geben durch Körperkontakt
- Atemübungen
- Beckenübungen
- Spontane Bewegungen nach Musik + Imagination

3 Modelle und Beratungsformen in der Jugendberatung

3.1 Beratungsmodelle für die Jugendberatung

Es gibt kein Standardmodell, nach dem sich Jugendberatung aufbauen läßt, sondern sie muß immer auf die jeweilige Situation und eventuell auf die entsprechende Institution ausgerichtet werden.
Eine große Rolle spielt die Schichtzugehörigkeit der betroffenen Jugendlichen. Je nachdem kann gar keine explizite Beratung angeboten werden, weil sich Jugendliche aus Schichten, in denen der Psychologie gegenüber Vorurteile herrschen, in ihrer Identität angezweifelt fühlen, wenn sie „das" nötig haben. Jugendberatung muß dort einen Modus finden, in dem einfach durch die Präsenz und die Vertrautheit mit Erwachsenen Gespräche zustande kommen, in denen auch Probleme und Nöte angesprochen werden können.
Es geht also darum, einen Raum für zunächst zwanglose Kontakte zu schaffen, ohne daß der Jugendliche sich „behandelt" fühlt. Es gibt viel zu wenig solche offene Räume, in denen weiterführende und notwendige Gespräche stattfinden können, ohne daß sie das Etikett des Psychologischen oder Psychiatrischen zu tragen brauchen.
Auch die definierte Beratung kann nur aus der konkreten Situation, aus den Bedürfnissen der einzelnen und der Trägerschaft aufgebaut werden. Dennoch gibt es einige Gesichtspunkte, die allgemeine Gültigkeit haben dürften.

Die Beratung muß einen autonomen Bereich unter absoluter Wahrung des Berufsgeheimnisses darstellen und unabhängig von wertenden und urteilenden Funktionen sein. Institutionen haben meist die Tendenz, eine Kontrolle über die Beratung ausüben zu wollen, die jedoch – sollte das Ansinnen gelingen – das Vertrauen der Jugendlichen zerstören würde.

Umgekehrt ist es jedoch sehr wichtig, daß eine Beratung nicht isoliert vom übrigen Betrieb aufgebaut wird. Ängste und Phantasien der Lehrer, Erzieher, des Personals sowie übergroße „Heilserwartungen“ an den Berater können nur durch Information, durch Austausch im Gespräch wenigstens teilweise abgebaut werden. Es bleiben genug unbewußte und dann rationalisierte Ängste bestehen, die sich auf den Berater legen und die Gestalt von Distanzierung, Angriffen, Verdächtigungen oder Feindschaft annehmen können. Umgekehrt besteht die unausgesprochene Erwartung, daß der Berater alle ungelösten Probleme im Sinne der Institution, der Erzieher und Eltern lösen kann. „Heilung“ wird meist mit dem Kriterium der Angepaßtheit gemessen. Dieses Dilemma läßt sich nicht völlig beseitigen, da der Berater nicht zuletzt die Funktion hat, die Institution zu stabilisieren und dort zu flikken, wo diese versagt, ohne daß sie sich selbst in Frage zu stellen braucht. Mit der Ambivalenz von Erwartungen und Ängsten, die stets ineinander umschlagen können, muß jeder Berater, der in einer Institution arbeitet, umgehen lernen, ohne daß er sich in einen Machtkampf verwickeln läßt.

So gilt es zu unterscheiden zwischen einer Durchlässigkeit, die die Art und das Ziel der Beratungsarbeit betrifft und der Abgrenzung, die den konkret persönlichen Bereich jener Jugendlichen angeht, die in die Beratung kommen.

Wenige Schulen haben eine eigene Schülerberatung. Die Lehrer haben meist keine Ahnung von den oft schwerwiegenden Problemen derjenigen, die vor ihnen in den Bänken

Beratungsarbeit in Institutionen

sitzen. Der Staat ist kaum bereit, Geld für etwas zu investieren, was keine sichtbaren Früchte zeitigt. Statistiken, die auf Umfragen bei Jugendlichen basieren, sind nicht signifikant, wenn man beweisen will, daß doch die meisten Jugendlichen „normal" und zufrieden seien, denn viele geben bewußt ihre Probleme nicht preis, meist aus Solidarität ihrer Familie gegenüber oder aus Mißtrauen in die Befragung, andere – und es ist die Mehrzahl – haben zu ihren Nöten keinen bewußten Zugang. An einer Schule kann eine Beratungsstelle nur dann wirklich fruchtbar sein, wenn der Unterricht selbst auf Förderung des persönlichen Wachstums ausgerichtet ist. Sonst bekommt die Beratung den Geruch des Speziellen; Jugendliche, die die Beratung aufsuchen, fühlen sich als „besonders", als „krank" oder „abnormal" stigmatisiert. Nur dort, wo die Jugendberatung selbst in das allgemeine Anliegen, Wachstum zu fördern, miteinbezogen ist und eine der möglichen Formen darstellt, kann die Jugendberatung ein echtes, nicht stigmatisierendes Angebot sein. Davon sind wir jedoch sehr weit entfernt. Am unfruchtbarsten ist, wenn es eine ferne „Stelle" irgendwo gibt, die von einer allen unbekannten Person besetzt ist, die sich der ganz schlimmen Fälle annimmt. Jugendliche gehen dorthin niemals aus eigener Initiative sondern nur durch Überweisung.

Für die meisten Jugendlichen ist es deshalb außerordentlich wichtig, den Betrieb schon vor dem entscheidenden Schritt in die Beratung zu kennen. „Ich habe Sie ein halbes Jahr lang ganz genau beobachtet, bevor ich kam", gestand mir ein Mädchen später. „Ich wollte wissen, ob Verlaß sei auf Sie und ob Sie das auch tun, was Sie sagen."

Prozentual gesehen kamen etwa 80% aller Schüler und Schülerinnen aus Klassen, in denen ich unterrichtete. Von den übrigen 20% war die Hälfte von Kollegen überredet worden, die selber erfahren hatten, daß die Beratung ihnen geholfen hatte. Nur 10% wurden mir von Lehrern überwiesen. Dort hatte ich als erste Aufgabe, das

Gefühl, zur Beratung gezwungen worden zu sein, mit ihnen zu bearbeiten.

Ich lege besonderen Wert darauf, daß daraufhin gearbeitet wird, aus der Beratung kein Ghetto und den Berater nicht zur alleinigen Fachperson in menschlichen Fragen zu machen. Eine psychologische Beratung kann die Gesprächsbereitschaft von Lehrern, Erziehern und Vorgesetzten niemals ersetzen. In diesem Sinne ist die psychologische Beratung durch einen Fachmann ein Spezialfall einer umfassenden Betreuung des Jugendlichen durch die Erzieher; Spezialfall einer Konfrontation und des Ausprobierens von neuen Verhaltensmöglichkeiten gegenüber dieser Erwachsenenwelt.

Mit andern Worten: Jugendliche sind in einem außergewöhnlichen Maß auf das Gefühl von Vertrauen angewiesen. Es ist ein gesundes Gefühl, mit dem sie sich gegen Verunsicherungen schützen, die sie nicht verkraften können.

Auch innerhalb der Institution braucht es einen Raum, in dem der Kontakt mit dem Berater aufgenommen werden kann, sei es, daß der Unterricht eine Basis darstellt, Pausengespräche oder einfach die Präsenz bei gemeinsamem Tun – oder Nichtstun – wo sich auch zwanglose Anknüpfungspunkte ergeben. Je größer die selbstverständliche Anwesenheit des Beraters und die bejahende Haltung der übrigen Erzieher ist, desto eher können Jugendliche die Beratung aufsuchen.

Die Gründung der Beratungsstelle in Menzingen ist in dieser Hinsicht aufschlußreich. Die Schülerberatung entstand informell, im Treppenhaus sozusagen. Schon in dieser informellen Phase – und auch später – bildete den konkreten Anlaß einer Beratung etwa eine Aufsatzbesprechung, in der die Schülerin plötzlich auf ihre Konflikte zu sprechen kam, ein Thema des Unterrichts, das eigene Probleme bewußt werden ließ – Vorgänge also, die vielen Lehrern wohlbekannt sind.

Solche Gespräche mit Lehrern, Lehrmeistern usw. sind außerordentlich wichtig; sie stärken das Vertrauen in die Erwachsenen, mit denen die Auseinandersetzung so bedeutungsvoll ist. Gerade ein lebendiger Lernprozeß – sei es in der Schule oder an der Lehrstelle – fördert ja das Fragen und die Einsicht in Probleme.

Die psychologische Betreuung setzt dort ein, wo der einzelne Lehrer mit der Problematik des Jugendlichen überfordert ist, weil sie in Bereiche hineinführt, die einen Fachmann erforderlich machen. Doch wenn der Berater sonst nichts mit dem Betrieb zu tun hat, ist die wichtige Bedingung der vorgängigen Kontaktnahme nicht erfüllt. Als mögliche Berater kommen deshalb Lehrer in Frage, die über die entsprechende Ausbildung verfügen. Das sind in der Regel Lehrer, die schon von ihrem Fach her den Bezug zu den Gebieten Pädagogik und Psychologie haben, also Pädagogik-, Psychologie- und Lebenskundelehrer, doch ist dies nicht unbedingt erforderlich. Es müßte viel mehr Lehrer und Erzieher geben, die eine entsprechende Ausbildung haben, zum Beispiel auch in der Lehrlings- oder Junglehrerbetreuung, da die Anregungen durch die tägliche Arbeit an der Lehrstelle oder im Unterricht wichtige Impulse bieten, wenn die Betreffenden es wagen, grundsätzliche Fragen und Probleme anzugehen.

Ein zweiter wichtiger Aspekt ist derjenige der Notwendigkeit einer Beratungsstelle. Vordergründig gesehen kommen die meisten Schulen und Institutionen, die es mit Jugendlichen zu tun haben, ohne Berater aus. Die Lehrer wissen wohl, daß ihre Schüler Probleme haben, doch sind sie überfordert, ihnen gründlicher nachzugehen, nicht zuletzt aus Zeitmangel. Viele Lehrer fühlen sich unbehaglich, weil Schüler die nötigen Leistungen nicht oder nicht mehr erbringen, um die Schule weiterbesuchen zu können, obwohl ihre Begabung ausreichen würde. Gerade das Jugendalter ist jene Zeit, in die die Berufsentscheidung fällt, die aber oft auch durch Krisen belastet ist, die hemmend auf die Entwicklung wirken. Dazu gehören nicht nur schulbezogene Probleme, sondern vor allem auch solche mit dem Elternhaus, mit Freundschaften, oder unbegreifliche Zustände von Depressionen und innerer

Lähmung, mit denen die Jugendlichen nicht ohne Hilfe zurecht kommen, und die sich dann auf die Schule und Lehre ungünstig auswirken.

Diesen Jugendlichen kann durch Beratung oft wirksam weitergeholfen werden.

Doch ergibt sich hier eine Schwierigkeit. Oft hört man von Lehrern, es sei bisher auch ohne Beratung gegangen, und die Möglichkeit löse die Probleme erst aus. Dies ist ein wichtiger Gesichtspunkt für das Handhaben von Beratungsstellen. Es gibt jene Jugendlichen, die sich in einer akuten Krise befinden – sei es, daß sie von zuhause weggelaufen sind, ein Kind erwarten, ins Drogenmilieu gerutscht sind oder an plötzlichen Ängsten und Depressionen leiden. Viele dieser Jugendlichen ergreifen eine neu geschaffene Beratungsmöglichkeit sofort. In diesem Sinne ist die Jugendberatung meist Krisenberatung. Doch daneben gibt es viele Jugendliche, die unter ihren Problemen leiden und es als gegeben hinnehmen. Oft sind es Probleme, die sie schon lange mit sich herumtragen. In Gesprächen mit Kameraden oder angeregt durch entsprechende Gespräche in der Klasse, wagen sie oft den Schritt. Sie erfahren, daß ihre Probleme ernst zu nehmen sind, daß sie mit ihnen nicht allein dastehen. Klassengespräche bieten zudem für Jugendliche oft einen Anknüpfungspunkt, der es ihnen erleichtert, den Berater anzusprechen, etwa mit den Worten „mir geht es auch so ...". Manchen Jugendlichen sind zudem ihre eigenen Probleme gar nicht so klar bewußt, bevor sie nicht in irgendeinem Rahmen ausgesprochen werden. Hier setzt beim einzelnen oft ein Prozeß der Bewußtwerdung ein, der ihn motiviert, mit dem Berater zu sprechen.

In diesem Sinne stimmt es dann auch, daß die Möglichkeit einer Beratung, gekoppelt mit Schulunterricht, die Probleme an die Oberfläche bringt. Insofern wird das Bedürfnis nach Beratung erst wach durch den aktiven Prozeß, der vom Berater selber eingeleitet wird. Eine Institution, die „ja" sagt zu einer Beratungsstelle, muß in der Konsequenz auch zu diesem Prozeß „ja" sagen können.

Jugendberatung ist also Krisenberatung, Hilfe in Notsituationen, aber auch Anleitung zum bewußteren Umgehen mit schon länger anstehenden Problemen. Sie kann jedoch noch mehr sein, nämlich Wachstumshilfe in dem Sinn, daß Jugendliche besser lernen können, mit sich umzugehen. Das trifft auch zu für jene Jugendlichen, die von Lehrern und Eltern als völlig „normal" bezeichnet werden, aber das Bedürfnis haben, gewissen Fragen, ihrem Verhalten auf die Spur zu kommen. Dieser Aspekt von Beratung wird oft übersehen, wäre meiner Meinung nach jedoch eine Chance, junge Menschen in ihrem Entfaltungsprozeß zu unterstützen.

3.2 Persönliche Erfahrungen mit dem Aufbau einer Jugendberatung

In den sieben Jahren, in denen ich mich fast ausschließlich mit Jugendberatung befaßt habe, bot sich mir die Gelegenheit, in einer Privatschule – es war das Lehrerinnenseminar Menzingen – weitgehend ein Konzept zu verwirklichen, das im Laufe der Zeit aus meiner Arbeit erwuchs. Die Chance war, daß eine Privatschule keine weitere Genehmigung einer staatlichen Stelle braucht, sondern nach Maßgabe ihrer eigenen Verantwortung experimentieren kann. Die Grenzen waren immer faßbar, als die eigenen und diejenigen des ganzen Lehrkörpers und der Institution. Das bedeutete auch, daß Probleme und Mißlingen nicht nach „weiter oben" abgeschoben werden konnten.

Das Seminar besteht aus Schwestern der Menzinger Kongregation und aus „weltlichen" Lehrern und unterrichtet Mädchen aus weiten Teilen der deutschen Schweiz, um sie zu Primarlehrerinnen, Kindergärtnerinnen und Hauswirtschaftslehrerinnen auszubilden. Es besteht immer noch neben dem Externat auch ein Internat für die Schülerinnen von auswärts. In meine Arbeitszeit fiel auch eine Umstrukturierung des Internats in Wohngruppen mit acht Schülerinnen, was viel höhere Anforderungen an die Beziehungsfähigkeit der Schülerinnen stellte und auch oft eine Begleitung in Konflikten erforderte. In diesen ganzen Prozeß war ich einbezogen und verdankte den Impulsen meine wesentlichen Erfahrungen – gerade weil ich anfangs oft auch fehlging. Weitere Erfahrungsbereiche bot meine Arbeit an der Gewerbeschule in Zürich, an einer Handelsschule und mit einer Klasse des Gymnasiums. Auf privater Ebene in einer Gemeinschaftspraxis arbeitete ich ebenfalls mit Jugendlichen aus allen Schichten und eine Zeitlang auch mit Drogenabhängigen.

Im folgenden möchte ich paradigmatisch für einen möglichen Prozeß in einer Institution den Aufbau der Schülerberatung und des „Sozialen Lernens" in Menzingen beschreiben – mit allen Irrtümern meinerseits, aller Problematik der Institution, aber auch allen Möglichkeiten, die sich anboten.

Die Schülerberatung in Menzingen war überhaupt nicht geplant, sie entstand spontan, als ich Deutschunterricht erteilte und die Jugendlichen erfuhren, daß ich meine Ausbildung als Psychologin eben beendet hatte. Nach den Schulstunden kamen einzelne und fragten mich, ob ich ein wenig Zeit hätte, sie würden gern ein Problem mit mir besprechen... So nahm die Beratung sozusagen im Treppenhaus, auf Spaziergängen und in Cafés ihren Anfang. Nach einigen Monaten sprach mich die Direktorin auf meine inoffiziellen Beratungen an und schlug mir vor, die Schülerberatung zu institutionalisieren und zu einem Teil meines Pensums zu machen. Ich war sehr überrascht und willigte gerne ein.

Ich bekam auf meinen Wunsch ein eigenes Beratungszimmer im Schulhaus. Von Anfang an wollte ich die Schülerberatung als etwas Selbstverständliches und zum Schulalltag Gehörendes deklarieren und nicht als etwas, das man verstecken mußte und das die Jugendlichen mit dem

Etikett „krank“ oder „schwierig“ versah. Schülerberatung sollte von Anfang an nicht etwas für „schwere Fälle“ sein, sondern allen offenstehen, die Fragen und Probleme hatten und die Auseinandersetzung suchten. Freilich gab es immer Jugendliche, die ihren Besuch von sich aus geheim halten wollten und mit mir auswärts einen Termin abmachten. Zuerst gab es viele neugierige Blicke auf meine Türe, doch mit der Zeit gehörte das Bild aus- und eingehender Jugendlicher mehr oder weniger zum Alltag – für die meisten Lehrer wenigstens.
Nicht nur einzelne hatten Probleme, sondern auch ganze Klassen oder Gruppen untereinander, die zum Teil in meinem Deutschunterricht zum Vorschein kamen und zu Klassengesprächen führten. Ich hatte mit einem fast missionarischen Eifer begonnen, in meiner ersten Deutschklasse, in der ich den letzten Kurs durchführte, von einem kommunikativen Unterricht zu sprechen. Erst nach einer Weile merkte ich, daß ich zuviel von Inhalten gesprochen und sie zuwenig eingelöst hatte, was mir die Jugendlichen übelnahmen. Dennoch hatte ich in das Schweigen der Klasse eine Bresche geschlagen, und die lange aufgestauten Gefühle kamen heraus und richteten sich vorerst gegen mich. Ich war überrumpelt und hilflos, weil ich zunächst die Dynamik nicht erkannte und nicht merkte, daß ich die Gefühle auch stellvertretend für die ganze Institution auf mich zog. Die Gefahr des autoritären Schulunterrichts besteht ja darin, daß er lückenlos ist und die an der Oberfläche angepaßte Verhaltensweise der Jugendlichen trügt. Die Herausforderung der ersten Klassen an mich war deshalb radikal. In meinem Unterricht geschah alles: Aggression, Kritik, Verweigerung, Infragestellung und intensivste Zuwendung. Langsam lernte ich damit umgehen.
Ich hatte wohl zuerst mich in meinem Selbstbild bestätigen wollen, eine fortschrittliche, großzügige und gute Lehrerin zu sein. Das bedeutete, daß ich mehr mich selbst als die Jugendlichen meinte. Ich war enttäuscht, wenn diese mich nicht bestätigten und mich um so mehr

in Frage stellten, je krampfhafter ich versuchte, meinem Bild einer Lehrerin zu entsprechen. Es brauchte Zeit, bis ich weniger mein Bild als meine Schüler spürte, ihre Anliegen erkannte und mein Eingehen auf sie und meine Grenzen einem direkten Kontakt zwischen uns entsprangen.

Im Laufe des Jahres fragte mich die Direktorin, ob ich mit einer ersten Klasse Konzentrationstage durchführen würde, die extreme Spannungen untereinander hatte. Ich sagte zu. Es gab einen sehr intensiven Prozeß, bei dem mir die bisherigen Erfahrungen zugute kamen.

In einem langen Gespräch mit der Direktorin sagte ich ihr, daß eigentlich jede Klasse einen Freiraum brauche, in dem sie sich mit sich und den Kameraden beschäftigen und das Geschehene verarbeiten könne. Ein paar Konzentrationstage reichten niemals aus. Die gewonnene Klarheit und das Verständnis der Klasse untereinander muß immer wieder neu erarbeitet werden. Da es im traditionellen Unterricht nicht unterstützt wird, versandet das Gewonnene meist bald wieder. Als Konsequenz des Gesprächs wurde der Freiraum für die ersten Klassen des Lehrerseminars mit zwei Wochenstunden eingeräumt. Wir nannten ihn zuerst „Arbeitstechnik" und ein Jahr später adäquater „Soziales Lernen".

Für mich begann eine intensive Arbeitsperiode, in der ich die Schülerberatung aufbaute und dem „Sozialen Lernen" eine Gestalt zu geben suchte. Die methodischen Möglichkeiten in der Schülerberatung habe ich im letzten Kapitel eingehend beschrieben. Sie kristallisierten sich im Laufe der Zeit heraus. Die Beratungsformen – Kurzberatung, längerfristige Beratung, begleitende Beratung – werden im nächsten Unterkapitel zur Darstellung kommen. Das „Soziale Lernen" werde ich in Kapitel 4.5 besprechen.

Es ergab sich ein reiches Bezugsnetz zwischen Deutschunterricht, Sozialem Lernen und Schülerberatung. Anstöße kamen aus dem Unterrichtsgespräch oder aus den Klassengesprächen. Es tauchten Fragen auf, eigene Probleme wurden plötzlich bewußt oder kamen deutlicher hervor. Die Einzelberatung konnte jedoch auch den Anstoß geben, ein Problem in die Klasse zurückzubringen. Mit der Zeit animierten die Jugendlichen einander, in die Beratung zu kommen, wenn sie mit ihren Problemen und Nöten nicht mehr weiterwußten. Immer häufiger kamen auch solche, die schwerwiegende Probleme mit sich herumtrugen. Ich hatte zu Beginn um das Berufsgeheimnis gekämpft. Bei gewissen Entscheiden mußte ich die Direktorin einbeziehen, die dann an mein Berufsgeheimnis gebunden war – und es auch niemals brach. Sonst gab ich konsequent keine Informationen, auch auf die wohlmeinendsten Fragen nicht, was das Vertrauen in die Schülerberatung förderte. Manchmal schleppte ein Mädchen die Kollegin mit oder eine Lehrerin begleitete ihren Schützling. Am schwierigsten war es, wenn schulisches

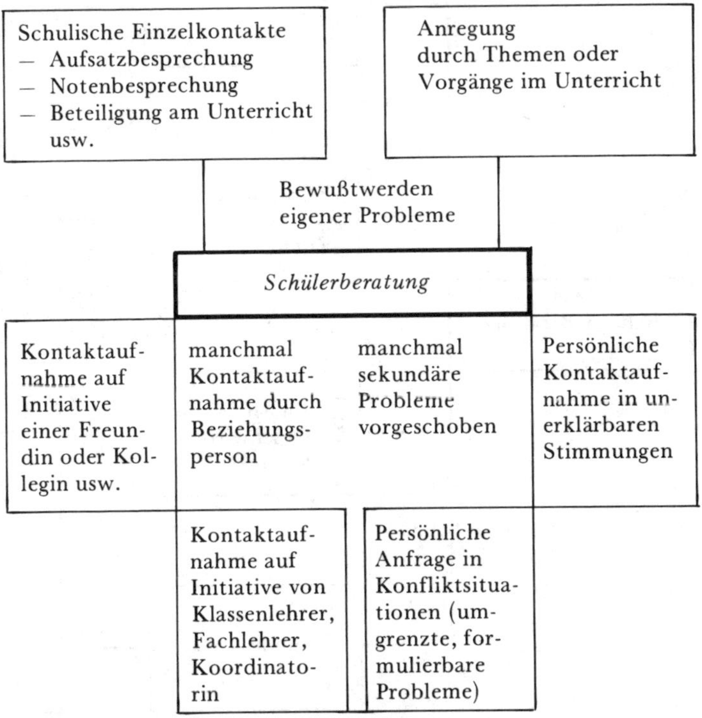

Versagen der Grund einer „Überweisung" in die Beratung war. Es brauchte oft lange, bis eine direkte Beziehung zustande kam. Einige waren jedoch so beleidigt oder verletzt durch die Maßnahme, daß sie sich verschlossen. Ich sagte ihnen, daß ich ohne ihre Mitarbeit hilflos sei, und stellte es ihnen frei, wieder zu gehen. Einige kamen später von sich aus wieder, was viel fruchtbarer für eine Zusammenarbeit war.

Auf Seite 87 gebe ich eine Übersicht über die Möglichkeiten einer ersten Kontaktaufnahme.

In die Beratung konnten die verschiedensten Personen direkt oder indirekt einbezogen sein, wie die folgende Übersicht zeigt:

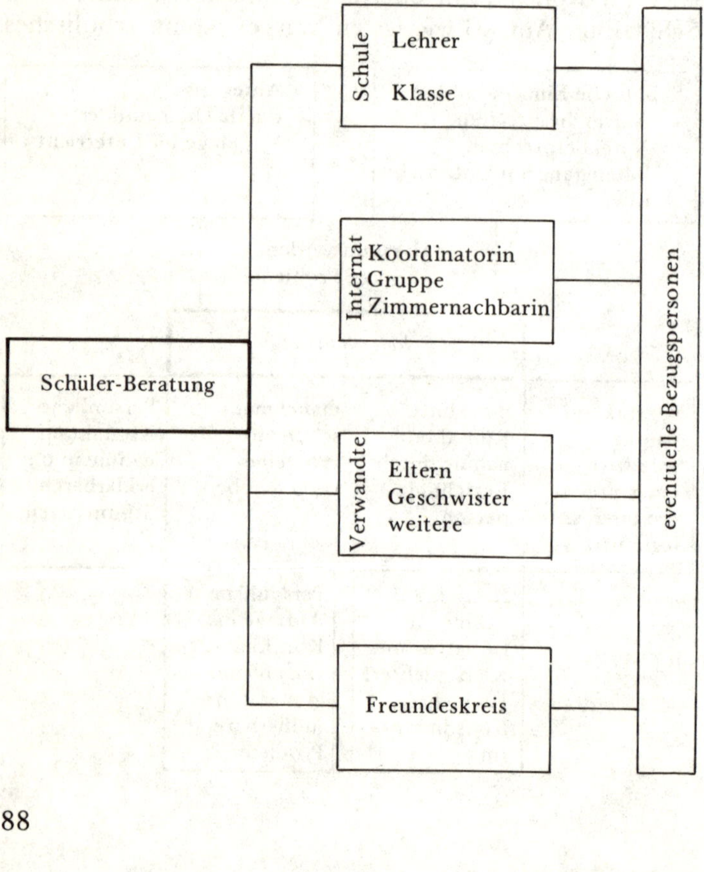

Bald war die Schülerberatung überlaufen. Ich nahm alle Jugendlichen, die mich fragten, weil viele sehr lange brauchten, um diesen Schritt zu wagen. Ich fragte jedoch immer, ob es „dringend" sei, um disponieren zu können. Es ging mir wie allen anderen Jugendberatern, die ich kenne: ich arbeitete etwa das Doppelte meines vereinbarten Pensums und blieb oft bis tief in die Nacht hinein in Menzingen. Manchmal hatten ein Kopfnicken in der Pause oder ein paar Worte im Hausflur genügt, daß sich eine Schülerin ein Herz faßte und mich um eine Stunde bat. War ich dann am Weggehen, traf ich eine Kollegin, die mich mit den Worten zurückhielt: „Gut, daß ich Sie sehe. Ich habe da eine Schülerin, die mir Sorgen macht. Ich wollte Sie fragen ..." Dazu kamen die Gespräche mit den Bezugspersonen. Manchmal tauchten Jugendliche auch bei mir zuhause auf, und da ich auch an der Gewerbeschule in Zürich arbeitete, lebte ich eine Zeitlang fast Tag und Nacht mit meiner Arbeit – bis ich mich besser abgrenzen lernte und genauer sagen konnte, was mir möglich war und was nicht. Das half auch den Jugendlichen, ihre eigenen Bedürfnisse besser zu artikulieren und auch Grenzen zu akzeptieren. Am Anfang war es eben sehr verführerisch gewesen, so sehr gebraucht zu werden – für meine Selbstbestätigung. Die Jugendlichen konnten mich auf diese Weise gut manipulieren. Als mir dies bewußt wurde, lernte ich besser auf mich zu hören und wurde damit auch den Jugendlichen gerechter, die ich nun um ihrer selbst willen wahrnehmen konnte.
Dennoch blieb die Jugendberatung eine alle Kräfte beanspruchende Arbeit. Es gab Tage, an denen ich mit gesenktem Kopf durch das Schulhaus hastete, damit mich nicht noch jemand ansprechen konnte, der etwas von mir wollte... Ich fuhr jedoch meist sehr erfüllt von Menzingen nach Zürich zurück und vergegenwärtigte mir während der Fahrt nochmals alles Geschehene. Die räumliche Distanz war sehr fruchtbar. Manchmal, wenn ich am frühen Morgen durch den Nebel fuhr und langsam die Bäume, die ganze Landschaft auftauchte und in der Sonne

sich klärte, hatte ich das Gefühl, mein Ohr ganz nahe am Herzen der Welt zu haben und es schlagen zu hören. Mein Leben fühlte sich warm an. Ich war beschenkt durch all das, was ich mit diesen Jugendlichen erleben konnte.
Im „Sozialen Lernen" kristallisierten sich mit der Zeit wichtige Themenkreise und Arbeitsformen heraus. Im folgenden gebe ich jene Aufstellung wieder, die ich damals dem Lehrkörper zur Information vorlegte:

Soziales Lernen

Ziel:
Förderung des Individualisierungs- und Sozialisierungsprozesses
Erfahrung der Ganzheitlichkeit des Menschen
Abbau von Lernstörungen

Aufbau:

1. Einüben von Klassengesprächen
– einander kennenlernen
– Kontaktübungen
– Abbau von Vorurteilen
– Üben der Ausdrucksfähigkeit („selektive Authentizität")
– Erweiterung des Verstehenshorizontes durch Verständnis für fremde Problemstellungen und Erleben ähnlicher Probleme in Konflikten anderer
– Austragen von klasseninternen Konflikten
– Besprechen von wichtigen Themenkreisen

2. Umgehen mit sich selbst
– eigene Schwierigkeiten und Grenzen akzeptieren lernen
– Lernprozesse trainieren, um Schwierigkeiten abzubauen
– Erarbeiten von Lebensstilaspekten in Gruppen
– Bewegungs- und Entspannungsübungen zur Erfahrung der körperlich-seelischen Ganzheitlichkeit und zum besseren Umgang damit
– Förderung der Kreativität (Übungen, Meditation usw.)

3. Lernstörungen
– Aufzeigen und Bearbeiten der generellen Schwierigkeiten im Bereich des Lernens
– Eigene Lernprozesse und deren Bedingungen verstehen
– Abbau von individuellen Schwierigkeiten (Prüfungsangst, Hemmungen, Konzentrationsstörungen usw.)

Viele Lehrer betrachteten meine Tätigkeit mit Mißtrauen und Argwohn. Sie fühlten sich übergangen, da sowohl eine Schülerberatung wie das Soziale Lernen über ihre Köpfe weg institutionalisiert worden war. Für sie wurde ich zur Konkurrenz, die ihnen „ihre" Jugendlichen abspenstig machte. Andere hatten Angst, sie würden in der Beratung „durchgehechelt". Man argumentierte, ich würde Probleme erst hervorrufen, oder gar „machen". Es sei nicht im Interesse der Schule, daß zu vieles an die Oberfläche komme. Gerüchte gingen um, was ich alles gesagt haben sollte. Von Schülern wurde ich wohl manchmal als „Kronzeuge" benutzt: „Frau Kummer hat auch gesagt . . .". Dazu kamen wilde Vorstellungen über das, was ich im Sozialen Lernen treibe: die Schülerinnen sitzen einfach auf dem Boden, sie liegen gar, machen die Augen zu, berühren einander . . . Ängste kamen bei den Erwachsenen hoch.
Damit hatte ich in meiner Naivität nicht gerechnet. Jeder Berater in einer Institution ist Phantasien ausgesetzt und muß sie durchstehen. Ich hatte sie jedoch mit der Direktorin zusammen gefördert: durch das Ausschließen des Lehrkörpers beim Schaffen dieser neuen Beratung und des neuen Faches. Gespräche in Lehrerkonferenzen führten nicht weiter. In dem Maß, wie das Vertrauen der Jugendlichen wuchs, wuchs das Mißtrauen der Erwachsenen, bis in einer dieser fruchtlosen Auseinandersetzungen eine Kollegin provozierend fragte: „Könnten wir denn einmal zuschauen kommen?"
„Zuschauen können sie nicht, aber vielleicht mitmachen", erwiderte ich. Von da an waren die Klassenlehrer im Sozialen Lernen anwesend. Sie nahmen teil, und wir besprachen die Stunden gemeinsam. Die einen gestalteten rege mit und brachten sich ein, andere schwiegen, waren aber sehr präsent. Ich lernte selber sehr viel in diesen Auseinandersetzungen vor und nach den Stunden und konnte mein Konzept klären.
Nur einmal war die Erfahrung negativ. Die Klasse sprach schon nach ein paar Wochen mit mir, weil sie durch die

Gegenwart der Klassenlehrerin blockiert wurde. Leider ging ich nicht darauf ein – ich war wohl meinem Konzept zu sehr verhaftet und wollte meiner Kollegin die negative Erfahrung ersparen. Die Stunden waren meist harzig, und am Ende des Jahres brach der Konflikt doch auf. Wenn man sich auf einen Prozeß einläßt, darf man sich weder gegen ihn bewegen noch ihn überstürzen wollen. Er hat sein eigenes Gesetz, dem man sich auszusetzen hat. Es wurde mir klar, daß die wichtigste Forderung an mich war, wahr zu sein – mit mir und mit den anderen.

Die Gerüchte waren durch die Zusammenarbeit weitgehend verschwunden, doch das Mißtrauen blieb bei einigen Lehrern bestehen. Es brauchte Jahre, bis ich meinen Platz in der Institution gefunden hatte. Die Lehrer konnten es auch nur schwer akzeptieren, wenn Schülerinnen verweint in den Unterricht kamen oder eine Klasse sich nach dem „Sozialen Lernen" zuwenig konzentrieren konnte. Der ganze Bereich mit seinen Konsequenzen wurde nur von einem Teil des Lehrkörpers mitgetragen. Einmal versuchte ich einen Kurs durchzuführen, um ihnen meine Arbeit näherzubringen. Doch als klar wurde, daß ich nicht Vorträge hielt, sondern auf einer persönlichen Ebene mit ihnen die einzelnen Themen bearbeiten wollte, blieben viele wieder aus.

Ich lernte auch auf dieser Ebene, daß Prozesse sich nicht überstürzen lassen. Ich hatte zwar die Fakten gesetzt – zu früh gesetzt – und brauchte deshalb lange, bis der Prozeß ein Stück weit eingeholt war. Reformen dieser Art können nur in Abstimmung mit dem Umfeld und seinen Möglichkeiten durchgeführt werden.

Im zweiten Jahr meiner Tätigkeit bot ich für die obersten Kurse freiwillige Selbsterfahrungsgruppen an. Die Institution war jedoch damit eindeutig überfordert. Die Jugendlichen ihrerseits nützten die Uneinigkeit der „Eltern" aus. Sie lebten ihre Erschütterungen durch die Gruppenprozesse sichtbar aus, engagierten mich nicht nur während, sondern sehr oft nach den Sitzungen weiter. Ich ließ mich zunächst einspannen, nicht zuletzt, weil ich

spürte, daß unser Tun von der Institution nicht mehr getragen sondern abgelehnt wurde. Dadurch fielen die Jugendlichen ins Leere und konnten ihre Betroffenheit oft nur entweder verbergen oder ausspielen – was auch ausführlich geschah. Ich sah bald ein, daß ich für diese konkrete Institution zu weit gegangen war und beschränkte die Arbeit mit Gruppen auf Klassengespräche und das Soziale Lernen. Jugendliche, für die eine Selbsterfahrung wichtig war, nahm ich nach Zürich in eine meiner gemischten Selbsterfahrungsgruppen mit, sobald sie gegen zwanzig gingen und tragfähig genug waren.
Im folgenden Jahr kam eine Arbeitswoche mit der ersten Klasse des Lehrerinnenseminars in Kombination mit Werken im Tessin dazu. Es wurde eine intensive Woche mit vielen Auseinandersetzungen in der Klasse, aber auch mit viel kreativem Tun im Bereich des Handwerklichen und des Musischen. In Kapitel 4.6 habe ich eine solche Woche beschrieben. Nach dieser Woche wurde das Soziale Lernen auch im Kindergärtnerinnenseminar eingeführt. Damit hatte sich der Boden für wachstumsbezogene Prozesse verbreitert.
Mir schien allerdings auch die Begrenzung klar. Die Impulse wurden von anderen Unterrichtsstunden kaum aufgenommen und weitergeführt. So blieb das Soziale Lernen eine Insel. Ich versuchte zu erreichen, daß im zweiten Jahr die Klassengespräche unter Leitung der Klassenlehrer weitergingen, doch die nötigen Impulse fehlten. Es gab Klassen, die sich mit mir ein Wochenende wünschten, um weiterarbeiten zu können. Das war immer ein positives Geschehen – doch es reichte nicht aus. Trotz aller Bemühungen versandeten viele gute Bewegungen wieder. Allein konnte ich es nicht schaffen. Es gelang erst, als neue Lehrer kamen, deren Bestrebungen in eine ähnliche Richtung gingen, und die mein Anliegen weiterführten.
Jetzt war eine Kontinuität erreicht, zumindest für diejenigen, die wollten. Im zweiten Jahr fand der Theaterkurs statt, und daneben gab es eine freiwillige Theater-

Überschreiten der institutionellen Grenzen ist schwierig?!

gruppe, die mit den ganz persönlichen Impulsen der Jugendlichen arbeitete. Die Theateraufführungen entstanden aus dem Prozeß der Gruppe selbst – es gab keine Vorlage, an der sich die Schülerinnen festhalten konnten.
Dieselbe Arbeitsweise galt für den Religionsunterricht und vom dritten Jahr an für den Fachbereich der Psychologie. Die Jugendlichen selbst merkten, daß sich etwas Entscheidendes verändert hatte. Vielleicht ging die Dynamik letztlich doch über die Tragfähigkeit der Institution hinaus. Nach ein paar Jahren wurde einiges wieder rückgängig gemacht. Ich ging schließlich aus anderen Gründen von der Schule weg – schweren Herzens, da ein Teil des Bestehenden mein „Kind" war. Damit löste sich die geschaffene Gestalt wieder auf. Ich lernte, daß ich loslassen mußte. Für mich waren es jedoch gute Jahre gewesen. . .

3.3 Kurzberatung

Die verschiedenen Beratungsformen haben sich in meiner Arbeit ganz natürlich aus den unterschiedlichen Bedürfnissen und Situationen herausgebildet, weisen eine große Vielfalt auf, lassen sich jedoch in drei verschiedene Typen schematisch einteilen:
– Kurzberatung
– längerfristige Beratung
– begleitende Beratung
Schon das ganze von einer Institution vorgeschriebene Arrangement bringt mit sich, daß der häufigste Typus derjenige der Kurzberatungen darstellt, im Rahmen von zwei bis etwa zwölf Stunden. Viele Institutionen schreiben die Anzahl der Stunden pro Jugendlichen vor, die immer im Bereich der Kurzberatungen liegt. Die meisten Jugendlichen kommen denn auch mit situationsgebundenen Konflikten, etwa mit Problemen in ihren

Freundschaften, wo es um Krisen oder vor allem um Fragen der Sexualität geht. Wichtig sind Informationen über Verhütungsmöglichkeiten und deren Effizienz, aber auch die Frage, ob man eine intime Beziehung – die erste – eingehen soll oder noch nicht. Andere finden keinen Kontakt, sei es in Gruppen, Cliquen oder mit dem andern Geschlecht und sind tief verunsichert, zweifeln an sich und ihrem Wert. Etwas vom Schmerzhaftesten in diesem Alter ist enttäuschte Liebe. Eines der wichtigsten Probleme ist die Auseinandersetzung mit den Eltern, manchmal auch mit den Geschwistern und die Frage, wie sie mit den Konflikten, Verboten und Vorwürfen umgehen sollen. Immer häufiger wird auch die Alternative, von zuhause wegzugehen – meist in eine Wohngemeinschaft – diskutiert. Dazu kommen Probleme der Berufswahl, Arbeitsstörungen in Schule oder Lehre, Schwierigkeiten mit Lehrern oder Lehrmeistern – sehr häufig Autoritätskonflikte –, aber auch die tägliche Bewältigung der verschiedensten Anforderungen wie Pünktlichkeit, Konzentration, Verhalten gegenüber Kunden usw. Sehr oft befinden sich Jugendliche jedoch auch in akuten Notsituationen – sind von zuhause ausgerissen, befinden sich am Rand der Verzweiflung oder in Suizidgefahr, sind schwanger oder haben es mit Drogen zu tun. In situationsgebundenen Konflikten helfen meist Informationen, Gespräche, Rollenspiele und andere, auf konkrete Lösungen zielende Methoden. Vor allem in Notsituationen müssen sehr häufig die entsprechenden Bezugspersonen – Eltern, Lehrer, Lehrmeister, Pfarrer – miteinbezogen werden, doch ist es auch in den übrigen Beratungen wünschenswert, die am Problem Beteiligten – allerdings nur mit dem Einverständnis des ratsuchenden Jugendlichen – miteinzubeziehen, denn eines der wichtigsten Themen im Jugendalter ist die Integration in die verschiedenen Beziehungs- und Aufgabenkreise. Es entstehen viele Mißverständnisse und Komplikationen, die durch ein Gespräch mit dem außenstehenden Berater behoben oder zumindest gemildert werden können. In Härtefällen sind Maßnahmen notwendig wie Wechsel der Lehrstelle oder der Schule, Veränderung der Wohnsituation oder medizinische Maßnahmen. Die Arbeit des Beraters wird so nicht durch die eigentlichen Beratungsstunden sehr umfangreich, sondern durch die vielen Telefone und Außenkontakte, die eine Notsituation mit sich bringen kann. Väter und Mütter, die einmal die Gelegenheit haben, mit dem Berater allein zu sprechen, ergreifen oft die Gelegenheit, ihre eigenen, manchmal schweren und einsamen Nöte auszudrücken. Viele Mütter sind bei mir in Tränen ausgebrochen, nicht wegen der Probleme mit ihren Kindern, sondern mit sich selbst, dem Partner oder der ganzen Lebenssituation. Sie sind hilfsbedürftiger als ihre Kinder und haben häufig einfach die Kraft nicht mehr, mit den Problemen umzugehen, die durch die Kinder verstärkt oder zusätzlich eingebracht werden.

Die Lebensbezüge der Jugendlichen sind noch nicht stabil und benötigen deshalb oft eine Stützung des ganzen Beziehungsgeflechtes. Viele Jugendliche kommen für eine einmalige Sequenz von Stunden im Rahmen der Kurzberatung, andere erscheinen in gewissen Abständen, immer dann, wenn ein akutes Problem auftaucht. In einer Institution ist deshalb eine gewisse Kontinuität derselben beratenden Person von großer Wichtigkeit. Es gibt auch andere Jugendliche, die nach einer – oder mehreren – Kurzberatungen mit dem Wunsch nach einer längerfristigen und vertieften Arbeit an ihren Problemen wiederkommen.

Im Bereich der Information geht es vielfach um die Fragen der Sexualität. Es ist bezeichnend, daß Jugendliche heute zwar ein breites oberflächliches Wissen haben, es aber nicht auf die jeweilige konkrete Situation anwenden können und dort Phantasien und Wunschvorstellungen unterliegen oder nicht gelernt haben, mit Eigenverantwortung umzugehen. Oft habe ich im Lebenskundeunterricht erfahren, daß Mädchen Geschlechtsverkehr hatten, ohne sich zu schützen. Wenn immer möglich machte ich ein Gespräch ab, um mit ihnen herauszu-

finden, was nicht stimmte. Einmal war es Angst davor, in eine Apotheke oder zum Arzt zu gehen, ein blinder Glaube an die Worte des Burschen, der versprach, es werde „schon nichts geschehen“ oder einfach eine völlig unrealistische Einschätzung der Situation. Genaue Daten und Informationen sind wichtig, manchmal Rollenspiele, wie man sich beim Arzt oder in der Apotheke verhält, klärende Gespräche über die Beziehung zum Freund. Gespräche waren oft auch sehr nötig, wenn ein Mädchen herausfinden wollte, ob es schon zu einer intimen Beziehung bereit sei oder nicht. Es war für mich immer sehr wichtig, Jugendliche auf ihrem Weg in eine Beziehung zu begleiten. Dabei kommen alle Rollenkonflikte, die Ängste, das Bangen um die Akzeptation, die Bestätigung des eigenen Wertes bei einem eigenständigen „Nein“ zum Ausdruck, aber auch die Klarheit, mit der Jugendliche – wenn der Raum dafür bereit ist – ihren Prozeß erspüren. Es gilt dann vor allem, ihre eigenen Gefühle zu unterstützen, sie zu ihrem Weg zu ermutigen. Manchmal habe ich jugendliche Paare in ihrer kürzeren oder längeren Beziehung gemeinsam begleitet. So konnten sie auch eine fällige Trennung besser verarbeiten und liefen weniger Gefahr, sich entweder aus Verletztheit radikal von allen zurückzuziehen oder sich in ein Abenteuer zu stürzen. Die Adoleszenz ist eine Zeit des Experimentierens und seltener der festen Bindungen für lange Zeit. Dennoch ist die Verarbeitung des Erlebten besonders wichtig, da sie für die Gestaltung der folgenden Beziehungen von ausschlaggebender Bedeutung ist. Den ganzen Prozeß zu verfolgen ist jedoch meist nur im Rahmen einer längerfristigen Beratung möglich.
Oft kommen Jugendliche mit Einzelproblemen aus diesem Bereich. Einmal kam ein 19jähriger Bursche in die Beratung. Er versuchte, sich eine betont männliche Attitüde zu geben, wirkte aber dennoch warm und eher weich; „Ich habe alles versucht“, sagte er, „alle Techniken, um meine Freundin zu einem Orgasmus zu bringen. Aber es hat nichts genützt. Ich bin ganz verzweifelt.

Wissen Sie mir noch eine weitere Möglichkeit?" – „Ja, nichts tun", sagte ich nur. Er schaute mich verblüfft und ungläubig an: „Aber dann bleibt es eben, wie es ist!" – „Was sagt denn ihre Freundin?" – „Sie ist ganz traurig, daß meine Bemühungen nichts nützen. Sie möchte so gern – schon um meinetwillen, sagt sie." – „Ich denke, daß sie sich ganz schön unter Druck fühlen muß bei soviel Eifer. Was bedeutet es denn für Sie, wenn die Freundin keinen Orgasmus hat?" – „Ich fühle mich als Versager. Es muß doch möglich sein, die eigene Frau glücklich zu machen. Das sagt auch mein Vater." – „Und nun müssen Sie ihm nacheifern, um ein ‚ganzer Mann' zu sein! Glauben Sie nicht, daß Sie ihrer Freundin genügen können – einfach so?" – Er lachte etwas verlegen und sagte: „Das hat mir meine Freundin auch schon gesagt, aber ich habe immer das Gefühl, etwas leisten zu müssen." – „Der Orgasmus ist halt keine Leistung. Im Gegenteil. Je mehr wir ihn wollen, desto mehr verspannen wir uns und desto weniger geht es. Wäre ich ihre Freundin, würde ich vielleicht immer denken: ‚Dieses Mal muß es gehen, sonst ist er wieder enttäuscht.' Und ich würde vielleicht auf meinen Körper lauern, anstatt mich gehen zu lassen." – „Das ist es ja. Sie hat Angst, mir nicht zu genügen. Es ist ein Teufelskreis." – „Jeder versucht, es dem andern möglichst recht zu machen, und so seid ihr beide sehr unfrei. Ich schlage etwas Verrücktes vor. Jeder von euch macht einmal nur das, was er selber möchte und gibt dem anderen die innere Erlaubnis, das auch zu tun." – „Aber ich kann doch nicht einfach so drauflos ...?" – „Vielleicht hat ihre Freundin Freude an ihrer Lust und läßt sich sogar anstecken, wenn sie nichts mehr tun muß. Im übrigen darf sie auch keinen Orgasmus haben, wie Sie auch!" – „Puh – und ich dachte immer, ich muß ihr meinen und ihren Orgasmus machen. Es war kein Spaß mehr dabei." Wir sprachen darüber, daß ein entspanntes Spielen lustvoll sein kann, auch wenn das „letzte" fehlt. Felix gestand mir, daß er häufig lieber nur zärtlich gewesen wäre, aber geglaubt habe, „das andere" gehöre unbedingt dazu. Er atmete sichtlich auf, bei dem Gedanken, diesen Zwang loszuwerden. „Es wäre viel schöner", meinte er. Er ging ganz vergnügt weg. Einige Monate später rief er mich an und fragte, ob sie beide auf Besuch kommen dürften. Er wollte mich seiner Freundin zeigen. Sie kamen und wirkten sehr entspannt. Es gehe viel besser. Manchmal habe sie einen Orgasmus, aber sie wolle gar nicht immer und auch er nicht. „Es ist nicht ganz leicht", sagte das Mädchen, „wir fallen oft ins alte Verhalten zurück. Dann sprechen wir eben darüber."

Nicht immer geht es so reibungslos. Wäre der Konflikt zwischen Vater und Sohn tiefer gewesen und die Verletzung größer, dann hätte das eben geschilderte Gespräch allein kaum helfen können. Zudem wird an diesem Beispiel klar, daß sich die Beziehungsprobleme der Jugendlichen im Kern wenig von denen der Erwachsenen unterscheiden. Auf der einen Seite sind Jugendliche jedoch im Bereich der Sexualität verletzbarer, weil alles Neuland ist und sie in einer Umbruchphase sind, auf der andern Seite sind die Muster oft noch nicht so eingespielt und lassen sich deshalb leichter auflösen.

Trostlos wird es dort, wo schon 16- bis 17jährige resigniert haben, weil die ersten Erfahrungen so negativ waren. „Als ich das erste Mal mit einem Burschen in die Pfanne ging, war es noch schön. Wenn es nach mir ginge, wollte ich das Zeug nicht mehr", sagte eine Lehrtochter im Lebenskundeunterricht. Andere Mädchen pflichteten ihr bei. „Es ist doch nur für die Burschen schön." Viele Jugendliche haben nicht Unterstützung genug, um sich zu fragen, ob sie die intime Beziehung wollen und sind in der Situation völlig überfordert. Ein Bursche kam einmal und sagte zu mir, er habe Angst vor dem Geschlechtsverkehr, weil beim ersten Mal, als es nicht ging, seine Freundin gesagt habe, „läck, du bisch dänn e laami Guurke". Solche gegenseitigen Verletzungen aus Hilflosigkeit, Angst und mitgebrachten falschen Erwartungen, die nicht überprüft werden konnten, können Jugendliche nachhaltig bestimmen, wenn sie sich niemandem anvertrauen. Die Verletztheit und Unsicherheit wird oft versteckt hinter Angeberei – vor allem bei Burschen, die manchmal mit Abenteuern prahlen, die sie gar nicht gehabt haben – und hinter betonter Verachtung der Mädchen („man weiß ja, wie die sind") verstecken.

Ein Gespräch mit einer Vertrauensperson oder eine Beratung kann eine wesentliche Hilfe und vor allem auch Vorsorge bedeuten, da gerade unsere Jugendlichen mit diesen Problemen so allein sind. Die Elterngeneration vermag kein Modell zu geben, da sie die Situation der neuen Generation gar nicht erlebt hat und sich schwer genug tut, mit den eigenen Verletzungen fertig zu werden. So können Kurzberatungen – und auch längerfristige – sowie Gruppengespräche mit Jugendlichen ein Einüben von Beziehung und Partnerschaft fördern und gerade dort begleiten, wo aus der eigenen Familie kein Modell zur Verfügung steht. Es ergibt sich so auch die Chance, daß Partnerwahl und Umgang in der Partnerschaft bewußter und reifer gestaltet werden können.

Oft kommen Jugendliche jedoch erst, wenn sie in einer Krise sind oder die Katastrophe schon geschehen ist. Im Bereich der Jugendberatung sind deshalb die Kriseninterventionen sehr häufig. Traurig daran ist, daß oft nur das Feuer gelöscht werden kann und keine weitere Hilfe möglich ist. Früh verwahrloste Jugendliche sind z.B. kaum mehr zu erfassen, außer in diesen Extremsituationen – und noch immer versuchen viele, alles unter sich zu lösen, bis hin zu Abtreibungen, Krankheiten, Alkohol oder Drogen. Immer wieder hatte ich Jugendliche in der Beratung, die wissen wollten, wie sie ihren drogenabhängigen Freunden helfen könnten. Manche waren am Rande der Erschöpfung. „Was kann ich noch tun?" fragten sie. „Ich habe alles versucht." Meistens ging es darum, Hand zu bieten, damit die gefährdeten Kameraden Hilfe von tragfähigen Erwachsenen bekamen und die Freunde von der Überforderung entlastet waren. – Es gibt viele Jugendliche, die zunächst durch die Maschen unserer gesellschaftlichen Ordnung mit ihren Aus-

bildungen und Angeboten hindurchfallen, in die Psychiatrie geraten, dort nach einer Weile auch „durchfallen", um vielleicht noch in einer Auffangstation zu landen. Solche gefährdete Jugendliche kann ein einzelner – auch ein Erwachsener – nicht mehr tragen, es braucht eine Gemeinschaft dazu, wie es sie heute zum Teil – wenn auch nicht sehr zahlreich – gibt, etwa in der Form therapeutischer Wohngruppen.
Da in der Jugendberatung die Kriseninterventionen so häufig sind, gebe ich nun ein Beispiel einer typischen Kurzberatung aus diesem Bereich wieder:

Vreni

Vreni war eine Schülerin des Hauswirtschaftsseminars, siebzehn Jahre alt. Sie wirkte nach außen eher herb und sachlich, gab nie Gefühle preis. Es war aus der Distanz schwer auszumachen, ob sie diese nur verbarg oder selbst keinen Kontakt zu ihnen hatte. Angenehm machte sie sich im Schulbetrieb durch ihre Pünktlichkeit und ihre Zuverlässigkeit. Wenn es um Feste mit Burschen, um das fiebrige Sich-Zurechtmachen ging, stand sie nüchtern abseits. Gekleidet war sie unauffällig in die ewige Uniform von blauen Jeans und einem unifarbenen Pullover. Im Unterricht meldete sie sich nur, wenn es Sachfragen zu beantworten gab. Sie schien mir von außen eines jener Mädchen zu sein, die all ihre Probleme mit sich selbst ausmachen.
Eines Tages rief sie mich an, als ich in Zürich in der Privatpraxis war. Ob sie mich sprechen könne, fragte sie. Die Stimme war völlig tonlos. „Möchtest du so schnell wie möglich kommen?" fragte ich. Es war mir sofort klar, daß sie nur in großer Not sein konnte. Ich frage jedoch grundsätzlich alle Jugendlichen, die mit mir Kontakt aufnehmen, ob es eilt, weil sie sich dies oft nicht zu sagen getrauen, obwohl eine sofortige Hilfe nötig ist. Vreni sagte: „Ja. Wenn es geht, heute noch." Ich ver-

schob einen anderen Termin, und zwei Stunden später saß sie in meinem Sprechzimmer.

Sie war leichenblaß und setzte sich mir gegenüber. Ohne mich anzuschauen sagte sie mechanisch: „Es ist so, ich bin schwanger.“ Dann entstand eine Pause. Sie sagte nichts mehr. Ich fragte sorgfältig zurück: „Bist du sicher?“ „Ja. Ich habe es schon eine Weile vermutet. Mir war plötzlich immer so merkwürdig. Einmal ist mir ganz schwarz geworden. Die anderen mußten mich nach Hause bringen. Gestern habe ich den Test gemacht. Er ist positiv.“

Die Versicherung über die nachgeprüfte Realität einer Schwangerschaft ist außerordentlich wichtig. Es kamen immer wieder Mädchen in die Beratung, die in Panik waren und meinten, schwanger zu sein. Es stellte sich dann heraus, daß nur die Menstruation ausgeblieben war, was in diesem Alter noch gar kein sicheres Zeichen darstellt. Es kommt manchmal sogar vor, daß Mädchen, die kaum Petting gemacht haben, sich schwanger wähnen, meist weil überängstliche Eltern ihnen die Hölle heiß gemacht hatten, anstatt sachliche Hinweise zu geben. Es hat keinen Sinn, vor einer ärztlichen Abklärung etwas zu unternehmen. Oft stellt sich heraus, daß Verkrampfung durch Angst und schlechtes Gewissen die Verzögerung ausgelöst hatte. Mit allen diesen Mädchen habe ich nachher ausführlich über ihre sexuellen Beziehungen und die Möglichkeiten der Verhütung gesprochen, wenn sie es wünschten. Die Ängste hatten nicht nur mit mangelnder Information, sondern vielleicht auch damit zu tun, daß die Betreffenden zu einer sexuellen Beziehung noch gar nicht bereit waren; sei es, aus zu großer Abhängigkeit von elterlichen Normen, sei es, weil sie im Grund einfach noch nicht so weit waren und sich dies nicht einzugestehen wagten. Dann ging es darum, daß die Mädchen den Mut zeigten, zu sich zu stehen, ohne sich von Angst um Verlust einer Beziehung oder vom „man muß doch einmal“ unter Druck setzen zu lassen.

Bei Vreni hingegen hatte ich eigentlich annehmen können, daß sie alles sorgfältig abgeklärt hatte. Daß dieses so nüchtern scheinende Mädchen schwanger geworden war, mußte auf den ersten Blick jedoch erstaunen. „Weiß dein Freund, daß du schwanger bist?“ Es war mir wichtig zu erspüren, wie Vreni zu dem Mann stand, von dem sie das Kind erwartete. Gleichzeitig wollte ich ihr offenlassen, wie sie mir ihre Geschichte erzählen wollte. „Nein“, antwortete sie, „es ist von einem Farbigen, und ich weiß gar nicht mehr, wo er überhaupt ist“. – Wieder entstand eine Pause. Ich war zunächst sprachlos. Die ganze Schwere der Situation war plötzlich im Raum. „Magst du mir deine Geschichte erzählen?“ fragte ich leise. Ich spürte, wie verletzbar Vreni sein mußte. Sie nickte nur und sagte dann, ohne mich ein einziges Mal anzuschauen: „Ich hatte während eines Jahres eine gute Freundschaft mit Peter. Wir verstanden uns, und ich zählte auf diese Beziehung. Vor zwei Monaten sagte er mir eines Tages, die Beziehung sei zu Ende. Er habe eine andere Freundin gefunden. Er gab keine Erklärungen, und ich verstand nichts. Plötzlich war Peter so fremd. Ich sah ihn nicht mehr. Danach war ich völlig verzweifelt. Ich dachte, ich sei halt nichts wert, und deshalb habe er mich nicht mehr gewollt. Ich kam mir wirklich vor wie ein Nichts.“ „Hast du mit niemandem darüber sprechen können?“ Vreni schüttelte den Kopf. „Ich hätte mich geschämt. Und es gab ja auch nichts mehr zu sagen. (Pause) Dann traf ich John. Einen Farbigen. Er war nett. Ich liebte ihn nicht. Aber ich dachte, es komme sowieso nicht mehr drauf an. Wenigstens war ich nicht mehr allein. Er wollte unbedingt mit mir schlafen und sagte, es mache nichts, er passe schon auf. Da tat ich es halt. Es war einerlei. Aber ich empfand nur Leere dabei. Eine Woche später ging er weg. Das heißt, er war einfach plötzlich nicht mehr da. Ohne Abschied. Ich habe nichts mehr von ihm gehört.“

Vreni hatte alles gesagt. Sie war nicht allein mit ihrer Reaktion. Viele Mädchen gehen eine sexuelle Beziehung – oft ein einmaliges Abenteuer – ein, weil sie ihren Wert verloren glauben, nachdem der erste Freund sie verlassen hat. Einmal kam ein 17jähriges Mädchen und sagte: „Sie, ich glaube, ich werde eine Hure." Sie hatte nach der ersten großen Liebe einen Mann nach dem andern gehabt – „sieben in zwei Wochen".

Oft wird das tiefe Verletztsein Jugendlicher gar nicht ernst genommen, und sie sind mit ihrem Schmerz allein. Gerade Jugendliche fühlen sich so schnell in Frage gestellt. Dasselbe gilt auch für Burschen, die ihr Verletztsein jedoch meist weniger gut eingestehen können und es dann manchmal in wahllosen Beziehungen zu überspielen suchen. Andere erzählen großmaulig von ihren Abenteuern mit Mädchen, die weit über die Realität hinausgehen. Oft sind sie so verletzt, daß sie an ihrer Männlichkeit zweifeln. Und Mädchen können grausam sein, wenn ein Bursche nicht dem Rollenbild des sicheren Mannes entspricht.

Aus eben dieser Verletztheit und Verlassenheit heraus war Vreni die Beziehung mit dem Farbigen eingegangen. Dazu kommt ein weiterer bezeichnender Aspekt. Wie so viele andere, war Vreni zwar über Verhütung informiert, glaubte jedoch einem fremden Mann, "daß es schon nichts mache". Die Diskrepanz zwischen abgelöstem Wissen und emotionaler Fähigkeit, es in der konkreten Situation einzusetzen, ist typisch für viele Jugendliche von heute. Es sind vor allem die Erwachsenen, die an die Wirksamkeit bloßer Information glauben und damit die Jugend – und sich selbst – maßlos überfordern.

Ich sah, wie schlimm Vrenis Situation, in die sie sich durch ihre Not gebracht hatte, war. Nicht nur erwartete sie in einem katholischen Milieu ein Kind – ein Mischlingskind – ihre erst begonnene Ausbildung stand auf dem Spiel. „Hast du dir schon überlegt, was du weiter tun möchtest?" „Ich will das Kind nicht", sagte sie ganz schnell und bestimmt, aber leise. „Du bist sicher?" – ‚Ich könnte das Kind nie gern haben. Ich hasse es. Es erinnert mich an eine scheußliche Situation. Nein. Ich will es nicht haben." Vreni hatte also bereits entschieden.

Sie war zu mir gekommen, weil sie nicht wußte, wie es weitergehen sollte. Viele Jugendliche wissen zunächst genau, was sie wollen und werden erst nachträglich durch die Reaktionen der Umwelt verunsichert. Es gilt allerdings, echte von sekundärer Motivation zu unterscheiden. Es gibt Mädchen, die ihr Kind nur aus Trotz und Rache gegen das Elternhaus behalten wollen oder es zu mehreren Abtreibungen kommen lassen, weil sie viele selbstzerstörerische Impulse in sich tragen. Es ist schwierig, in der kurzen Zeit, die für eine Entscheidung bleibt, diese Motive aufzufangen.

Die Beratung ungewollt schwangerer Mädchen war für mich immer etwas vom Traurigsten gewesen, denn es gibt meist keine „gute" Lösung dieser Situation. Auffallend ist, daß bei meinen Diskussionen mit Jugendlichen diejenigen gegen eine Abtreibung sind, die mit einem außerehelichen Kind nach Hause gehen können und sicher sind, aufgenommen zu werden. Die anderen vertreten meist vehement das Recht auf Abtreibung. Wie alles in der konkreten Situation aussieht, ist nochmals eine andere Frage.

Als Jugendberaterin mußte ich zuerst mit mir ins reine kommen, um nachher frei zu sein für die jeweilige Problematik dieser schwangeren Mädchen. Das einzige, was ich tun kann, ist einen Raum ohne Druck zu schaffen, in dem eine Entscheidung vielleicht ein bißchen leichter fällt. Je jünger die betreffenden Jugendlichen sind, desto leichter fällt ihnen im Moment die Entscheidung für eine Abtreibung, weil die Befreiung von einer Situation, dic sie nicht bewältigen können, überwiegt. Je nach Lebensschicksal kommt die Problematik erst später zum Vorschein.

Viele Jugendliche stehen unter großem Druck, vor allem von seiten der Eltern, welche sehr oft die Abtreibung forcieren wollen, auch wenn sie diese moralisch verdammen – eine ausweglose Situation für das betreffende Mädchen, das manchmal das Kind selber behalten möchte. Kaum ein junges Mädchen wagt es, sich gegen die Eltern zu stellen, vor allem dann nicht, wenn es spürt, daß es die Eltern mit einem Kind in große Not oder Schande bringt. Ich habe einige Mädchen erlebt, die zuerst „ja" zum Austragen des Kindes sagten und dann im Laufe der kurz bemessenen Zeit an ihrem Entschluß irre wurden und sich umstimmen ließen. Der Druck wird noch größer, wenn der Vater des Kindes Ausländer oder gar andersfarbig ist, wenn er sich absetzt oder dem Mädchen, das ihn liebt, mit Beziehungsabbruch droht, falls es das Kind austrägt. Oft helfen hier auch die beratenden Gespräche wenig. Manchmal gelingt es allerdings, die Beteiligten zu einem klärenden Gespräch zusammenzubringen, in dem auch das Mädchen die Chance hat, seine eigene Wahrheit zu finden. Je weniger die Eltern mit ihren eigenen Schwierigkeiten in Kontakt sind, desto kleiner ist die Möglichkeit für einen Weg, in dem das Mädchen auch seinen Platz hat.

Ich erinnere mich an eine 16jährige Gewerbeschülerin, die kurz nach der Entbindung in meine Lebenskundestunden kam. Sie war sehr glücklich und erzählte uns, sie habe bis in den vierten Monat gewartet, um zu erzählen, daß sie schwanger sei, weil sie das Kind unter allen Umständen behalten wollte und Angst hatte vor den Reaktionen ihrer Umwelt. Allerdings wurde sie von den Eltern unterstützt, konnte das Kind tagsüber in eine Pflegefamilie geben und zuhause wohnen.

Viele Jugendliche sind hilflos, weil sie nicht wissen, an wen sie sich in einer solchen Situation wenden können. „Was kann ich jetzt tun?", fragte mich Vreni. Ich erklärte ihr, daß sie einen Arzt brauchte, der ambulant einen Schwangerschaftsabbruch durchführen würde. Dieser würde ihr dann einen Psychiater für eine Konsultation angeben, weil sie ein Gutachten brauchte, um einen legalen Abbruch vornehmen zu lassen. Dieses Verfahren gilt für die Schweiz. In der Bundesrepublik Deutschland kann man sich z.B. an Pro Familia wenden.

Es ist tragisch, zu was für Mitteln Jugendliche in ihrer Angst greifen, um eine Abtreibung herbeizuführen – entweder aus Unkenntnis über die Möglichkeiten oder ganz einfach, weil eine Abtreibung finanziell oft unerschwinglich ist, vor allem dann, wenn es niemand erfahren soll und der Freund nicht mithilft oder ebenfalls kein Geld hat. Einige sind fast gestorben, weil sie sich zu Scharlatanen begeben haben und nachher notfallmäßig in eine Klinik gebracht werden mußten. Die einen tanzten Nächte durch, andere sprangen aus großer Höhe hinunter usw. Manchmal versuchte der eigene Freund oder einer seiner Kollegen, diesen Eingriff vorzunehmen. . .

Wenn sich Jugendliche aufs Geratewohl an einen Arzt wenden, müssen sie – sowohl von Arzt wie Psychiater – oft die schlimmsten Demütigungen entgegennehmen, in einer Situation, die so schon schlimm genug ist. Als Jugendberaterin kann ich dies einer schwangeren Jugendlichen ersparen, wenn ich sie zu einem Arzt schicke, den ich kenne, und von dem ich auch weiß, daß er die Betreffenden nicht finanziell ausnützt. Eine Abtreibung ist, wenn sie nicht von der Krankenkasse bezahlt wird, oft unerschwinglich teuer, vor allem dann, wenn der Freund sich abgesetzt hat und nichts beisteuert. Es ist nicht gut, wenn Jugendliche das Problem der Abtreibung im Alleingang lösen. So fragte ich Vreni, ob ihre Eltern wüßten, daß sie schwanger sei. „Nein", sagte sie, „das ist es ja. Ich möchte es nicht sagen müssen." – „Hast du Angst vor der Reaktion?" – „Meinem Vater könnte man so etwas niemals sagen. Er würde mich zusammenschlagen, und meiner Mutter kann ich dieses Problem unmöglich zumuten. Sie hat es schwer genug." – „Aber sie würde dir beistehen", fragte ich. „Das schon, aber ich möchte es nicht."

Es stellte sich heraus, daß es mit Vrenis Rolle in der Familie unvereinbar war, daß sie Probleme hatte und Hilfe brauchte. „Und doch brauchst du sie jetzt dringend. Sonst bist du in deiner Familie auch furchtbar einsam." Zudem ist es rechtlich besser, wenn ein Elternteil die Einwilligung in den Eingriff gibt. Im Laufe des Gesprächs spürte ich, daß Vreni nicht wußte, wie sie „es" ihrer Mut-

ter sagen sollte. Ich anerbot ihr deshalb, die Mutter anzurufen und mit ihr zu sprechen. Vreni war froh darüber.
Sehr häufig wagen Mädchen es überhaupt nicht mehr, nach Hause zu gehen, wenn sie gestehen müssen, daß sie schwanger sind. Da ist es meist das wichtigste, mit ihnen zu gehen. Ich habe – oft zusammen mit meiner Kollegin – die wildesten und dramatischsten Auftritte erlebt. Mütter, die weinten und wehklagten, Väter, die auf ihre Töchter losgingen oder drohten, sich umzubringen oder die Tochter, vielleicht auch den Vater des Kindes ... und es waren nicht immer nur leere Drohungen. .. Es konnte vorkommen, daß solche Eltern einen fast selber wieder die Treppe hinunterwarfen. Und doch gibt es nichts anderes als zu bleiben, bis sich die Familie beruhigt, versöhnt hat. Je nach Milieu und persönlicher Biographie ist ein solches Vorkommen wirklich eine Katastrophe, und alle Beteiligten sind völlig hilflos. Angst vor den Leuten, vor der sozialen Ächtung, moralische (oder religiöse) Vorstellungen, finanzielle Not oder eigene tiefe Wunden stehen oft hinter dem Verhalten der Eltern. Es ist gut, wenn jemand dabei ist, wenn sich all diese Gefühle im ersten Schrecken entladen, denn alle Beteiligten sind in irgendeiner Art hilflos. Umgekehrt haben Mädchen oft auch Ängste, die sich im Kontakt mit den Eltern bei weitem nicht bestätigen.
Ich rief also Vrenis Mutter an und sagte ihr, daß ihre Tochter mich gebeten habe, mit ihr zu sprechen. „Sie ist im Augenblick in einer großen Not und hat Mühe, es Ihnen zu sagen", antwortete ich. „Um Gottes willen, es ist ihr doch nichts zugestoßen." – „Sie braucht Hilfe in ihrer Situation. Sie ist schwanger." Es entstand eine lange Pause. Dann sprach Vrenis Mutter sehr leise weiter. „Das hätte ich nicht erwartet, und doch wundert es mich nicht. Vreni ist unsere Große. Vielleicht war sie doch überfordert." Ich erzählte ihr, wie alles gekommen war. Daraufhin sprach die Mutter sehr lange. Ich spürte, wie nötig sie selbst es hatte, jemandem zu sagen, wie es bei ihnen zuhause zuging und wie ihr zumute war.

Vreni war die Älteste von vier Kindern und hatte schon früh sehr viel Verantwortung mitgetragen. Stets war sie die Vernünftige gewesen und stand der Mutter bei. Der Vater war infolge Invalidität frühzeitig pensioniert worden und hatte sich dabei charakterlich völlig verändert. Die Kinder waren ihm eine Last geworden, und wenn sie nur ein bißchen übermütig waren, schlug er in blinder Wut mit seinem Krückstock auf sie ein. „Sie wissen gar nicht, wie sehr ich immer in Angst bin, es könnte etwas passieren. Er ist so unberechenbar." So bremste, wehrte und schlichtete sie ständig, und Vreni half ihr dabei. Sie war es, die den Vater am besten zu nehmen wußte. „Sie ist immer beherrscht und ruhig. Sie hatte nie Wünsche nach Vergnügungen sondern traf nur ihren Freund. Er war ein netter Junge, nur mußte alles gehen, wie er wollte. Vreni hat sich einfach angepaßt." Finanziell stand die Familie sehr schlecht. Wie sie eine Abtreibung bezahlen sollte, war schwer auszudenken. „Ich habe ein bißchen etwas auf die Seite gelegt. Davon könnte ich es bezahlen, wenn der Betrag nicht zu hoch ist." Obwohl die Mutter von Vreni sehr religiös war, willigte sie in den Schwangerschaftsabbruch ein. Es war klar, daß die Familie das kleine Kind und Vreni nicht tragen könnte. Zudem warteten alle auf ihren zukünftigen Verdienst, da sie jetzt von der kleinen Invaliden-Rente leben mußten. Nicht nur Vrenis Existenz, sondern die der ganzen Familie war in Frage gestellt. „Der Herrgott wird Vreni verzeihen. Es ist nicht ihre Schuld. Sie hat zu viel auf den Schultern gehabt."

Oft spielen die religiösen Bedenken eine große Rolle. Wenn die Familie in schwerwiegende Zweifel gerät und die Beteiligten nicht wissen, was sie tun sollen, obwohl das Mädchen sich mit einem Kind eindeutig überfordert fühlt, oder auch die Eltern eigentlich für einen Schwangerschaftsabbruch wären, ihn aber nicht verantworten zu können glauben, reicht oft die Hilfe des Beraters nicht aus; es gibt in den entsprechenden Konfessionen

gute und offene Pfarrer, die den Menschen, nicht die Moral oder das Dogma sehen.
Nach dem langen Gespräch mit der Mutter atmete Vreni auf. Die bisherige Starre wich etwas. Ich rief einen Arzt an, von dem ich wußte, daß er menschlich und finanziell anständig war. Er gab mir die Adresse eines Psychiaters, mit dem er zusammenarbeitete, und wir konnten schon für den folgenden Tag einen Termin vereinbaren. Am Abend rief ich ihn an und schilderte ihm die Situation. Vreni kam nach der Konsultation nochmals zu mir. Wir sprachen darüber, daß sie diesen Schritt auch moralisch besser verantworten könne als ein Kind, dem sie sich nicht gewachsen fühle. Sie konnte akzeptieren, daß die Situation ihr diesen Entscheid nahelegte. Dann erzählte sie von ihrem Freund, und vor allem von ihrer inneren Einsamkeit. „Ich wagte es ja auch nicht, ihm viel zu sagen. Ich hatte immer Angst, es würde ihm zuviel werden. So ist es auch gekommen. Er hat eine hübsche, eher oberflächliche Freundin.“ Es war klar, daß Vreni Entlastung brauchte, und auch die Möglichkeit, ein Leben zu leben, das ihrem Alter gemäß war.
Ein paar Tage später fand der Schwangerschaftsabbruch statt. Die Mutter begleitete Vreni, nachher kamen beide zu mir in die Praxis, wo Vreni sich erholen konnte. Die Mutter und ich sprachen unterdessen miteinander und versuchten herauszufinden, wie Vreni mehr Raum für sich haben könnte, obwohl sie auch noch im selben Zimmer mit ihrer jüngeren Schwester schlief. Es schien, daß das Geschehene ein Alarmzeichen war. . .
Vreni sagte ich, daß ich sie eine Woche später gerne nochmals sehen würde. Ich wollte versuchen, mit ihr das Ganze etwas zu verarbeiten. Sie kam und wirkte erleichtert, lebendiger und drückte es auch aus, wie froh sie war, daß der Eingriff vorüber sei. Sie bereute es nicht. Damit war der Kontakt in der Beratung mit Vreni beendet. Ich spürte, daß sie zunächst ihre Gefühle ruhen lassen wollte und sagte ihr, sie könne jederzeit zu mir kommen, wenn sie ein Anliegen habe.

Ich sah Vreni noch kurze Zeit im Unterricht, dann verlor ich sie aus den Augen. Bald darauf zog ihre Familie fort. Einmal noch bekam ich einen Brief, in dem sie mir schrieb, es gehe ihr viel besser und sie habe eine schöne Freundschaft.

Es war mir immer ein Anliegen, die Jugendlichen nicht nur durch den Entscheid und eventuell den Schwangerschaftsabbruch zu begleiten, sondern auch bei nachher auftretenden Reaktionen da zu sein und die Verarbeitung zu begleiten. Doch nur in seltenen Fällen kommt es dazu, weil die Jugendlichen das Erlebte oft zunächst beiseite schieben. Mit einigen wenigen habe ich erst nach Jahren ihre Konflikte bearbeitet, als sie schon erwachsen waren.

Das Kapitel ungewollter Schwangerschaften bleibt eines der düstersten in der Jugendberatung – häufig haben Kriseninterventionen bei Jugendlichen einen sehr dramatischen Charakter. Man muß bereit sein, ganz plötzlich wegzufahren, um das Schlimmste zu verhüten. So fand ich einmal spät abends, als ich nach Hause kam, einen Expreßbrief an der Türe. Darin bat ein Jugendlicher aus der Kunstgewerbeschule, der schon einmal wegen schwerer Depressionen gekommen und dann wieder verschwunden war, ich solle sofort zu ihm kommen. Er habe versucht, sich die Adern durchzuschneiden, aber es sei nicht gegangen, und er wisse nicht mehr weiter. Ich fuhr mit meiner Arbeitskollegin zu ihm. Er wohnte in einem Zimmer in einer Wohngemeinschaft. Es stellte sich heraus, daß er Drogen genommen hatte und er zeigte uns Zeichnungen, die er mit den verschiedensten Drogen gemacht hatte. „Es war interessant, aber es bringt nichts mehr. Ich kann nicht mehr heraus. Ich gehe in meinem Kopf spazieren. Es ist ein Labyrinth, und ich habe mich verirrt. Ich weiß, ich werde es wieder versuchen. Und doch möchte ich eigentlich leben. Komisch, finden Sie nicht?“ Er sprach sehr klar, fast gewissenhaft. Sein Gesicht war totenbleich, völlig ohne Leben. Wir verstanden seine Botschaft: er wollte vor sich selber Schutz bekommen, deshalb blieben wir noch eine Weile und machten für den andern Morgen einen Termin aus. Mit seinem Einverständnis gingen wir zu einem Psychiater, der ihn in eine Klinik einwies. Einige Wochen später nahm er sich in der Klinik das Leben. . . Er hatte sich in der Schizophrenie, die mit dem Drogenkonsum ausgebrochen war, endgültig verirrt. Die Klinik hatte ihm den so dringend benötigten Schutz nicht geben können. Er hätte eine intensive Hilfe gebraucht.

Die Einweisung in eine Klinik ist nie eine gute Lösung, da sie nicht für Jugendliche eingerichtet ist; sie kann jedoch manchmal einen Schutz bieten, der jedoch auch wieder fragwürdig bleibt. Mit dem Gefühl der eigenen Ohnmacht muß sich wohl jeder Jugendberater immer wieder auseinandersetzen.

Häufig brechen Jugendliche aus ihrem Rahmen aus, verschwinden irgendwohin. Manchmal hinterlassen sie Briefe, in denen sie endlich zu sagen wagen, was sie bisher verschwiegen, oder sie signalisieren: „So geht es nicht mehr weiter", vielleicht auch: „Nehmt mich doch endlich wahr." Es ist sehr wichtig, die wirkliche Botschaft zu verstehen, um den Ausbruch richtig einordnen und die entsprechenden Maßnahmen ergreifen zu können. Oft ist dies der Anfang von Gesprächen mit den alarmierten Eltern, die nun plötzlich zugänglicher werden oder zu verstehen beginnen, worum es geht. Man muß diese Ausbrüche ernst nehmen. Das bedeutet jedoch, den Jugendlichen bei seiner konstruktiven Seite anzupacken und Lösungen zu suchen. Manchmal landen die Ausreißer früher oder später beim Jugendberater, wenn dieser die letzte Brücke zu dem Menschen ist. Einmal tauchte ein Mädchen nach dramatischer Flucht aus der Schule – mit Abschiedsbrief – bei mir auf. Schule und Eltern bangten. Ich hatte sie beruhigt und ihnen gesagt, sie sollten warten, Myrtha werde kommen. Als sie da war – sie sagte wenig und war übernächtigt – informierte ich die Eltern und die Schulleitung. Jetzt kam die Wut zum Vorschein. „Dieses Mädchen ist nicht mehr tragbar. Das ist ja alles abnormal ..." usw. Ich sagte zu Myrtha, sie solle bei mir schlafen gehen, gab ihr noch zu essen und erwähnte ihre Flucht nur, indem ich sagte, ich würde jetzt zusammen mit meiner Kollegin zur Schulleiterin fahren. Diese war entsetzt, daß wir das Mädchen „in diesem Zustand" allein gelassen hatten. „Sie ist zurechnungsfähig und kann jetzt die Verantwortung für sich tragen", erwiderte ich. Wir hatten ihr Vertrauen gegeben, und sie mißbrauchte es nicht.

Fehlangebrachte Schonung macht schwach. Die große Arbeit war es, die Ängste der Schulleitung zu beschwichtigen, die das Ganze als „krank" von sich schieben und nicht als Krise annehmen wollte und mit Ausschluß aus der Schule drohte, was von ihrer Seite aus verständlich war. Myrtha müßte jedoch ernst genommen werden und man dürfte sie in der Schule nicht abstempeln. Es bedeutete auch, daß sie als „normale" Schülerin behandelt werden wollte. Das war der Lernprozeß für Eltern und Schulleitung. In solchen Krisen müssen meist alle Beteiligten lernen, und es braucht genügend Zeit für die entsprechenden Gespräche mit allen Beteiligten. Es ist wichtig, solche Krisen – wenn immer möglich – als Chance für Lernprozesse zu betrachten. Wir sind nur allzu schnell bereit, das Ganze entweder zu verharmlosen – bis Jugendliche zu stärkeren Mitteln greifen – oder Jugendliche als „krank" auszuschließen und nicht mehr mitzutragen. Wieder andere bekommen für sie verheerende Sonderrechte, mit denen sie alle tyrannisieren, weil gerade die Grenzenlosigkeit sie in Not bringt.

So zeigt jede Krisenintervention wieder ein anderes Gesicht. Es ist wichtig, die Botschaft zu verstehen und die Lage zu erfassen, um mit den Betroffenen sprechen zu können, sie allenfalls zu stützen oder zu begleiten.

Kurzberatungen bieten jenseits der Kriseninterventionen auch die Chance, schwerpunktartig ein bestimmtes Muster oder Arrangement anzugehen, was einem Jugendlichen, der oft noch nicht so festgefahren ist, die Möglichkeit zum Aussteigen gibt.

Einmal kam ein 16jähriger, hochgeschossener Bursche zu mir, mitten in seiner „eckigsten" Phase. Er kam, weil er nirgends Anschluß fand, sich in Gruppen und bei Mädchen unbeachtet oder belächelt fühlte. Ich fragte ihn, wie sich die Situation genau zutrage, in einer Art „Zeitlupenaufnahme", die die Entstehung des Arrangements aufzeigt. Es stellte sich heraus, daß er sich verspannte, sobald er in einen Raum mit anderen Jugendlichen kam und nicht mehr wußte, wo er sich hinbegeben sollte. Jeder Blick schien zu bedeuten, daß er störe. So stand er oft einfach da oder ging wieder. Oder er setzte sich in die hinterste Ecke. Dort wartete er, bis jemand auf ihn zukam. Im genauen Beschreiben der Situation zeigte sich auch für ihn, daß er abweisend wirken mußte und eine viel zu hohe Erwartung hatte. „Und doch habe ich das Gefühl, überall überzählig zu sein." Ich fragte Robert daraufhin, wie viele Geschwister er habe. Es waren ein drei und ein fünf Jahre älterer Bruder und eine sieben Jahre ältere Schwester. „Sie kamen mir immer so unerreichbar groß vor", sagte Robert. „Ich war klein und dumm und durfte viel weniger." Als Robert etwas größer war, nahmen ihn die älteren Geschwister auf Geheiß der Eltern manchmal mit. Er spürte jedoch immer, daß er ihnen im Weg war und sie ihn lieber losgeworden wären – vor allem, wenn die Brüder mit ihren Freundinnen verabredet waren und ihn mitschleppen mußten. „Ich verhielt mich ganz ruhig und bemühte mich, mich möglichst unauffällig zu bewegen. Mein Wunsch war dann oft, mich unsichtbar machen zu können." – „Das machst du wohl heute noch", sagte ich nur. Da zeichnete sich ein Aha-Reflex in seinem Gesicht ab. „Also bin ich überall der kleine unerwünschte Bruder?" Die Erkenntnis wirkte erlösend. Er sah, daß er es war, der in seinem Gefühl alle anderen zu älteren Geschwistern machte.

In den beiden folgenden Stunden übten wir je ein Rollenspiel, um einen Kontakt – mit der entsprechenden Körperhaltung – durchzuspielen. Robert ging ganz zufrieden

weg. Er hatte das Gefühl, mit seinem Problem jetzt selbst fertig zu werden.
Eine ganzheitliche Einsicht kann helfen, einen Teufelskreis zu durchbrechen, wie im Fall von Robert und in vielen anderen, in denen das Muster nicht zu hartnäckig, oder das Problem nicht zu tief in der Geschichte des Jugendlichen eingewurzelt war. Die ersten Stunden mit Erna, die ich im vorigen Kapitel dargestellt habe, zeigen auch eine solche Einsicht in den eigenen Ehrgeiz und die damit verbundenen Ansprüche an sich. Erna konnte nachher ein bißchen bewußter mit ihnen umgehen, doch das tiefe Gefühl des eigenen Ungenügens blieb, bis es im Laufe der längerfristigen Beratung aufgearbeitet werden konnte. Auf dieselbe Weise können auch Konflikte mit der Familie bearbeitet werden: indem man den einzelnen Situationen nachgeht und das Arrangement herauszuschälen sucht, um es dann, oft mit Hilfe von Rollenspielen, zu bearbeiten. Ein entsprechendes Beispiel findet sich im Kapitel über das Rollenspiel.
Oft geben Kurzberatungen nur Anregungen, von denen man als Berater im Augenblick nicht einmal weiß, ob sie ankommen; vielleicht erfährt man ein Jahr später, daß sie wirksam waren. Im Ganzen ist das Spektrum der Kurzberatungen so vielfältig, daß es gar nicht vollständig umrissen werden kann.

3.4 Längerfristige Beratung und Therapie

Viele Probleme, an denen Jugendliche leiden, machen – ob eine Institution dafür Raum gibt oder nicht – eine längere Beratungszeit erforderlich. Zum Teil sind es dieselben Probleme wie in den Kurzberatungen, nur tiefer in der Persönlichkeit des Jugendlichen oder in der Situation verhaftet. Das gilt vor allem dann, wenn sehr gestörte Familienverhältnisse vorliegen, die den Jugendlichen verwirren, ihm seine Identität rauben oder ihn zu destruktivem Verhalten oder in schwere Depressionen treiben. Zerrüttete Verhältnisse, in denen ein Elternteil trinkt oder geisteskrank ist, Jugendliche, die bei einem Elternteil leben der sich nicht um sie kümmert oder nicht für das Lebensnotwendigste sorgt, Familien, in denen Gewalttätigkeit bis zu lebensbedrohenden Situationen herrscht, erfordern große Unterstützung von seiten des Beraters, wenn möglich für alle Beteiligten. Derartige Situationen machen oft den Kontakt mit entsprechenden Ämtern notwendig. Kinder aus solchen Familien tragen manchmal unglaubliche Verantwortung auf sich. Sie arbeiten in der Schule oder am Arbeitsplatz und betreuen in der Freizeit, sogar in der Nacht, einen süchtigen Elternteil; sie sperren Mutter und jüngere Geschwister im Keller ein, wenn der Vater betrunken nach Hause kommt und holen anschließend die Polizei; oder sie schleppen in der Freizeit das durch Krankheit gefährdete Geschäft der Eltern durch. Sie tragen die depressive Mutter, sind Vertraute für Probleme, mit denen sie überfordert sind. Andere Belastungen sind verborgen, weil die Konfliktsituation von den Eltern selbst überspielt wird – und doch bleiben auch hier die Jugendlichen durch das allzu bedrohte Familiensystem gebunden. Dieselbe Loyalität verbietet es ihnen oft auch, rechtzeitig mit jemandem zu sprechen. In meiner Tätigkeit als Beraterin habe ich einige Male kurz vor dem endgültigen Zusammenbruch eines Jugendlichen einen Dispens von Schule oder Lehre bewirken können. Ich erinnere mich hier an eine Schülerin, die niemals in Erscheinung getreten war, weil sie immer unauffällig gute Leistungen erbracht hatte. Doch einmal schrieb sie in einem Aufsatz einen Traum nieder, der offensichtlich als Appell gemeint war: Er handelte davon, daß das Mädchen mit einem Lift ein Hochhaus hinauffuhr, immer weiter. Doch da begannen die Wände abzubröckeln, und der Lift fuhr immer weiter, weit über das Hochhaus hinaus; sie stand schließlich auf einer Plattform, die fuhr, ohne Stutze, einfach in der

Luft. – Sie las diesen Aufsatz vor, und ich spürte, wie die Klassenkameradinnen erschraken. Als ich die Schülerin auf den Traum ansprach, sagte sie mir, daß sie am Ende sei, weil sie in ihrer ganzen Freizeit im Geschäft arbeite, die Mutter moralisch unterstütze und alle Bedürfnisse der Familie auf sich trage. Zunächst galt es also, das Mädchen zu entlasten. Mit Hilfe der Schule konnte sie eine Zeitlang gewissen Unterrichtsstunden fernbleiben und mußte nicht alle Aufgaben machen. Es stellte sich jedoch heraus, daß es sich überhaupt nicht gegen Bedürfnisse anderer Menschen abgrenzen konnte und gleichzeitig darunter litt, was eine längere Beratung im Sinne einer Stärkung ihrer inneren Kräfte und ihres Selbstvertrauens nötig machte. Dennoch blieb die Überforderung durch die Familiensituation bestehen, von der sich das Mädchen nicht distanzieren wollte. Es war also nur möglich, an konkreten Einzelsituationen zu üben, wie es die größten Übergriffe der Familienmitglieder von sich weisen und sich manchmal einen Freiraum nehmen konnte.
Auch unverarbeitete sexuelle Erlebnisse hinterlassen tiefe Spuren, sei es eine schockartige erste sexuelle Begegnung, eine Begegnung mit sexueller Perversion oder Vergewaltigung. Je tabuisierter der Bereich von zuhause her ist, desto gefährdeter ist der Jugendliche, vor allem das Mädchen. Manchmal liegen auch frühkindliche Erlebnisse hinter den Erfahrungen des Jugendalters. Schwierig zu verarbeiten sind solche Erlebnisse auch deshalb, weil sie oft verschwiegen werden müssen. In besonderem Maß gilt dies, wenn der sexuelle Mißbrauch in der eigenen Familie, durch einen Verwandten oder gar durch den eigenen Vater, stattfindet, was viel häufiger geschieht, als man gemeinhin annimmt.
Ein 17jähriges Mädchen kam zu mir in die Beratung, weil es immer tiefer in Depressionen geriet. Maya fühlte sich wie im Nebel, alles erschien ihr sinnlos. Sie hatte keine Energie mehr für ihre Ausbildung in der Lehre. Sie kam ein paar Mal, wir sprachen miteinander, doch die Gespräche gingen im Kreis. Ich begann zu vermuten, daß der

Nebel die Funktion hatte, etwas zu verstecken, und ich sagte es ihr. Da begann sie zu stottern, machte Andeutungen und brach wieder ab. Nach der Stunde überlegte ich mir das Ganze und kam zum Schluß, daß ein sexuelles Problem dahinterstecken mußte, und zwar mit ihrem Vater. Es war klar, daß sie nicht wagte, die Wahrheit auszusprechen – aus Loyalität. Ich mußte sie ganz langsam in die Nähe der Wahrheit führen, um sie dann selbst auszusprechen. Ich kann den Gesprächsverlauf nicht wiedergeben, doch war Maya erlöst, als die Wahrheit endlich auf dem Tisch lag. Mit zwölf Jahren hatte sich der Vater ihr abends im dunklen Zimmer genähert, sie betastet und animiert, ihn ebenfalls zu berühren. Sie hatte sich aus Angst – und Anhänglichkeit – nicht widersetzt, zumal auch die Schwester im gleichen Zimmer schlief. Das ging so eine lange Zeit. Maya hatte Schuldgefühle der Mutter gegenüber. Eines abends war der Vater bei diesem Spiel in große Erregung geraten und hatte vermutlich einen Samenerguß. Dadurch hatte Maya einen Schock und verweigerte sich von da an, worauf der Vater dieselben Spiele mit der Schwester machte.
„Bis dahin war meine Welt heil gewesen", sagte sie. „Jetzt ist alles zerbrochen. Es wird nie mehr gut." Maya hatte fünf Jahre in einer schleichenden Depression gelebt. „Ich mußte von da an alles möglichst perfekt machen. Ich hatte das bestimmte Gefühl, sonst verloren zu sein. Die Geschichte mit meinem Vater vergaß ich fast." Jetzt war sie wieder aufgetaucht und ließ sich nicht mehr abweisen. Es zeigte sich, daß Mayas Menstruation mit jenem Schock aufgehört hatte und nicht wieder eintrat, daß sie körperlich überhaupt zurückblieb, keine Brüste bekam und nicht weiterwuchs. Sie wollte keine Frau werden, kein sexuelles Wesen. Sie war denn auch in Aussehen und Gehaben sehr kindhaft. Das Geheimnis hatte Maya – wie so viele andere – allein getragen. Die Mutter wußte immer noch nichts. Ich schlug Maya vor, der Mutter Klarheit zu geben. Unterdessen litt die ganze Familie unter seinem autoritären Verhalten und seinem Alkoholismus. Da er

jedoch in einer exponierten Position war, schützte ihn die Familie.
Maya gestand der Mutter die Geschichte. Sie rief mich an und bat mich um ein Gespräch. Sie gestand mir unter Tränen, sie habe „es“ geahnt, aber nicht wahr haben wollen. Sie habe Angst vor ihrem Mann und könne sich nicht durchsetzen. Auch sie wirkte bis zu einem gewissen Grad kindhaft.
Maya kam sehr lange zu mir in die Beratung. Wir verarbeiteten das Schockerlebnis, zunächst im Gespräch, dann in Rollenspielen, in denen Maya Wut und Schmerz zum Ausdruck brachte und sich langsam vom Vater abzusetzen begann. Wir arbeiteten mit körperlichen Wahrnehmungen – mit Atem- und Entspannungsübungen. Nach zwei Jahren erst kam die Menstruation wieder regelmäßig. Maya überwand nur schrittweise ihre Angst und ihr Mißtrauen Männern gegenüber.
Auch die Mutter kam ab und zu in die Beratung, um zu lernen, sich gegen ihren Mann zur Wehr zu setzen. Es brauchte lange, bis sie den Mut fand, sich von ihm zu trennen, doch sie schaffte es schließlich.
Für Maya war der letzte Schritt der, auch die Mutter loszulassen und ihr den eigenen Weg zuzutrauen. Jetzt war sie frei, auch eine Freundschaft mit einem Burschen einzugehen und Frau zu werden. Der ganze Prozeß hatte drei Jahre gedauert.
Im Bereich der Beziehung und Sexualität sind Jugendliche sehr ausgesetzt und verletzbar, wie schon verschiedentlich deutlich wurde. Auch ungewollte Schwangerschaften und Abtreibungen erfordern, wenn möglich, eine längere Begleitung, selbst dann, wenn die Jugendliche allem Anschein nach ohne größere Schwierigkeiten darüber hinwegkommt. Ich hatte in einer Gruppe eine junge Frau, die als Jugendliche aus medizinischen Gründen dreimal abgetrieben hatte und nun weinend zusammenbrach, weil sie – katholisch erzogen – an ihren uneingestandenen Schuldgefühlen unsäglich gelitten hatte. In einer der Gruppen war ein 18jähriges Mädchen, Barbara, das zu-

erst bei meiner Arbeitskollegin in Beratung gewesen war. Sie fiel auf durch ihre große Klugheit und Besonnenheit. Schon früh hatte sie fast die ganze Verantwortung für ihre Familie getragen, da ihre Mutter äußerst labil war und zudem sehr leichtsinnig. Sie war gekommen, weil sie für keinen Mann – auch für ihren Freund nicht – wirklich Liebe empfinden und Freude an der Sexualität haben konnte. Ihre Geschichte machte uns alle sehr nachdenklich:

Mit vierzehn Jahren hatte sie sich in einen 20jährigen Italiener verliebt, der sie verführte. Sie ließ es geschehen, weil sie so ein bißchen Nähe und Zärtlichkeit erfuhr, die ihr sonst gänzlich fehlten. Einmal sah ihr Sekundarlehrer sie mit dem Mann, verstand, was vor sich ging und benachrichtigte die Polizei. Diese verhörte Barbara über ihre ganze sexuelle Beziehung. Sie leugnete, weil sie wußte, daß der Mann sonst ausgewiesen würde. Anschließend wurde ihr Italienerfreund verhört. Als Barbara wieder geholt wurde, sagte man ihr, daß ihr Freund alles gestanden habe und sie nun erzählen solle, was geschehen sei. Barbara ließ sich dazu bewegen und wurde nun bis in die intimsten Details ausgefragt, für die sie gar kein Vokabular hatte, was sie in große Not brachte. Darauf wurde sie mit ihrem Freund konfrontiert. Er stand totenblaß da. „Ich sehe ihn immer wieder so vor mir"; er sagte nur: „Warum hast du das getan?" Da wurde ihr klar, daß sie in eine Falle gegangen war und den Freund verraten hatte. Sie konnte sich nicht einmal von ihm verabschieden, er wurde gleich an die Grenze gestellt. „Das war ein furchtbarer Schock. Seither ist mein Herz zu. Ich finde meinen jetzigen Freund sehr lieb und fühle mich wohl mit ihm, aber ich kann ihn nicht lieben und keine Lust mit ihm empfinden." Sie litt darunter und hatte das Gefühl, ihrem Freund Unrecht zu tun. In den Einzelstunden mit meiner Kollegin hatte sie erstmals überhaupt ihre ganze Geschichte einem Menschen anvertrauen können. In der Gruppe versuchten wir, mit Psychodrama die traumatischen Situationen aufzufangen und zu verarbeiten.

Erstmals weinte das sonst so verhaltene und beherrschte Mädchen, schluchzte und schrie schließlich ihre Gefühle hinaus. Es brachte große Erleichterung. „Ich komme meinem Freund langsam näher“, sagte sie nach einiger Zeit. „Es ist, als ob ein Bann vor mir wiche.“ Während sie noch in der Gruppe war, bekam sie einen Anruf von ihrem alten Freund, der sie sehen wollte. Sie erzählte es uns und sagte: „Ich weiß, daß ich ihn nicht sehen sollte. Er führt ein Lotterleben und ist Zuhälter geworden. Und doch zieht es mich wie magnetisch zu ihm. Ich habe Angst.“ Wir sprachen darüber, wie sie sich schützen könnte. Doch zwei Wochen später mußte sie aus der Gruppe austreten, weil sie eine Stelle in einer anderen Stadt antrat. Noch immer kämpfte sie gegen den Sog, der von ihrem alten Freund ausging – so tief hatten sich nach einer lieblosen Kindheit das Erleben und der Verrat in ihr eingeprägt. Ich habe nie mehr etwas von Barbara gehört. . .

Ein anderer Bereich, der oft in Beratungen angegangen werden muß, sind Schul- und Berufswahlkrisen, die eine gründliche Aufarbeitung benötigen, etwa dann, wenn großer Druck von seiten der Eltern besteht oder Jugendliche sich für keinen Beruf interessieren, der ihren Begabungen entspricht; sei es, daß sie die ehrgeizigen Pläne der Eltern erfüllen wollen, sei es, daß sie so wenig Selbstvertrauen haben, daß sie ihren Begabungen nicht gerecht werden können. Berufliche oder schulische Mißerfolge beschneiden das Selbstwertgefühl oft tief. Auch hier reicht eine Kurzberatung meist nicht aus.

Die Gymnasiastin Margrit kam zu mir, weil sie große Examensangst hatte, die sie völlig blockierte. Periodisch fühle sie sich sehr deprimiert und minderwertig. Als wichtigsten Grund gab sie selbst ihre negativen Schulerlebnisse an, die wie ein Schock auf sie gewirkt hatten. Dabei sei ihr jedes Selbstvertrauen verlorengegangen.

Margrit zeichnete mir das Bild einer glücklichen harmonischen Familie. Über ihre Eltern wußte sie nichts Negatives zu sagen. Sie hätten nie miteinander gestritten. Nur

gegen den kleineren Bruder hat sie sich stark aufgelehnt und war auch tonangebend.
Ihre eigene Symptomatik zeigte ein anderes Bild. Margrit hatte sehr starke psychosomatische Störungen (Fieber, Allergien, Akne, Grippe, Kinderkrankheiten) – Margrit spürte auch, wie sie sich verkrampfte, die Bauchmuskeln zusammenzog. Manchmal fühlte sie ein schwarzes Loch in der Brust. Alles beherrschend war ihre Angst. Sie hatte als Kind sehr viele Angstträume und kroch zu den Eltern, dann zum Bruder ins Bett. Sie lebte in Angst vor der Dunkelheit, fühlte sich in ihr ausgeliefert. Die Mutter selbst hatte Angst vor Sexualverbrechern. Margrit fühlte sich stärker zum Vater hingezogen, der sich manchmal zu Margrit ins Bett legte, um sie zu beruhigen – bis zur 6. Klasse. Margrit konnte keine Spannungen ertragen, denn zu Hause war alles harmonisch. „Alles müßte sein wie zu Hause, dann wäre es gut“, und das, obwohl Margrit auch als kleines Kind von Angst geplagt war.
Die Phantasien von Margrit waren bezeichnend: Sie stellte sich winzige Menschlein vor, für die sie sorgen, die sie verwöhnen, denen sie helfen konnte. Im Haushalt durfte Margrit nicht helfen, „weil sie es nicht könne“. Sie war zu klein. Deshalb traute sie sich bloß den Umgang mit winzigen Phantasiegestalten zu. Nach außen hin und dem kleinen Bruder gegenüber war sie tonangebend. Trotzdem kamen keine tieferen Beziehungen zu Freundinnen zustande, sie wechselte sie oft. Ihre Beziehungsschwierigkeit kam in einer Kindheitserinnerung mit drei Jahren zum Ausdruck: „Gegenüber unserem Haus stand ein Käfig, in dem eine Krähe gehalten wurde. Jedesmal wenn ich mich dem Käfig näherte, krächzte sie: ‚Sali Hans‘. Anfangs erschrak ich natürlich, denn ein Vogel der sprechen konnte, so etwas erschien mir sehr seltsam. Nach kurzer Zeit hatte ich mich mit dem kleinen, schwarzen Ding etwas vertraut gemacht. Mit großer Mühe versuchte ich ihm klar zu machen, daß ich nicht Hans sondern Margrit heiße. Auch sonst bemühte ich mich, mit der Krähe ein Gespräch zu beginnen, doch sie wiederholte immer wie-

der dieselben Worte: Mit der Zeit gab ich meine Bemühungen auf."

Sie findet die gemeinsame Sprache mit dem Gegenüber auch heute nicht und resigniert. Margrit scheute sich davor, ihre Familie realistisch zu sehen. „Zuhause ist alles gut", sagte sie fast befehlend zu mir. Die Schule bedeutete freilich einen Einbruch in diese Situation, die verunsichernd wirkte, vor allem mit Prüfungen und Examina. Ihr Ausweg war ein starkes Zwangsdenken. Wir hatten daran gearbeitet, daß Margrit relativ angstfrei in die Prüfung gehen konnte, doch schnitt sie schlecht ab. Nun hatte sie wieder Angst und sagte: „Wenn ich Angst habe, geht es meist gut, sonst nicht. In der Angst kann ich alle meine Kräfte mobilisieren." Die Vorbereitung auf eine Prüfung reichte für Margrits Sicherheitsbedürfnis nicht aus. Sie brauchte mehr. Die Angst gab – paradoxerweise – die Sicherheit, nicht zu versagen. Margrit begann zu verstehen, daß sie eine Art Macht ausübte mit ihrer Angst und das Schicksal zu manipulieren suchte. Margrit merkte auch, daß es eine Scheinsicherheit ist, die sie sich erwarb.

Indem Margrit durch Ermutigung ihren eigenen Fähigkeiten trauen lernte, ging die Examensangst zurück. Doch war das Problem nur ein Symptom einer viel tieferen und allgemeineren Unsicherheit. Mit der Zeit bekam sie mehr Selbstvertrauen, doch wagte sie es nicht, ihre Familie in irgendeiner Weise in Frage zu stellen und einen Schritt auf die Ablösung von zuhause zu machen. Dies war denn auch die Grenze unserer gemeinsamen Arbeit.

Immer wieder kommen auch Jugendliche, die – oft kurz vor dem Abschluß – die Schule verlassen wollen. Einerseits hängt dies gewiß mit unseren Ausbildungssystemen zusammen, andererseits suchen viele Jugendliche auf diese Weise den Machtkampf mit ihren Eltern, versetzen sie in Angst und Bangen, halten sie atemlos mit ihrem Versagen und rächen sich.

Hinter dem Berufsproblem steht also sehr oft ein Ablösungsproblem. Manchmal kann man mit etwas Humor das

Arrangement aufdecken. Es wird dabei auch klar, daß die Jugendlichen am Ende vor allem sich selber schaden. Oft hilft diese Einsicht. Revolte und Trotz trifft häufig auch die Lehrmeister, obschon eigentlich ein Elternteil gemeint ist. Es braucht hier meist intensive Gespräche mit den entsprechenden Vorgesetzten und den Jugendlichen. Wenn sie zu sehen vermögen, daß sie aus anderen den „bösen Papi" oder die „strenge Mutter" machen, läßt sich häufig der Konflikt auflösen. Vor allem in Gruppen können mit Rollenspielen auch andere Verhaltensformen „schwierigen" Vorgesetzten gegenüber erprobt werden. Zudem hilft der Humor, die verstärkten Fronten zu lösen. Selbsterkenntnis – gerade im Rahmen der eigenen Muster und Arrangements – kann etwas Befreiendes haben, wenn genug Vertrauen in das Wohlwollen des Beraters da ist.
Die Lebensaufgaben sind Beziehungsfragen – dies war schon die Auffassung von Alfred Adler. Doch immer mehr Jugendliche kommen explizit mit schweren Kontakt- und Beziehungsstörungen, die zu wahllosen – auch sexuellen – Beziehungen oder zum völligen Rückzug führen können. Selbstzweifel, Selbsthaß, und nach außen Arroganz, Angeberei, abweisender Stolz oder übergroße Scheu verstärken das Problem und führen in einen Teufelskreis. Alle von mir angeführten Beispiele tragen im Kern ein Beziehungsproblem – am Rand stehen und nicht zupacken können (Erna), Resignation nach einer gescheiterten Beziehung (Vreni, Barbara), Überlegenheit und Kontrolle um jeden Preis (Rita), Verwahrlosung, Anpassung an die Wünsche und Bedürfnisse der anderen. Vor allem in der begleitenden Beratung steht dieses Thema – wenn auch oft unausgesprochen – im Zentrum.
Oberflächlich betrachtet läßt sich nicht ermessen, wie viele Jugendliche eine kürzere oder längere Beratung benötigen. Die meisten Jugendlichen äußern wenig, wenn sie nicht persönlich angesprochen werden. Fragebogen sind deshalb nicht signifikant. Vielen wird erst im Laufe der Zeit, wenn der entsprechende Freiraum vorhanden ist, ihre Problematik klar, die ihr Wachsen behindert.

Meist ist das vorgebrachte Problem nur Ausdruck einer umfassenderen Problematik. Manchmal kann es für sich angegangen werden, manchmal braucht es ein tieferes Eingehen auf die Hintergrundproblematik. Ich versuche vor allem, das Selbstvertrauen zu stärken und die Eigenständigkeit zu fördern. Es gibt allerdings Jugendliche, die sich mit der Zeit – wenn sie gegen die Volljährigkeit gehen – in einen intensiven Prozeß einlassen, wie ich ihn in der Arbeit mit Erna und Rita zu zeigen versuche. Wenn ich meine Arbeit überblicke, so waren all jene längerfristigen Beratungen erfolgreich, in denen ein tieferes Engagement stattfand, und bei einigen dieser Jugendlichen ging die Beratung allmählich in Therapie über. Das zeigt mir, daß eine frühe Beratungsarbeit gute Chancen hat und, wenn möglich, unterstützt werden sollte. Es ist auch erstaunlich, wie intensiv die Arbeit mit Jugendlichen, etwa vom achtzehnten Altersjahr an, sein kann.
Im folgenden möchte ich als Beispiel einer längeren Beratung die Arbeit mit Rita schildern, die außerhalb des Angebots unserer Schule wohl kaum den Weg in die Beratung gefunden hätte und die, als sie sich einmal eingelassen hatte, sich mutig in den Prozeß einließ, bis hin zur Therapie.

Rita

Rita war meine Schülerin im Fach Deutsch und hatte so die Gelegenheit, mich kennenzulernen, bevor sie zu mir in die Beratung kam. Sie war insgesamt eine gute Schülerin. Im Deutschunterricht meldete sie sich, wenn es um reine Sachfragen ging. Die Aufsätze waren eher unpersönlich und etwas „trocken".
Rita fiel in keiner Weise auf. Sie erschien etwas spröde und hatte häufig eine etwas gepreßte Stimme. Die Gestik war bestimmt, und sie machte den Eindruck von Sportlichkeit, nicht aber von Geschmeidigkeit. In ihrem Gehaben war nichts Fließendes, sondern fast etwas „Verstocktes", Zähes. Es schien, als ob nichts ihr etwas an-

haben oder sie wirklich berühren könnte. Dennoch spürte ich, daß in ihrem Innern, vielleicht nicht einmal ihr selbst bewußt, andere Möglichkeiten und Fähigkeiten verborgen waren.

Auch ihre weiblichen Seiten durften offenbar nicht in Erscheinung treten. Rita sah zudem eher ungepflegt, aber ordentlich aus und wirkte manchmal fast häßlich, obwohl sie es eigentlich gar nicht war. Wenn sie mit den Kameradinnen sprach, hatte sie einen burschikosen Ton und fluchte manchmal.

Sie sah die meisten als zimperliche Puppen an und fehlte selbst in der Schule nie, auch wenn sie hohes Fieber hatte. In der Klasse bewunderte man sie insgeheim, weil sie so willensstark und vernünftig war, zudem sehr hilfsbereit, und man konnte sich absolut auf sie verlassen.

Andererseits war sie wegen ihrer bissigen Kritik von vielen gefürchtet.

Einmal nach Exerzitien bat sie mich um ein Gespräch, und wir gingen zusammen spazieren. Da zog sie aus dem Pulloverärmel einen Zettel, den sie mir wortlos reichte. Sie hatte nicht gewagt, ihr Problem mündlich zu formulieren. Sie hatte in den Exerzitien gehört, daß Onanie für die spätere Partnerschaft schädlich sei und war sehr beunruhigt. Ob das wahr sei, wollte sie wissen. Es stellte sich heraus, daß sie diese – einzige – sexuelle Tätigkeit mit ihren siebzehn Jahren sehr genoß und ich ermunterte sie, dazu zu stehen. Sie würde so ihren Körper kennenlernen und eine positive Beziehung zu ihrer Lust aufbauen.

Erst viel später stellte sich heraus, daß ihre eigentliche Angst den Kontakt mit Burschen betraf und sie wirklich nur auf sich selbst bezogen ihre Lust leben konnte.

Etwa ein halbes Jahr später begann ich mit einem Teil der Klasse eine Selbsterfahrungsgruppe. Zu meinem Erstaunen machte Rita mit. Sie sagte jedoch wenig, und wenn überhaupt, dann waren es verstandesmäßige Ratschläge des Typs „man muß doch nur ...". Fast ein Jahr kam niemand aus der Gruppe an sie heran. Wenn wir Rollenspiele oder Psychodrama aufführten, beteiligte sie sich

niemals. Im folgenden März erarbeiteten wir auf eigenen Wunsch der Mädchen mit dreien von ihnen den Lebensstil unter Mithilfe der ganzen Gruppe. Zwei Gruppenmitglieder waren auch einzeln bei mir in Beratung und hatten den anderen erzählt, wie sehr ihnen das geholfen habe. Als erste meldete sich Rita. Wir zeichneten nach ihrer Schilderung ihre Familienkonstellation auf. Sofort wurde allen der Rivalitätskampf zwischen Rita und ihrer Schwester Petra klar. Die Kindheitserinnerungen zeigten zudem auch den Machtkampf zwischen ihr und dem Vater. Alle machten bei der Erarbeitung eifrig mit. Es ist immer ein Vorteil, den Lebensstil in einer Gruppe erarbeiten zu können. Engagement und Teilnahme der Gruppenmitglieder stellen eine wichtige Energie dar, und das Angenommensein in all den verschiedensten Aspekten wirkt heilend. Zudem bestehen für alle Beteiligten vielfältige Identifikationsmöglichkeiten, durch die auch ihre Probleme Gestalt annehmen können. Auch Rita wurde zusehends mitteilsamer.
Ihr ging auf, daß sie die Schwestern gleichzeitig verachtete und bewunderte, auf sie neidisch war, weil die Mutter immer die anderen in Schutz nahm. Sie fühlte sich überlegen und doch ausgestoßen, ungerecht behandelt. Rita grenzte sich gegen die Schwester ab, die die „weibliche" Rolle übernommen hatte. „Nur nicht sein wie sie", war ihr Leitspruch. Also spielte sie nicht mit Puppen sondern mit einem Baukasten, ließ aber ihre einzige Puppe von niemandem anrühren. Da sie schon mit Liebsein nichts erreichte – der Platz war von den älteren Schwestern besetzt – erreichte sie ihre Position durch Rebellion, Trotz und das gleichmütige Ertragen von Strafen. „Schlagt mich doch, es nützt euch nichts!" Daher kam auch eine Verachtung des Weiblichen, das sie als blöde Weichheit abtat. Wichtig war zudem die höhere Einschätzung der beiden nachfolgenden Buben durch die Eltern. Rita fühlte sich eingezwängt zwischen die beiden „lieben" Schwestern, die von der Mutter bevorzugt wurden und die beiden jüngeren Brüder, die eben Buben waren. Verstärkt

wurde die Auflehnung durch die vielen Schläge, die sie vom Vater erhielt.

Für Ritas Erleben stand die Rivalität mit der Schwester in jener Gruppe im Vordergrund. Es wurde ihr klar, wie sehr sie sich gegen Petra abgesetzt hatte, obwohl sie immer zusammen waren. Als Anführer ertrug sie auch die Regentschaft der ältesten Schwester Martha nicht. „Es ist wahnsinnig, aber ich hatte doch immer das Gefühl, die Stärkere zu sein, meinen Kopf durchsetzen zu können." Die anderen sagten ihr darauf: „Wir hatten immer den Eindruck, daß du uns irgendwie verachtest, weil wir zu wenig hart waren oder uns um so oberflächliche Dinge wie Kleider und Frisur bekümmerten." Rita erwiderte: „Mir kommt es vor, wie wenn ich in euch einfach meine Schwestern sehen würde. Ich habe dasselbe Gefühl. Ich könnte dreinschlagen vor Wut, wenn ich euch so um Burschen herumschwänzeln sehe." – „Du hast dann eine so überlegene Miene." – „Ich fühle mich auch erhaben darüber. Ich könnte mich nie so benehmen." – „Was möchtest du?" – „Den anderen zeigen, daß sie mir nichts anhaben können."

Wir spielten die Szene „Gopferteli"* (s. S. 131). Rita legte sich über den Stuhl und sagte: „So schlagt mich doch. Das ist sowieso alles, was ihr könnt, das ist einfach, kleine Kinder zu schlagen. Schwächlinge seid ihr. Schlagt doch zu. Demonstriert eure Macht. Aber ich höre nicht auf. Gopferteli, Gopferteli. . . Warum schlagt Ihr nicht, los, los! (Vater schlägt). Ha, meinst du etwa, das tut mir weh? Ist das alles? Kannst du nicht fester schlagen? Ich mache doch, was ich will. Feigling, hast du nichts anderes im Sinn, als kleine Kinder zu schlagen." (Stopp).

Rita äußerte ihr Gefühl zum Spiel: „Ich hatte richtig Freude am Provozieren, fühlte mich stark und überlegen und verachtete den Vater." Das Mädchen, das den Vater spielte: „Ich kam mir furchtbar schlecht vor, als ich dreinschlug. Es war mir auch richtig unheimlich, als du dich

* Euphemismus für Gott verdammte mich (Gopfertami).

nicht wehrtest." Rita stutzte: „Ich glaube, das mache ich oft, daß ich dem anderen das Gefühl gebe, wie schlecht er sei und mich nicht wehre." Sie war verwirrt. Ich brach die Sitzung ab, weil ich spürte, daß Rita darüber nachdenken mußte. Eine Teilnehmerin sagte ihr spontan: „Jetzt verstehe ich dich besser, obwohl mir dein burschikoses Getue auf die Nerven geht."

Im Laufe dieser Woche sprach mich Rita an und sagte mir, es sei etwas geschehen, aber sie wisse nicht, was. Etwa einen Monat später kam Rita wieder mit einem Problem. Sie sagte: „Ich bin eigentlich in die Gruppe gekommen, weil ich keine Gefühle habe. Ich möchte mich in den anderen einfühlen lernen. Aber ich weiß nicht, wie." Ich fragte: „Mit wem möchtest du sprechen?" – „Mit Cony." Die beiden setzten sich einander gegenüber.

R.: Wie machst du das, daß du die anderen immer so gut verstehst?

C.: Ich habe noch nie darüber nachgedacht. Das kommt mir einfach so.

R.: Aber es muß doch einen Weg geben, wie man das machen kann.

C.: Ich versuche, mich an die Stelle des anderen zu versetzen und zu fühlen, wie es ihm zumute sein muß.

R.: Aber ich kann das nicht. Ich habe gar keine Gefühle.

C.: Du fühlst nichts?

R.: Nein. Und wenn ein Gefühl kommt, dann sagt es in mir: „Tu nicht so dumm, das ist doch so und so." Und dann gehen die Gefühle weg. Ich mache alles mit dem Kopf.

C.: Dann mußt du halt deinen Kopf ausschalten.

R.: Das kann ich nicht, der kommt immer dazwischen.

Ich ließ die beiden den Platz wechseln und die Szene wiederholen. Ritas Reaktion: „Es sträubt sich in mir, wenn ich Gefühle predigen soll. Es kommt mir so läppisch vor, und doch möchte ich die anderen verstehen. Man ist sonst so – so allein." Cony sagte: „Ich kann mir fast nicht vorstellen, daß du keine Gefühle hast. Ich denke, du hast sie, aber du drängst sie weg." – „Das stimmt viel-

leicht. Ich habe dann den Eindruck, daß ich mich völlig ausliefern würde." – „Hätte es dir genützt, deine Gefühle zu zeigen, wenn dein Vater dich geschlagen hat?" – „Nein, dann hat er noch fester geschlagen, bis man aufhörte zu heulen." Ich sagte: „Gefühle machen schwach?"
Ich legte Rita auf den Rücken, faßte sie an den Händen. Sie mußte den Kopf hängenlassen, während ich den Oberkörper an den Händen hochhob. Rita konnte den Kopf überhaupt nicht loslassen. Ich fragte sie nach ihrem Empfinden: „Ich kann den Kopf nicht loslassen, ich habe Angst davor." – „Ja, du mußt deinen Kopf krampfhaft halten, damit man dir ja nichts tun kann."
Rita erzählte, daß sie Angst vor Beziehungen habe, vor allem zu Burschen. „Wenn einer mir nachläuft, dann lasse ich ihn ganz gemein abfahren, ich finde ihn saublöd." (Pause) „Ich habe sowieso das Gefühl, alle seien Heuchler und lassen mich nur am Seil herunter." – „Und dem kommst du zuvor?" – „Ja, lieber abfahren lassen als selbst betrogen werden. Ich kann all die Weichlinge, die mir nachlaufen, nicht ausstehen!" – „Weil sie ihre Gefühle zeigen?" – „Die sind sowieso verlogen. (Pause) Aber vielleicht habe ich wirklich Angst vor meinen Gefühlen. Mit dem Kopf ist mir eben noch nie etwas passiert."
In der folgenden Gruppensitzung machten wir fast ausschließlich Körperübungen. Rita erfuhr, daß sie bei den Entspannungsübungen ihre Kreuzpartie nicht spürte und sich in zwei Teile geteilt erlebte. Der ganze Unterleib samt den Beinen war wie tot. Von sich aus bewegte sie spontan nur Oberkörper und Arme, auch dann, als die Gruppe sie durch Festhalten in Bedrängnis brachte. Sie atmete nicht mit dem Bauch und hielt krampfhaft ihren Kopf aufrecht.
Am Schluß sagte sie: „Es ist wahnsinnig, wie sehr mein Körper mir sagt, was mit mir los ist. Bis jetzt war ich stolz darauf, nur mit meinem Kopf zu leben."
Das Problem zeigte sich vor allem als Beziehungsstörung, am stärksten mit Burschen. Die Beziehung war etwas Gefährliches und wurde zu einem Kampffeld. Rita hatte

Angst, eingeschränkt und vergewaltigt, gedemütigt zu werden.
Im folgenden zeige ich die Lebensstilerarbeitung, wie wir sie zum Teil in der Gruppe, dann ausführlicher in der Einzeltherapie gemacht haben. Die „Lebensstilsätze" habe ich als Zusammenfassung für mich selbst aufgeschrieben und nur aspektweise in den Prozeß eingebracht.

Kindheitserinnerungen

1. Als ich etwa zwei Jahre alt war, fuhr ich mit dem Kinderdreirad im Korridor hin und her. Beim Elternschlafzimmer hielt ich an, da meine Mutter gerade das Zimmer in Ordnung brachte. Ich sagte: „Mutti, ich will einmal Lehrerin werden." Sie lachte mich aus und sagte, ich wisse ja noch nicht einmal, wie es in der Schule zuginge. Ich war beleidigt, weil ich für alles zu klein sein sollte. Die Eltern muteten mir nichts zu.
2. Ich wurde mit meiner Schwester zur Strafe in eine dunkle Kammer gesperrt. Wir wehrten uns und lärmten. Alles nützte nichts. Da riefen wir beiden: „Wenn ihr nicht kommt, machen wir auf den Boden!" Als sich weiter nichts regte, machte ich die Drohung wahr.
Gefühl: „Ich empfand Genugtuung und fühlte mich schaurig wohl."
(Alter: ca. vier Jahre).
3. Die Mutter war krank und mußte alle zwei Tage zur Bestrahlung in eine andere Stadt gehen. Ich hütete indessen die jüngeren Geschwister. Einmal aß ich in Abwesenheit der Mutter die frischgebackenen Guetzli auf und bekam dafür Schläge vom Vater.
Gefühl: „Als ich die Guetzli aß, hatte ich zwar Schuldgefühle, aber gleichzeitig fühlte ich auch einen Triumph, nur nicht so ausgeprägt wie in der letzten Erinnerung."
(Alter: sechs Jahre).
4. Ich war viel mit anderen Kindern zusammen und hörte von ihnen Flüche. Einmal sagte ich „Gopferteli" (vgl.

S. 128). Die Mutter ging auf mich los und schrie mich an: „Das sagt man nicht!" Ich wiederholte darauf den Fluch provozierend. Darauf bekam ich vom Vater Schläge mit der Rute. Nach der Strafe befahl der Vater, ich solle die Zweige der Rute zusammenlesen. Ich wehrte mich, lehnte über den Stuhl, auf dem ich durchgehauen worden war und sagte ununterbrochen: „Gopferteli!"
Gefühl: „Es war Triumph, ich dachte: Ihr könnt mir nichts machen, auch wenn ihr mich schlagen wollt." (Alter: ca. drei Jahre)
5. Wir Geschwister besaßen ein Dreirad zu dritt. Die Kinder in einem Nachbarhaus hatten einen Kinderroller, aber sie durften nicht damit fahren. Ich lieh ihn mir aus und stürzte damit, und zwar so heftig, daß sich der Lenkgriff ins Knie bohrte. Zuhause wagte ich nicht zu sagen, was geschehen war und log, ich sei von der Turnstange gestürzt.
Gefühl: „Als ich die Eltern anlog, hatte ich das Gefühl, ich sei ein Teufel, mit mir stehe es katastrophal schlimm." (Alter: sechs bis sieben Jahre).

Der Lebensstil von Rita

Die Meinung von mir und der Welt
– Ich bin stark und überlegen, die anderen können mir nichts anhaben – nicht einmal durch Brutalität und Schläge.
– Ich werde mit allem selbst fertig.
– Das Wichtigste ist Überlegenheit. Ich kann sie vor allem im Provozieren zeigen.
– Ich darf keine „schwachen" Gefühle haben, sonst bin ich ausgeliefert.
– Diejenigen, die „schwache" Gefühle zeigen, sind falsch und heuchlerisch. Ich verachte sie.
– Weiche Gefühle sind ein Zeichen von Schwäche.
– Es macht Spaß, die anderen hereinzulegen, auch wenn ich dafür bestraft werde.

– Ich bin schlecht, die anderen dürfen das jedoch nicht merken.
– Beziehung haben heißt Macht behalten und kämpfen. Ich muß immer der Sieger bleiben.
– Die wichtigsten Werte sind: Macht, Überlegenheit, Beherrschung, Härte und Vernunft.
– Die Beziehung zu den anderen baut auf diesem Machtkampf auf. Durch Macht habe ich eine Position, die mir niemand nehmen kann.
– Die Welt ist feindlich und versucht mich zu demütigen. Ich kann mir höchstens Anerkennung erwerben. Liebe ist etwas Verdächtiges.
– Ich muß alles und alle in der Hand haben und kontrollieren.
– Frauen sind meist unselbständig und schwach und ordnen sich unter. Nur die Anpassung bringt ihnen etwas. Ich will keine Frau sein.
– Männer sind meist brutal, man kann sie nur bekämpfen. Weiche Männer sind keine richtigen Männer, man kann ihnen nicht trauen. Doch Männer sind mehr wert als Frauen.
– Ich muß möglichst männlich sein.
– Sexualität und Lust sind verdächtig. Sie machen schwach.
– Ich bin böse und hinterlistig. So triumphiere ich über die anderen und verachte mich gleichzeitig.

In der Familienkonstellation zeigte sich die Isolation von Rita. Die Mutter hatte eine schwache Position und verriet die Kinder an den Vater, der die strafende Instanz war. Sie nahm die Kinder auch gegen die Brutalität des Vaters nicht in Schutz. Rita hatte zudem überhaupt das Gefühl, überzählig zu sein. Die Zuneigung der Mutter galt vor allem den beiden Schwestern, die ähnlich unselbständig waren wie sie selbst. Vor allem die Schwester Petra bekam mehr Zuneigung und Unterstützung als sie. Die beiden jüngeren Brüder galten mehr, weil sie Buben waren. An Rita bestand als drittes Mädchen die größte Erwartung, ein Knabe zu sein. Daraus ergab sich eine relativ starke männliche Identifikation, um den Erwartungen trotz allem gerecht zu werden.

Rita sah für sich nur *eine* Chance: die Überlegenheit und den Machtkampf. Alle anderen Positionen waren in der Familie besetzt. Sie war jedoch die Stärkste in der Familie, der niemand etwas anhaben konnte. Sie wurde auch oft um Rat gefragt, den sie mit nüchternem Verstand gab. Sie wußte alles besser. Die frühe Überlebensstrategie aus ihren Erlebnissen war: „Ich lebe *trotz*dem (= zum Trotz), auch wenn ihr mich nicht wollt!" In diesem Trotz und in der Opposition war viel Energie gebunden, die nicht konstruktiv eingesetzt werden konnte.

Es war für sie auch nicht möglich, sich Gefühle der Zuneigung zu holen. Ihr Ersatz dafür waren Überlegenheit und Leistung. Sie konnte weiche Gefühle nicht nur nicht zeigen, sondern auch für sich selbst nicht zulassen. Schmerz und Trauer wurden unterdrückt. Die Wut erschien nur in der Form der Provokation. Oder sie richtete sich gegen sie selbst in masochistischer Form.

Auch körperlich hatte sich Rita für Schmerz unempfindlich gemacht. Das Körpergefühl war sehr wenig entwikkelt. Es war ganz auf Zurückhalten und Beherrschung ausgerichtet. Das bewirkte eine gebundene Stärke. An die Stelle von Freude und Wärme trat der Triumph, die Genugtuung. Der Sieg war das Wichtigste. So wie der Schmerz, wurde auch die primäre Lust auf körperlicher und seelischer Ebene unterdrückt. Alles war also dem Muster „Überleben durch Überlegenheit" untergeordnet.

Die rationalen Kräfte, Durchhaltevermögen und Leistungsfähigkeit waren ausgeprägt. Rita hatte einen „guten" Kopf. Kontaktfähigkeit, Einfühlung, Flexibilität und Offenheit waren kaum entwickelt. Rita rechnete auch von außen nur mit Feindschaft und Angriff, im besten Fall mit Anerkennung, nie mit Liebe. Liebe und offene Zuneigung wurden vor ihr als Falschheit und Heuchelei interpretiert. In Ritas Denken gab es deshalb kein echtes

Miteinander. Die Muster der Beziehung waren Macht, Rivalität, Kampf und Verachtung, häufig auch die aktive Entwertung. Rita konnte sich nur auf sich selbst verlassen, sie mußte alles alleine machen, ohne ihre Einsamkeit wirklich zu spüren.

Rita besaß keine positive Geschlechtsidentität. Gleichaltrige Frauen waren vor allem Rivalinnen, die mit Mitteln kämpften, die sie verachtete. Rita protestierte gegen die weibliche Rolle und versuchte, sich eine männliche Rolle anzueignen, die auf Autonomie, Beherrschung und Härte gründete. – Härte gegen sich und die anderen. Gegen Männer war Rita mißtrauisch. Sie fürchtete Brutalität und traute auch hier den weichen Seiten eines Mannes nicht. Die Sexualität war ebenfalls von diesem Problem geprägt. Sie diente zur Entlastung von Spannungen und konnte nur selbstbezogen gelebt werden. Echte Lust und „Hingabe" würden Auslieferung bedeuten.

Rita war ein Mensch, der zuverlässig und konsequent Leistungen erbringen konnte und für einen Beruf, in dem die Logik wichtig ist, sehr geeignet. Sie verfügte über Organisationstalent und konnte führen, wo es um sachliche Bereiche ging. Doch überall dort, wo es sich um Gefühle, um mitmenschlichen Kontakt drehte, stieß sie auf Schwierigkeiten. Sie konnte ihr Leben nur auf Arbeiten aufbauen, nicht aber auf Lust und Freude. Schmerz und Trauer wurden ebenfalls unterdrückt. Die Kontaktfähigkeit war in engen Beziehungen wie in größeren Gruppen wenig entwickelt. Ihre Konflikte mußten dort beginnen, wo sie mit ihren Wertsetzungen an eine Grenze stieß. Das betraf vor allem das Feld der Beziehungen.

Im September verbrachte ich mit der kleinen Jugendgruppe auf deren Wunsch hin ein Wochenende in Zürich. In einer geführten Imagination erlebte sich Rita als in einer Flasche eingesperrt. Sie kämpfte lange darum, sich aus ihr befreien zu können. Als es ihr gelang, fror sie entsetzlich. Sie fühlte sich völlig „nackt" und wehrlos. Damit kam sie in Kontakt mit ihrer größten Angst: wehrlos und ausgeliefert zu sein.

Am folgenden Tag spielten wir eine Szene mit ihrer Schwester, die nach ihrem Gefühl immer von den Eltern bevorzugt wurde. Erstmals kamen Aggressionen heraus. Sie sagte der Schwester: „Du konntest dich immer einschmeicheln bei den Eltern. Du hast die weiche Tour herausgehängt, du Heuchlerin. Ich habe wenigstens nichts gesagt. Ich ließ mir nichts anmerken." (Doppeln: Lieber wäre ich umgekommen, als daß ich etwas gesagt hätte.) „Ich will nicht eine solche Heuchlerin sein wie du." (Lieber habe ich alles ertragen.) „Ich habe mich anderweitig durchgesetzt. Wenn ich schon die Böse sein sollte, gut. Bin ich sie halt." (Ich war ja gleichwohl die Stärkere, gerade weil ich nichts gesagt habe.) – Hier stockte Rita. Dann: „Ich habe mit meinem bösen Maul immer alle von mir abgehalten." (Aber dabei war ich auch allein.) – Rita stockte wieder, dann setzte sie sich. Sie kämpfte gegen die Tränen: „Manchmal möchte ich sterben. Ich habe einen Mitschüler gehabt, der sich umgebracht hat. Vielleicht war das die bessere Lösung."
Wir spielten die Szene. Rita sagte zu ihm: „Warum hast du das gemacht: Hast du dich auch so einsam gefühlt wie ich? Ich beneide dich. Nun spürst du nichts mehr. Ich möchte das auch. Alle finden mich stark. Niemand weiß, wie allein ich mich fühle. Alle glauben, ich sei hart." Rita mußte sich als Toter hinlegen. Wir sprachen darüber. „Jetzt ist er nicht mehr da. Er schien immer so stark. Wer hätte das gedacht. Aber jetzt ist nichts mehr zu machen. Er ist tot. Wir müssen weggehen." – Da schnellte sie auf: „Ich möchte leben, aber nicht so, nicht allein." Erstmals begann sie zu weinen. Wir setzten uns alle nahe zu ihr. Ein Mädchen legte den Arm um sie. Sie wehrte nicht ab. Wir trugen sie am Schluß und wiegten sie.
Nach der Gruppe schrieb sie nieder:
– Ich hatte zum ersten Mal das Gefühl, von der Gruppe getragen zu werden. Ich war nicht nur auf mich selbst angewiesen. Es war niemand gegen mich, und ich mußte mich nicht ständig gegen jemanden wehren. (Kein Machtkampf).

– Vorher war ich ganz allergisch, wenn mich jemand berührte. Manchmal wehrte ich mich, und manchmal stellte ich das Gefühl ab. Dann spürte ich nichts mehr.
Als ich damals meine Selbstmordgedanken von der Pubertätszeit erzählte, legte Adi ihre Hand auf meinen Rücken. Ich spürte diese Berührung und war froh darüber.

Alle äußerten, sie hätten Rita ganz falsch eingeschätzt. Sie sei ihnen viel nähergekommen.
Dieses Gruppenwochenende war der zweite Durchbruch der Erarbeitung des Lebensstils. Rita bat mich, in die Einzelberatung kommen zu dürfen. Die ersten Stunden waren dem Problem von Kopf und Gefühl gewidmet. Sie erlebte immer mehr, wie sie alles nur mit dem Kopf zu lösen versuchte. „Mit dem Kopf hat es immer geklappt. Ich habe Angst, mich auf meine Gefühle zu verlassen. Das hat gar keinen Sinn." Wir machten u.a. ein Rollenspiel zwischen Kopf und Gefühl. Der Kopf betonte immer wieder seine Verläßlichkeit. Das Gefühl sagte: „Du hast es noch gar nie mit mir versucht. Ich habe gar keine Existenzberechtigung. Du hast immer Angst vor mir. Du hast mich halb getötet. Ich möchte auch leben." Doch immer wagte es Rita noch nicht, sich wirklich auf das Gefühl einzulassen. Die Spannung wurde immer größer. Sie hielt es im alten Zustand kaum mehr aus, wagte aber nicht, sich auf das Neue einzulassen. Diese Spannung war aber notwendig, damit etwas geschah.
In diesem Moment kam die Gruppe zu Hilfe. Rita war unterdessen in meiner Zürcher Gruppe, da die Schülergruppe nicht weiterbestehen konnte. Wir hatten in der letzten Gruppe mit Rita gearbeitet. Es war herausgekommen, daß Rita ihre Existenzberechtigung davon nahm, daß sie den anderen half. Denn sie war ja sowieso zuviel gewesen. Nur durchs Helfen hatte sie einen Sinn gefunden. Sie war die Mächtige in der Familie gewesen und hatte so ihre Stellung gehabt. Die Eltern hörten auf sie. Die Mutter kam zu ihr und beklagte sich, weil sie unter dem Vater litt.

Nach der Gruppe fiel sie in eine tiefe Depression. Sie hatte das Gefühl, niemand mehr zu sein, wenn man ihr das Helfen wegnehme. Sie bekam furchtbare Angst davor. Obwohl sie immer meinte, für sie sei niemand da, wenn sie Hilfe brauche. Deshalb hatte sie einmal schlagartig den Freundeskreis gewechselt. Auch jetzt konnte sie kaum glauben, daß man ihr helfen wollte. Sie war niemand, wenn sie nicht half. Sie war jedoch immerhin zu einer Mitschülerin gegangen, hätte ihr sogar etwas von sich gesagt, wenn nicht Besuch dort gewesen wäre. Vorher hatte sie mit Myrta gesprochen, die ihr aber nicht hatte helfen können. Wir sprachen vom Anspruch, den Rita hat, daß ihr Schritt immer Erfolg haben sollte. Nicht jeder kann wirklich helfen. Beziehungen sind vielfältig. Aber sie konnte angenommen sein als sie selbst. Bei mir hatte sie nicht anzurufen gewagt, weil sie meine Mitarbeiterin am Telefon gehabt hätte und nicht gewagt hätte, mich zu verlangen, weil diese verletzt gewesen wäre. Rita projizierte ihr eigenes Verletztsein auf die anderen, wir arbeiteten zusammen daran. Rita begann ein bißchen zu verstehen, was Beziehung ist, und daß sie sich nicht erst Existenzberechtigung schaffen mußte, sondern ihre Existenz durch ihr Dasein gerechtfertigt war. „Es ist schön, daß du da bist", in welcher Form auch immer.

Damit war etwas Entscheidendes geschehen. Sie hatte einen ersten Boden in ihrem Gefühl gefunden. Das Idealbild der Stärke durch den Kopf brach zusammen. Sie erlebte, daß sie sich benützen ließ, daß es aber gar nicht sie selbst war, die wirklich gemeint war. Verunsicherung und eine erste Ahnung, daß sie nur um ihres Daseins willen akzeptiert werden konnte, standen nebeneinander. In einer Gestaltübung sah sie sich als Streichholz:

„Wenn ich in der Schachtel liege, bin ich gleich wie die anderen Streichhölzer, weder kleiner noch größer, weder stärker noch schwächer. Ich warte darauf, gebraucht zu werden. Ich selbst vermag aus eigener Kraft nichts auszurichten, ich muß bewegt werden. Zudem bin ich schwach, ich ertrage keine Strapazen. Wenn die anderen mich grob behandeln, zerbreche ich, dann bin ich unbrauchbar. Die anderen können mich brauchen wann sie wollen, sie müssen aber nicht. Sie können mich auch stehenlassen, wo ich bin. Meine Zustand verändert sich dabei nicht. Dennoch bin ich immer bereit, um gebraucht zu werden. Die anderen werfen mich nie ungebraucht weg. Sie brauchen mich, ohne mich gibt es kein Licht, kein Feuer, keinen Brand. Ich werde jedoch nur gebraucht, damit sie zum Licht kommen (Mittel zum Zweck); nachher werfen sie mich weg, ich habe ausgedient, bin überflüssig geworden, nichts mehr wert. Ich werde ins Feuer geworfen und verbrenne dort. Dieser ‚Verbrennungstod' ist besonders schlimm, da das Feuer mein Erzeugnis war."

Unsere Arbeit näherte sich jetzt immer mehr dem therapeutischen Bereich und wurde sehr intensiv. In den Sitzungen ging es ziemlich lautstark zu. Die Aggressionen gegen den Vater brachen los. „Aus dir kommt man nicht draus. Du bist einmal lieb, einmal böse. Man weiß nie, wie du bist. Geh weg. Ich will dich nicht. Du kannst nur dreinschlagen. Du Fötzel, du. . ." Das Herauslassen der Aggressionen wird durch Körperbewegungen verstärkt. Sie weint und schreit auf die Matratze. Die Wut wird immer heftiger. „Du hast mir den Zugang zu den Männern kaputtgemacht, ich glaubte, alle seien wie du." Und dann kommt gleich die Mutter dran: „Und du hast immer geduldet. Du hast dich nicht gewehrt. Nie wollte ich werden wie du. Das ist würdelos. Ich will kein Dreck sein." Immer wieder löst Rita ihre Aggressionen aus. Ihre eigene Aktivität beginnt. Sie kriecht zuhause unter die Decke und schreit den Vater an. Sie geht in den Wald und schreit.

Ritas Zugang zu ihren Gefühlen und zum vitalen, archaischen Teil ihrer Person wurde immer stärker. Das zeigte sich beispielsweise auch darin, daß Rita in entspanntem Zustand plötzlich Bilder sah, die die Qualität von Traumbildern hatten.

Eines dieser Bilder zeigte Rita nochmals deutlich, wie sie sich gegen ihr Frausein wehrte und es auszulöschen versuchte, und zwar mit masochistischen Mitteln.

Im folgenden Bild sah sie ein nacktes Liebespaar, das sich umschlungen hielt. Rita sagte: „Das ist ein schönes Bild. Vielleicht möchte ich das auch. Aber wenn ich mich so häßlich mache. . . Ich möchte auch Zärtlichkeit. Ich möchte, daß man mich in den Arm nimmt. Der Mann ist lieb. Aber jetzt schiebt sich wieder das andere Bild dazwischen."

In der folgenden Stunde ging es weiter. Rita kam und sagte mir: „Ich mag mich selber nicht." Sie mußte sich ein Selbstbildnis vorstellen. Es sah furchtbar häßlich aus. (Beckenübung). „Ich mag mich nicht. Ich glaube nicht, daß man sich mögen kann." – „Weiter." „Ich bin allein. Ich bin ganz allein." Rita begann furchtbar zu weinen. Dann sagte sie: „Ich bin ein Stockwerk tiefer gefallen. Ich habe furchtbare Angst vor dem Alleinsein." Rita war mit ihrem Gefühl von Vereinsamung konfrontiert. „Ich bin der letzte Dreck." – Zuhause in ihrer Kindheit war alles stumm. Niemand sprach mit ihr. Nur außerhalb des Hauses war ihr wohl. Drinnen war alles falscher Schein. „Ich will aber zu den anderen", sagte sie verzweifelt. „Gut, daß du das weißt."

Darauf hatte Rita Träume von ausgebrannten Häusern. Die glänzende Fassade stand noch. Wir spielten das in der Gruppe. Sie brachte es in Verbindung mit zuhause, wütete gegen die Eltern. Dann mußte sie selbst die Fassade spielen. „Ich täusche etwas vor. Und dahinter geht alles kaputt." Ich verstärkte: „Aber ich will lieber das aufrechterhalten. Wenigstens sieht man mich doch noch an." Rita lebte passiv. „Das alles ist besser als gar nichts." Rita mußte sich wieder vor das Haus setzen. (Matratze als Häuserfassade). Sie tat nichts. Da stürzte das Haus auf sie zusammen. Sie lag unter der Matratze begraben. Zuerst regte sie sich nicht. Dann versuchte sie, dem Druck etwas auszuweichen: „Ich halte das schon aus." Endlich versuchte sie, unter der Matratze hervorzukommen. Sie brauchte dabei ihre Beine nicht. . . Nur die Arme.

Anschließend sagte Rita: „Mir ist komisch zumute. Ich mache es immer so. Ich kneife. Ich arrangiere mich, um keinen Widerstand geben zu müssen. Warum bloß hänge ich an alten Häuserfassaden?"

Wir spielten den zweiten Traum, in dem Rita etwas – sie wußte nicht was – Kostbares im Brand gelassen hatte. Sie wollte es herausholen, schrie und tobte, als man sie zurückhalten wollte. „Lieber will ich umkommen. Ich brauche das. Ich kann ohne das nicht sein." Wir: „Jetzt ist es verbrannt." Rita weinte furchtbar. In der Runde sagte sie: „Ich glaube, ich kann das Alte einfach nicht loslassen. (Pause). Vielleicht habe ich das gar nicht in den Flammen, sondern bei mir." – „Und was glaubst du, daß da verbrannt ist?" – „Etwas, das ich glaube, nötig zu haben zum Leben." – „Hast du eine Phantasie?" – „Vielleicht mein Kopf, meine Kontrolle." – „Brauchst du ihn?" – „Ich bewege mich ja nur oben. Wie soll ich da. . . "

In der nächsten Stunde gingen wir dieses Problem körperlich an. Ich ließ Rita experimentieren, zeigte ihr bestimmte Körperübungen, die sie fast nicht machen konnte, weil ihr Becken völlig steif war. Sie erfuhr wieder, daß sie den Kopf kaum fallenlassen konnte.

Dann kamen wir wieder auf das Verhalten Männern gegenüber zurück. Rita erfuhr, daß sie sich entweder zurückzog oder aggressiv war. „Ich suche einen Beweis dafür, daß ich nicht liebenswert bin." Das Problem der Sexualität war eng mit dem Vaterproblem verknüpft. Männer waren unberechenbar. „Ich wollte schon, aber ich habe das Gefühl, daß einer plötzlich grob werden könnte. Und dann bin ich so ausgeliefert." – Sex war Ausgeliefertsein. „Ich kann ja gar keine Erfahrung machen, wenn ich mich so benehme." In der folgenden Woche machte Rita neue Erfahrungen. „Ich beginne die Männer anzuschauen. Ich kann es plötzlich. Als mich ein Mann an-

sprach, lief ich nicht gleich davon. Ich spürte, daß ich im rechten Augenblick mich doch wehren kann." Rita begann, auf ihren Körper zu achten. Sie konnte sich auch im Spiegel anschauen. Zuerst fragte ich Rita nach den Erfahrungen während der letzten Woche. Sie konnte die Männer jetzt anschauen, mußte nicht gleich den Kopf wegdrehen. Das kam daher, weil sie das Gefühl hatte, sich besser wehren zu können. Einmal sprach ein Farbiger sie an und fragte, ob sie mit ihm einen Kaffee trinken komme. Dann wollte er „faire l'amour". Als er sie nach Gelegenheiten fragte, sagte sie zu ihm, in Zug sei das ein bißchen schwierig. Während des Gesprächs geriet sie nicht in Panik, wie es früher geschehen war.
Dann sagte sie, sie habe viel geträumt, könne sich aber nicht erinnern. Bei einem Traum sei ihr nur das Gefühl in Erinnerung geblieben. Sie habe sich in einem Durcheinander gefühlt. Sie sei nicht herausgekommen. Das sei unangenehm gewesen. Ich sagte, sie solle sich dieses Gefühl vergegenwärtigen. Sie sagte nach einer Weile: „Ich fühlte mich an einem Strick in die Luft gehängt. Ins Leere. Manchmal läßt der Strick ein bißchen nach, nähert sich dem Boden. Dann ist es besser."

„Geh in den Strick hinein, gib ihm eine Stimme."
„Ich lasse dich nicht los. Du bist in meiner Gewalt. Ich mache mit dir, was ich will. Ich gebe nach, wenn ich will. Ich habe Macht über dich. Du bist mir ausgeliefert."
„Das Gefühl jetzt?"
„Ich bin verwirrt. Ich will auf den Boden. Dann kann ich wenigstens verstehen. Jetzt habe ich wieder ein Durcheinander."
„Geh in den Boden. Gib ihm eine Stimme."
„Auf mir bist du sicher. Aber du brauchst gar nicht immer alles zu wissen. Bleib du nur einmal in der Luft. Das tut dir gut."
„Dein Gefühl?"
„Es stimmt. Ich will immer alles verstehen und begreifen."
„Wie willst du begreifen?"
„Ach, das Alte, mit dem Kopf."
„Wo bist du am Strick befestigt?"
„Um die Taille."
„Geh in dieses Gefühl hinein und sprich mit dem Strick."
„Du schnürst mich ab. Du erstickst mich."

Ich legte Rita meine Hände um die Taille und drückte.
„Laß mich los. Du erstickst mich."
Darauf reagiert Rita nicht mehr. Sie starrt vor sich hin. Nach einer Weile: „Ich bin wieder verwirrt. Ich habe Angst."
„Wovor hast du Angst?"
„Ich möchte den Strick zerreißen. Aber dann falle ich hart auf."
„Geh weiter in das Gefühl, daß du fällst."
„Ich tue mir weh. Der Boden ist so hart. Ich will nicht auf den Boden fallen."
„Du bleibst lieber am Strick und wartest, bis er wieder etwas nachgibt?"
„Ich habe zu große Angst vor dem Aufprall."
„Erinnerst du dich an eine Situation, in der du ein ähnliches Gefühl hattest?" Ich legte meine Hand unter ihren Kopf.
Rita schwieg eine Weile. Dann:
„Ja, beim Vater. Wenn man sich wehrte, prallte man gegen eine Mauer."
„Wiederhole."
„Wenn ich mich wehrte, prallte ich gegen eine Mauer." Mehrmals.
„Was hast du dagegen getan?"
„Ich habe einfach die Gefühle abgestellt. Ich habe mich zurückgezogen und mit dem Kopf mir etwas zurechtgelegt."
Nach einer Weile. „So fühlte ich mich sicher."
„Und die Gefühle?"
„Die sind irgendwo da." Rita deutete auf die Bauchgegend.
Ich legte erneut meine Hände um ihre Taille.
„Geh weg."
Ich gab nicht nach.
„Laß dieses Gefühl nicht zu."
„Ich ersticke."
Dann war Rita lange Zeit ruhig. Bewegungslos. Plötzlich fuhr sie auf: „Meine untere Körperhälfte lebt gar nicht. Dort sind die Gefühle. Sie sind abgeschnürt. Sex ist auch Gefühl, ist auch abgeschnürt."
Ich nahm ein Seil und band es Rita um den Bauch.
„Laß mich los. Du erdrückst mich. Geh weg, sage ich."
Rita beginnt sich wütend zu wehren, bis sie frei ist.
„Und jetzt?"
„Ich bin verwirrt und habe Angst."
„Wovor?"
„Vor dem Aufprallen. Wenn ich keinen Strick mehr habe, tut es weh."
„Du möchtest den Strick wieder." Ich machte eine Bewegung.
„Nein. – Ich habe Angst. Es tut weh."
„Was?"

Rita schwieg lange Zeit.
„Angst vor den Gefühlen."
„Ja."
„Wiederhole."
„Gefühle tun weh." (Mehrmals, bis sie es herausschrie.)
Dann stoppte Rita und weinte. Danach blieb sie wieder reglos liegen.
„Es stellt mir ab."
„Die Gefühle sind weg?"
„Ja, jetzt kommt der verfluchte Strick wieder."
Erneut legte ich die Hände um ihre Taille. Rita strampelte sich frei und lachte.
„Ich fühle mich doch wohler so."
„Dann geh nochmals in das Gefühl hinein, daß es weh tut."
„Gefühle tun weh", Rita schrie es hinaus.
Dann wurde sie plötzlich ruhig und begann, mit dem Bauch zu atmen.
„Ich fühle mich frei, aber ich habe eine Stütze. Ich kann nicht fallen. Ich muß nicht denken."
„Geh in deinen Atem hinein."
„Ich fühle ihn im Bauch. Und ich spüre die Stütze."
„Wo ist die Stütze?"
Rita sagte lange nichts und atmete intensiv durch.
„In meinem Gefühl."
Nach einer Weile nochmals:
„Ich habe eine Stütze in meinem Gefühl."
Sie wiederholte es selbst mehrmals. Dann:
„Das habe ich nicht gewußt. Ich habe immer geglaubt, man kann nur im Kopf eine Stütze haben. Darum habe ich das Gefühl abgewürgt. Aber ich habe einen Halt in meinem Gefühl."
Rita lachte und schüttelte den Kopf. „Ich fühle mich gut."

Rita begann jetzt auch in der Gruppe, sich den anderen zu stellen, sagte ihre Meinung, hatte keine große Angst mehr vor dem Zurückgestoßen-Werden. Sie frisierte sich anders, trug hübschere Kleider. Sie arbeitete selbst sehr intensiv (Körperübungen).
Die Erfahrung: „Ich bin irgendwie länger geworden. Ich wußte nicht, daß ich so lang bin. Mein Körpergefühl geht jetzt bis in die Füße. Früher nur bis zu den Hüften." Bei den Atembewegungen spürte sie ihren Bauch. „Er ist wie dicker geworden." Rita hatte eine Reihe positiver Träume:

30. Mai
– Ich bin in einem großen Haus (Wohnort bis zu acht Jahren) mit einer langen Treppe. Man will mir etwas sagen und mich zurückhalten, aber ich gehe meinen Weg. Ich horche nicht und lasse mich nicht zurückhalten, wenn ich nicht will. Darüber bin ich sehr froh.
– Ich kenne einen Mann, der nicht tanzen kann. Da ich unbedingt wieder einmal tanzen möchte, lehre ich ihn Tango tanzen. Er lernt sehr rasch. – Ich bin ganz glücklich, daß ich bald mit ihm auf einen Ball darf.
– Ich trete meinem Strubli (Meerschweinchen) auf einen Fuß, weil ich ihn nicht beachtet habe. Er schreit und wird ganz blau. Aber er kann mir wenigstens genau sagen, wo ich ihn erwischt habe. Ich massiere ihm den Fuß. Das gestaute Blut läuft zurück und Strubli lacht wieder. – Ich habe ein gutes Gefühl. Wenn ich etwas Dummes getan habe, kann ich es wieder gutmachen. (3. Juni)
Bald darauf verließ Rita die Schule. Die eigentliche Jugendberatung und Therapie war abgeschlossen. In der Folgezeit tauchte hinter der Aggression die ungeheure Bedürftigkeit von Rita auf, die sich zuerst in der kindlichen Sehnsucht nach der Mutter ausdrückte. Rita ging durch diesen Schmerz hindurch, um schließlich auch ihrer Sehnsucht nach dem Vater zu begegnen – sicher das Schwerste für sie, nach ihren traumatischen Erlebnissen mit ihm.
Ich habe Rita ein gutes Stück auf ihrem Weg begleiten können, den sie sehr mutig und konsequent beschritten hatte. Gerade deshalb war für Rita der Wachstumsprozeß noch nicht abgeschlossen. Sie zeigte sich bereit, auf verschiedenste Weise weiter an sich zu arbeiten.
Erst später stieß sie auf die manipulativen Spiele der Mutter, mit denen diese ihre Bedürfnisse sehr gut durchzusetzen verstand. Rita fand heraus, daß sie anstelle ihres Vaters gegen ihre Mutter rebellierte. In einem Brief formulierte sie es so: „Die Mutterproblematik meines Vaters spielte eine Rolle. Mein ‚Kind-ich‘ (im Sinne der TA) war durch das ‚Kind-ich‘ meines Vaters, also durch ein männ-

liches besetzt. Im Machtkampf zwischen mir und dem Vater ging es nachher darum, wer der bessere Mann war."
Auch die Geschichte der Beratung und Therapie Ritas zeigt, daß ein früh einsetzender Prozeß eine Chance zu besserer Lebensbewältigung darstellt, weil etwas in Gang kommt, was so leicht nicht wieder abgebrochen werden kann.

3.5 Begleitende Beratung

Neben den Kurzberatungen und den längerfristigen Beratungen entstand in meiner Arbeit noch die dritte Beratungsform: die „begleitende Beratung".
Es gibt Jugendliche, die wohl mit Problemen belastet, jedoch mit einem intensiven Prozeß, wie ich ihn eben geschildert habe, völlig überfordert sind. Äußerlich gesehen können Jugendliche in diesem Rahmen sehr häufig kommen oder nur ganz sporadisch, einmal oft, dann über lange Zeit nicht mehr. Sie kommen einfach, um sprechen zu können oder weil ein Problem akut geworden ist. Kriseninterventionen sind ebenfalls häufig.
Es ist die Beziehung selbst, die hier absolut im Zentrum steht, während ein anderer Prozeß nicht möglich ist oder nur sehr begrenzt. Diese Jugendlichen brauchen jedoch das Bewußtsein, daß jemand da ist, der sie anhört, dem sie vielleicht sagen können, was sie sonst nirgends zu sagen wagen. Oder der Berater ist die letzte Zuflucht in einem Leben ohne Zuversicht. Es ist die Existenz des Beraters und die Gewißheit, daß er da ist, seine Kontinuität und Unverbrüchlichkeit also, die allein zählen. In all diesen Beratungen muß ich mich als Berater von meinen Vorstellungen, was eine Beratung oder Therapie sei, – und vor allem eine „erfolgreiche" Beratung – lösen können. Doch wird die Wahrhaftigkeit des Beraters hier am meisten auf die Probe gestellt, weil er sich – da es nur um

die innere Präsenz als solche geht – nicht hinter Methoden und Maßnahmen verstecken kann.
Meine Kollegin hatte ein Mädchen an der Gewerbeschule kennengelernt, das andere ihr hergeschleppt hatten. Sie nahmen erst einmal einen Kaffee zusammen, doch Petra trank ihn nicht. Erst viel später gestand sie, daß sie ihn verschüttet hätte, weil ihre Hände so zitterten vor Angst. In der ersten Beratungsstunde verkroch sie sich hinter den Ofen. Ihre Geschichte zeigte eine völlige Ungeborgenheit seit der Geburt. Als sie ein Jahr alt war, versuchte der Vater sie zu vergasen. Dennoch hatte sie trotz mangelnder Schulbildung sich den Zugang zu einer Lehre erkämpft, und zwar mit zäher Energie. Sie kam für Gespräche, sagte dann oft nichts, oder sie rief an und hängte wieder ein, weil der Mut sie plötzlich verließ. Manchmal wartete sie am Abend bei der Haustüre und wollte einfach nur bemerkt oder in den Arm genommen werden. Wenn sie nicht mehr weiterwußte, kam sie über viele Jahre wieder her und holte sich das bißchen Wärme, das sie brauchte, um überhaupt zu überleben.
Ein anderes Mädchen, 16jährig, kam völlig depressiv zu mir in die Beratung. Sie war einem Lehrer der Gewerbeschule aufgefallen, und er hatte sie dazu bewegt zu kommen. Tina fühlte sich zuhause völlig isoliert. Mit fünfzehn ließ sie sich willenlos verführen, ohne zu wissen, was eigentlich mit ihr geschah. Der Schock kam erst einen Monat später. Tina sieht oft, wenn sie im Dunkel durch die Gänge geht, einen häßlichen alten Mann dort stehen (Abspaltung ihres unverdauten Erlebnisses). In der Folge suchte sie bei den Männern Zuneigung, geriet aber immer mehr in Eigenverachtung hinein. Dieser Einbruch mit fünfzehn machte das ichschwache, ahnungslose und unbewußte Mädchen zu einem depressiven Geschöpf, für das die ganze Welt zusammengebrochen war. Die Kindheitsträume zeigen, daß diese Bedrohung emotional schon ganz früh bestand, mit fünfzehn aber eine Krise auslöste, die auch zu starken körperlichen Symptomen führte.

Ich konnte mit Tina nicht „arbeiten“, auch nicht mit Rollenspielen. Sie verstummte sofort. Sie kam auch nicht regelmäßig, blieb aber dann länger und sprach. Sie vertraute mir Dinge aus ihrem Leben – die Vergewaltigung und ihre späteren Erlebnisse – an, die sie noch niemandem gesagt hatte. Oder sie saß einfach bei mir und schwieg. Ich spürte, daß vor allem das Da-Sein wichtig war. Und noch heute kommt manchmal eine Karte von ihr. Sie hat für sich einen Weg gefunden, ohne daß sie sich auf eine eigentliche „Arbeit“ in der Beratung einlassen konnte.
Ein Bursche wurde mir geschickt, weil er im dritten Lehrjahr plötzlich in den Leistungen zurückging und auch am Arbeitsplatz zu streiken begann. Er sagte zunächst wenig, nur, daß der eine Lehrer an der Gewerbeschule ein blöder Kerl sei, und der Meister, dem er unterstellt war, ihn ständig „verarschen“ wolle. Er sprach langsam, und seine Gesten waren eckig. Ich spürte die mühsam unterdrückten Aggressionen. Gespräche mit dem Lehrmeister zeigten, daß sowohl der Meister wie der Lehrer an der Gewerbeschule ein autoritäres Gehabe hatten. Fritz wurde daraufhin versetzt, um ihm die Arbeit zu erleichtern, was auch gelang. Doch die Noten wurden immer schlechter. „Dem Löli sage ich doch nichts“, meinte Fritz. Er wurde gleich bockig, wenn man ihn auf seinen Lehrer ansprach. Dann sagte er: „Es stellt mir einfach ab. Ich kann gar nicht mehr denken, so wütend bin ich.“ Allmählich begriff Fritz, daß all sein Widerstand schließlich nur ihn selbst traf. Und doch konnte er seine Einstellung nicht ändern, was mit seiner Beziehung zum Vater zusammenhing. Dieser hatte ihn als Kind für den kleinsten Ungehorsam gleich zusammengeschlagen. Nie hatte Fritz das Gefühl, vom Vater akzeptiert zu sein wie sein jüngerer Bruder. Er war derjenige, der am meisten „auf den Grind bekam“. „Wenn etwas geschehen war, ging er gleich auf mich los.“ Er war auch nicht bereit, für seine Kinder aufzukommen. Schon in der sechsten Klasse ging Fritz in den Ferien arbeiten und mußte das Geld für Nahrung und

Kleider abgeben. Seit der Sekundarschule trug er alle Auslagen in ein Heft ein, erst recht seit Beginn der Lehre. Jeden Monat wurde der Betrag ausgerechnet, den Fritz dann nach Abschluß der Lehre seinem Vater zurückzahlen sollte. Fritz gab zu, daß es ihn manchmal „fast verjage" vor Wut. „Doch was soll ich tun, er ist doch stärker."
Fritz fühlte sich von mir akzeptiert, brachte mir oft Arbeiten mit, die er in der Freizeit hergestellt hatte, erklärte sie mir lange, obwohl ich nicht viel von seinem Metier verstand. Doch ich war der erste Mensch, dem er von sich und seinem Tun, seiner Welt erzählen konnte und Verständnis, Interesse sowie Ermutigung fand. Trotzdem war die Projektion seiner Erfahrungen mit dem Vater auf seinen Gewerbeschullehrer nicht zu lösen. Die Leistungen in der Schule wurden immer schlechter, und am Arbeitsplatz hatte er trotz des Verständnisses von seiten des Lehrmeisters zunehmend Schwierigkeiten. Als es darum ging, das Lehrjahr zu wiederholen, verließ Fritz die Lehre. Kein Gespräch konnte ihn dazu bringen, weiterzumachen.
Fritz war eine Zeitlang regelmäßig gekommen. Ich spürte, daß er an den Stunden hing. Immer mehr erzählte er von sich, aber vor allem von seinen Interessen und Träumen, von den anspruchsvollen Arbeiten, die der begabte Bursche in der Freizeit herstellte. Meine Anteilnahme tat ihm gut. Von seinem Vater wollte er nicht mehr sprechen. Der sei für ihn erledigt. Als er aus der Lehre wegging und als Hilfsarbeiter jobbte, kam er weniger, eine Zeitlang gar nicht mehr. Er sei sehr komisch und eigenbrödlerisch geworden, hörte ich von seinen Kameraden. Mir war klar, daß er einsam war und kaum imstande, neue Kontakte zu schaffen.
Dies war auch das nächste Problem, mit dem Fritz wieder in die Beratung kam. Es zeigte sich, daß er sich entweder ganz zurückzog oder den anderen bedrängte, weil er die Grenze nicht spürte. Immer wieder machte er die Erfahrung, daß er isoliert war. Langsam lernte er, den anderen ein wenig zu spüren. Es waren ganz kleine Schrit-

te, und sie brauchten lange Zeit. Die Kindheitserinnerungen, die mir Fritz einmal brachte, zeigten die Inkonsequenzen zwischen Tat und Folgen und eine für ihn völlig unverständliche Welt:

Schuhkauf (ca. vier Jahre):
Ich mußte mit nackten Füßen auf ein Pult stehen. Da zeichnete mein Vater mit einem Bleistift meinen Fußabdruck auf einen Karton. Mit diesem Karton ging er dann ins Schuhgeschäft und kaufte mir ein Paar Schuhe.
Gefühl: „Es ist alles absurd."

Demolierte Türe:
Ich kriegte eine Laubsägegarnitur geschenkt, die unter anderem auch einen kleinen Hammer enthielt. An einem Samstag mußte mein Vater mit dem defekten Radio zum Radioelektriker. Ich sollte allein zu Hause bleiben. Aus Wut darüber, daß ich nicht mitdurfte, nahm ich den Hammer und demolierte die Zimmertüre. Leider ging der Griff des Hammers in Stücke. Als mein Vater nach Hause kam, entdeckte er auch die demolierte Türe. Ich kriegte mit einem Ledergürtel Schläge auf meinen nackten Hosenboden.
Am nächsten Tag nahm mein Vater die Türe und legte sie auf Kisten; dann goß er Wasser darüber. Ich stand daneben und fragte ihn, was er da mache. „Das siehst du doch. Ich gieße Wasser darüber, daß die Hicke, die du gemacht hast, wieder weggehen."
Gefühl: „Ich verstehe nichts."

Älteste Erinnerung (ca. dreieinhalb Jahre):
Ich war bei meinen Großeltern in den Ferien. Im gleichen Haushalt lebte noch ein Onkel. Es war beim Mittagessen. Unter anderem gab es Apfelschnitze. Mein Onkel gab mir sehr viel davon, und ich mochte nicht alles aufessen. Ich bekam Schläge, wurde in den Keller getragen und im finsteren Keller eingeschlossen.
Gefühl: „Ausgeliefert sein, Angst."

Fritz war ein Grenzgänger. Nur mühsam fand er sich unter den Menschen zurecht. Seine Lehre war auch nicht an seiner Begabung und seinen Fähigkeiten, sondern an Beziehungsproblemen gescheitert. Später versuchte Fritz nochmals einen Einstieg, gab aber bald wieder auf.
Ich begleitete Fritz durch all diese Wechsel. Manchmal kam er häufig, dann telefonierte er wieder oder tauchte einfach einmal auf, um mich zu sehen. Über eine lange Zeit war ich der einzige Mensch, dem er sich anvertraute. Im Durchhalten der Beziehung lag der Sinn dieser Beratung. Es gab keine „Erfolge", sondern nur etwas mehr Boden im Bereich der Beziehungen.
Die begleitenden Beratungen scheint mir im Rückblick sehr wichtig zu sein. Sie waren für die betreffenden Jugendlichen oft der letzte Halt oder die letzte Brücke zur Welt. Sie brachten jedoch auch die meiste Unruhe in mein Leben, weil sie sich oft nicht in den „Fahrplan" meiner Arbeit einordnen ließen. Und doch war es wichtig, die einmal begonnene Beziehung durchzuhalten und einzulösen.

3.6 Zusammenhänge

Es gibt viele Übergangsformen zwischen den einzelnen Beratungstypen. Vielleicht kommen Jugendliche in einer Krisensituation und merken später, daß das Problem bei ihnen viel tiefer liegt, oder sie kommen in Abständen für Kurzberatungen. Andere bleiben eine längere Zeit in Beratung und kehren für ein paar Stunden zurück, wenn wieder ein Problem akut wird.
Diese Flexibilität ist für die Beratungsarbeit besonders wichtig. Die Übersicht, über die verschiedenen Beratungsformen sieht wie folgt aus: (Siehe nachfolgende Seiten)

Beratungsformen

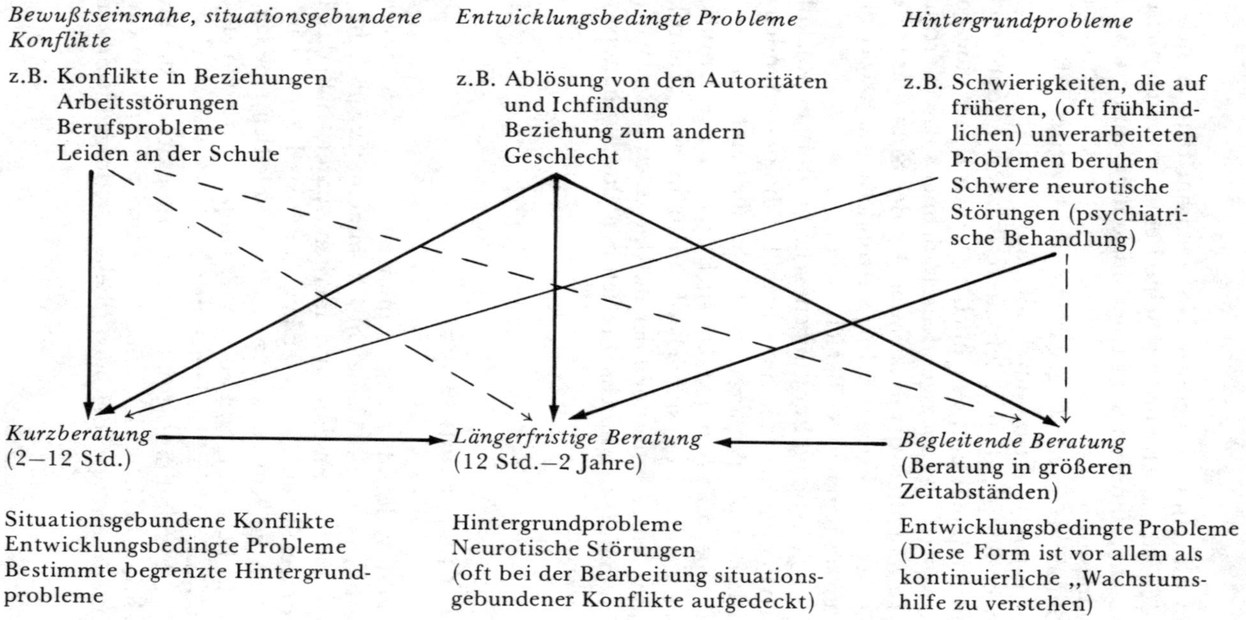

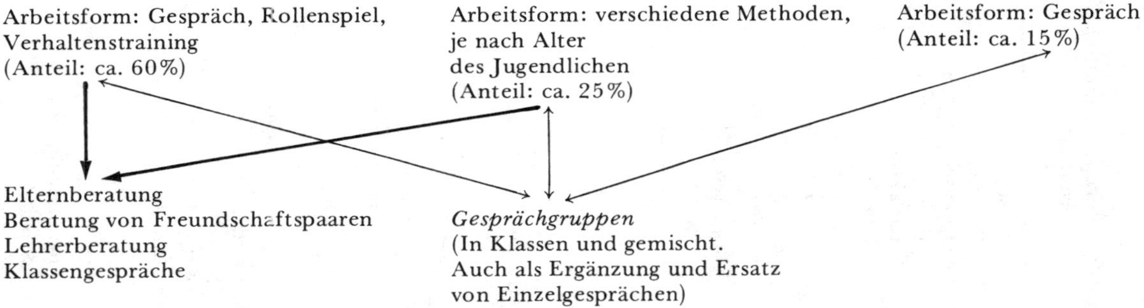

Arbeitsform: Gespräch, Rollenspiel, Verhaltenstraining (Anteil: ca. 60%)
Arbeitsform: verschiedene Methoden, je nach Alter des Jugendlichen (Anteil: ca. 25%)
Arbeitsform: Gespräch (Anteil: ca. 15%)
Elternberatung
Beratung von Freundschaftspaaren
Lehrerberatung
Klassengespräche
Gesprächgruppen
(In Klassen und gemischt. Auch als Ergänzung und Ersatz von Einzelgesprächen)

Beratungsformen und Problembereiche

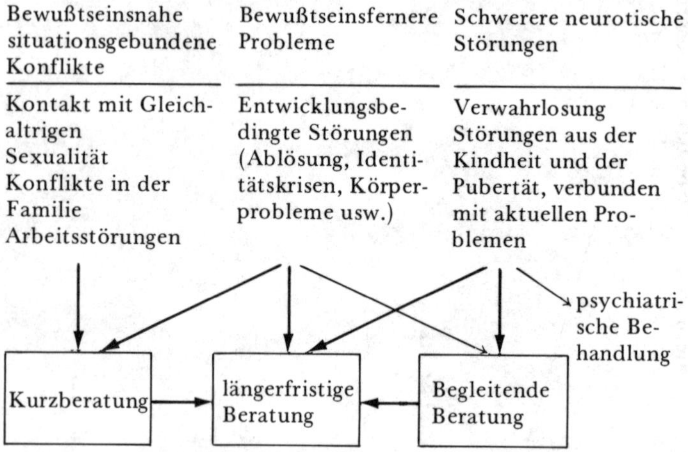

Beratungs- und Arbeitsformen

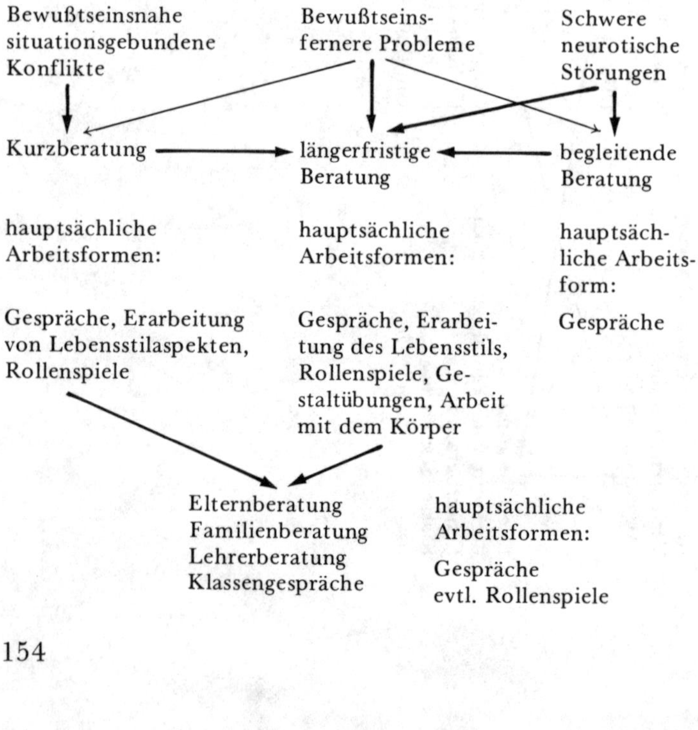

4 Pädagogisch-therapeutische Prozesse im Raum der Gruppe

4.1 Machtorientiertes und wachstumsorientiertes Lernen

Wachstum wird nicht allein in der Beratung und nicht in erster Linie in der Zweierbeziehung, sondern vor allem in der Gemeinschaft gefördert. Auch die Schule, die Ausbildung überhaupt, sollte den Kindern und Jugendlichen die Fähigkeit geben, als soziale Wesen verantwortlich in unserer Gesellschaft mitzuwirken. Doch auf der anderen Seite brachte es das sich ständig differenzierende Spezialwissen mit sich, daß die Ausbildungsprogramme mit immer mehr Stoff befrachtet wurden. Die Schule entwikkelte sich vor allem als reine Leistungsschule, in der es galt, möglichst viel Wissen aufzunehmen und zu vermitteln. Man erlebte gleichzeitig, wie schnell Wissen veraltet. Auch der Konflikt zwischen neuen Fachbereichen und dem Überkommenen verschärfte sich ständig. Andererseits geriet die Schule dadurch auch in ein Dilemma zwischen Wissensvermittlung und der postulierten Fähigkeit, die jungen Menschen zu verantwortungsbewußten Mitgliedern der Gesellschaft mit kritischer Ausrichtung zu erziehen. Noch heute scheint dieses Dilemma unüberbrückbar. Aus diesem Konflikt erwuchsen die neuen Schulreformen. Doch immer spielt auch die Frage mit, ob eine Schulstruktur den Anschluß an bestimmte höhere Schulen ermöglichen kann. Die Angst, diesen Anschluß nicht zu schaffen, bestimmt nicht nur die Lehrer,

sondern vor allem – und in jüngster Zeit wieder verstärkt durch die Rezession – auch die Eltern der Heranwachsenden. Der Leistungsschule wird der Kampf angesagt, der andererseits durch Ängste, die zudem noch hochgespielt werden, wieder unterlaufen wird.
Doch gibt es ein humanistisches Verständnis des Menschen, das sich schwer in die Normalschule integrieren läßt und eher an Privatinstituten und -schulen und in Kursen außerhalb des regulären Schulbetriebes angeboten wird. Das ist Chance und Gefahr zugleich. Chance, weil damit kein Druck auf die Gestaltung dieser Veranstaltungen ausgeübt werden kann, Gefahr, weil diese Überzeugungen ein Ghetto darstellen und damit nach außen den Charakter des Unverbindlichen haben. Lösbar scheint mir der Konflikt heute noch nicht, doch ist zu hoffen, daß die neuen Einsichten und Möglichkeiten mit der Zeit eine größere Breitenwirkung haben.
Das humanistische Menschenbild, von dem ich für die folgenden Überlegungen ausgehe, beruht auf der Selbstverantwortlichkeit des Menschen. Das bedeutet, daß Verantwortung nicht etwas ist, das gegeben und übertragen werden kann, sondern etwas, das dem menschlichen Wesen eigen ist. Weder als Erzieher noch als Lehrender kann jemand Verantwortung behalten oder weitergeben, weil er nur die Verantwortung für sich selbst hat. Man kann sie niemandem abnehmen, ohne seine fundamentalen Rechte und Eigenschaften zu verletzen. An-sich-Nehmen von fremder Verantwortung bedeutet also in der Konsequenz immer schon Machtausübung. Man muß das verletzen, was dem Menschen ja schon immer zugehört. Wir gehen jedoch meist von der Vorstellung aus, daß Verantwortung „genommen" und „gegeben" werden kann. Konkret bedeutet dies, daß ich als Lehrer es beispielsweise in der Hand habe, wieviel Verantwortung ich den Schülern übertragen will und wieviel ich für mich behalte. Unser Denken ist von daher schon ganz fundamental durch die Kategorie der Macht bestimmt, auch wenn wir es gar nicht so erleben. Macht-

ausübung jedoch bewirkt immer schon Unmündigkeit jener, denen man Verantwortung abzunehmen wünscht. Der erste Schritt innerhalb dieses Menschenbildes ist also der radikale Verzicht auf Macht im Sinne der Manipulation. Hier gibt es keine Kompromisse; entweder akzeptieren wir die Selbstverantwortung des Menschen als Grundlage, oder wir berufen uns – so indirekt wie immer – auf Macht. Verantwortungsbewußtsein kann sich erst entwickeln, wenn wir dem Menschen den Freiraum, der ihm als Mensch immer schon zusteht, auch zugestehen. Das ist der erste und wichtigste Schritt.
Der Mensch kann also nur die Verantwortung für sich selbst haben, er ist als Mensch für sich und sein Tun verantwortlich. Durch nichts läßt sich diese Tatsache auslöschen, es sei denn durch Machtausübung. Diese jedoch verletzt die fundamentalen Menschenrechte. Doch ergibt sich daraus eine neue und wichtige Fragestellung: Wie steht es mit dem Bezug des einzelnen zur Gesellschaft und zur Gemeinschaft, in der er lebt? Wenn er nur für sich verantwortlich ist, geht ihn dann die Gemeinschaft nichts an? Einer der wichtigsten Begriffe, der im Laufe des 20. Jahrhunderts immer größere Bedeutung gewann, ist derjenige der Solidarität, des Gemeinschaftsgefühls oder der Selbsttranszendenz. Ist das nicht ein Widerspruch? Ein nur für sich selbst verantwortlicher Mensch kann doch nicht Verantwortung für die Gemeinschaft übernehmen? So wird häufig argumentiert. Hier kommt es vor allem darauf an, den Begriff der Selbstverantwortung zu konkretisieren.
Man kann zum Beispiel in Gruppen erleben, wie Ängste auftauchen, sobald der Leiter sich weigert, die Verantwortung für die Gruppe zu übernehmen, für sie zu denken und zu handeln. Gleichzeitig aber wird er, falls er sich weigert diese Verantwortung, die ihm wie eine heiße Kartoffel übergeben wird, anzunehmen, mit Phantasien überschüttet. Dazu ein Beispiel: Wenn in einer bestimmten Situation jemand von einer Gruppe angegriffen wird, weil man vielleicht froh ist, mit dem fremden Problem das

eigene zu verdecken, so kann der Leiter äußern: „Mich macht es wütend, wie ihr da auf M. herumhackt." Schon wendet sich die Gruppe gegen den Leiter und sagt ihm: „Da siehst du, wie du uns abstellst. Du verbietest uns einfach, das zu tun, was uns wichtig ist." Damit scheint die Haltung der Selbstverantwortung widerlegt zu sein. Offensichtlich wurde die Äußerung des Leiters als Befehl oder Verbot verstanden. Die Gruppenteilnehmer fügen sich mit Aggressionen dem „Befehl", oder sie greifen den Leiter an seinem fundamentalen Verständnis an. Dieses Beispiel vermag zu zeigen, worum es geht. Verantwortung für sich heißt auch Verantwortung für die eigenen Gefühle und Erkenntnisse. Was der Leiter in diesem Beispiel gesagt hat, könnte ja auch ein Gruppenmitglied sagen, nur kämen dann nicht die typischen Leiterphantasien mit ins Spiel. Einsicht hat etwas mit Verantwortung zu tun. Ich kann nie hinter meine – ganzheitliche – Einsicht zurück, ohne meine Verantwortung damit zu verletzen. Wahre Einsicht hat Konsequenzen. Sie hat beispielsweise die Konsequenz, daß jeder entscheiden muß, ob er eine bestimmte Einsicht oder Meinung mitteilt oder sie bei sich behält. Sie bleibt jedoch immer die eigene Einsicht. Jeder kann sie auch nur als die seine weitergeben. Man kann nicht einmal mit Macht das Gute durchsetzen, sondern nur für sich selbst die Konsequenzen ziehen. Selbstverantwortung heißt also zunächst, dem anderen seine Verantwortung zu lassen und sie ihm auch zuzumuten. Verantwortung hat mit Antwort zu tun, ist also kein isoliertes Phänomen. Wir können als menschliches Wesen nicht umhin, auf das uns Entgegenkommende zu reagieren. Schweigen und Passivität sind auch Formen der Antwort. Wir können uns ihr grundsätzlich nicht entziehen. Verantwortung ist das bewußte Wahrnehmen dieser Antworthaftigkeit des Menschen. Selbstverantwortung heißt, sich mit der eigenen Person für das einzusetzen, was aufgrund der eigenen Einsicht wichtig ist. Wichtig ist deshalb auch, die Selbstverantwortung des anderen zu respektieren und sich dafür einzusetzen.

Dazu gehört ein weiterer wesentlicher Aspekt: die eigenen Grenzen wahrnehmen. Der Traum vom allmächtigen Individuum ist ausgeträumt, auch wenn er da und dort noch krampfhaft aufrechterhalten wird. Das „hervorragende Individuum" ist gerade eine Projektion der Massengesellschaft und kann ohne sie nicht existieren. Es ist der Traum des anonymen Menschen, es auch einmal zu „schaffen". Wo so viel über das Individuum geschrieben wird wie heute, steht es selbst in der Krise. Doch als einzelner Mensch hat jeder von uns Grenzen. Es ist nicht mehr möglich, sich in der Vereinzelung der heutigen Gesellschaft zurechtzufinden. Wir haben zuviel von unserer Selbstverantwortung delegiert und uns damit die Ohnmacht erkauft. Wir sind oft nicht einmal mehr unserer selbst mächtig. Zur Selbstverwirklichung braucht jeder den anderen Menschen. Wenn wir auf Macht über andere verzichten, haben wir Prozesse nicht mehr in der Hand. Wir sind auf die anderen angewiesen, damit etwas zwischen uns zustande kommt. Das hat weitreichende Konsequenzen. Ich will es wiederum an einem Beispiel zeigen.

Nehmen wir an, daß ein Lehrer ein bestimmtes Thema in der Schule behandelt. Er kann es seinen Schülern ausschließlich vordozieren. Scheinbar vermag er auf diese Weise, seinen Schülern das ihm wichtig Erscheinende zu vermitteln. Fragen an die Schüler stellen keinen Freiraum dar sondern verstärken das Vorgesagte nochmals. Der Schüler muß es lernen. Damit verliert er die Selbstverantwortung. Er kann sich widersetzen, – dann entsteht ein Machtkampf. Er kann sich auch entscheiden, das Angebotene zu lernen, dann ist es sein Entscheid. Vielleicht – sogar sehr wahrscheinlich – bleibt es jedoch ein angelerntes Wissen, das nichts mit ihm zu tun hat. Was bedeutet nun Machtverzicht und Akzeptieren der eigenen und fremden Grenzen in dieser Situation? Der Lehrer kann das Thema mit seinen Schülern zusammen erarbeiten. Das setzt voraus, daß der Lehrer auf die Mitarbeit der Schüler angewiesen ist, jedoch nicht nur er, sondern die ganze Gruppe. An dem, was dabei herauskommt, ist jeder beteiligt. Der Lehrer kann Impulse geben, sich selbst exponieren, auch mit Referaten, aber nicht mehr steuern. Er wird die Grenzen dieser Erarbeitung akzeptieren. Er kann vielleicht sagen: „Nach meinem Gefühl sind wir an der Oberfläche geblieben", aber er allein kann das Tiefergehen nicht bewirken, sonst ist es wieder kein Prozeß. Er kann nur soweit gehen, als die Gruppe mit ihm geht, und jedes Mitglied der Klasse erfährt dasselbe. Jeder ist für seinen Anteil verantwortlich und zugleich auf den Prozeß der anderen angewiesen. Diese Spannung auszuhalten bedeutet Verzicht auf Macht, oder auf die Illusion der Macht. Was der Lehrende weiß, kann Angebot sein, mehr nicht. Ich vergesse nicht, wie einmal ein Gruppenleiter sagte: „Wenn wir eine langweilige Gruppe sein wollen, werde ich dazu beitragen, daß wir es sein können." Das hieß übersetzt: „Ich bin nicht bereit, euch die Langeweile wegzunehmen. Ich halte mit euch die gewählte Realität aus." Das Zauberwort der Motivation ist häufig nur eine weitere Form der Manipulation, dazu angetan, die Eigenverantwortung zu verschleiern. Umgekehrt, wenn jemand als Lehrer langweilig ist, kann er nicht die Klasse dafür verantwortlich machen. Also: ich bin selbstverantwortlich und auf die anderen angewiesen. Die anderen sind selbstverantwortlich und auf mich angewiesen. An diesem Punkt wird die Selbstverantwortung zum Gemeinschaftsgefühl und zur Solidarität.

Es gibt jedoch weitere Aspekte, die zum Verständnis von Verantwortung wichtig sind. Selbstverantwortung heißt, sich mit dem einzubringen, was man ist. Keiner ist ein „homo novus", ein Mensch, der in seinem Leben ganz von vorne beginnen kann. Wir sind nicht nur auf die anderen Menschen der Gemeinschaft angewiesen, sondern stehen auch in einer Tradition. Wir sind das, was wir sind, auch geworden. Wir sind es geworden durch die Familie, in der wir aufgewachsen sind und deren Erbe wir

tragen. Wir sind es geworden durch die Gesellschaft und durch die Kultur, in der wir stehen.
Wichtig ist mir zu betonen, daß wir aus dieser Verflochtenheit nicht ausbrechen und uns in diesem Sinne nicht selbst „neu machen" können. Wir stehen in der Spannung von Nehmen und Zurückgeben. Wir stehen aber auch in der Spannung zwischen Nehmen und Weitergeben. Diese Sicht hat Konsequenzen für die Kinder. Wir entscheiden nicht, was sie nehmen oder nicht nehmen – und sie nehmen nicht nur von uns als Eltern und in zweiter Linie von uns als Erziehern. Sie werden es nach ihrem Gesetz und ihrer Entscheidung tun. Diese Dynamik haben wir nicht in der Hand, sie liegt in der Selbstverantwortung des Heranwachsenden, der nächsten Generation. Auch die „gute Erziehung" ist kein Garant dafür. Das muß hier gesagt sein, weil wir uns gerade in der jetzigen Entwicklung oft der Phantasie hingeben, wir könnten unseren Kindern durch die gute Erziehung – ein Zauberwort – die gute Zukunft garantieren. Das ist wiederum ein Machtanspruch mit umgekehrten Vorzeichen. Doch an dieser Stelle wird deutlich werden, was Verzicht auf Macht und auf Machtphantasien für Konsequenzen hat. Wir verlieren scheinbar alles, was uns wert war. Und doch kann jeder nur anbieten und seine Person dafür einsetzen – mehr nicht. Der Erfolg liegt nicht in seiner Hand. Die Optik ist freilich erschreckend. Wenn wir Wissen vermitteln, können wir das Gelernte überprüfen. Wissen ist überprüfbar, Erkenntnis, Einsicht, Wachstum nicht. Wissen können wir vermitteln und den Erfolg messen. Wer das Wissen nicht aufnehmen kann, ist disqualifiziert. Doch betrachten wir den Kern des Ganzen deutlich. Für einen Mittelstufenlehrer ist es wichtig, wie viele Schüler er in die Sekundarschule oder ins Gymnasium bringt. Er fühlt sich voll dafür verantwortlich. Prüfungen zeigen also ebensosehr den Erfolg des Lehrers. Gelerntes Wissen ist der Gradmesser für den Prozeß des Schülers. Dahinter verbirgt sich eine Machtphantasie. Sie geht von der Voraussetzung aus, daß der Lehrer den Werdegang des Kindes

und des Jugendlichen „in der Hand habe". Er ist meßbar und machbar. Freilich befinden wir uns mit dieser Argumentation an einer gefährlichen Grenze. Man könnte das Ganze ja auch umdrehen und sagen: „Also ist der Schüler selber schuld, wenn er das Gerlernte nicht kann". Oder: „Dann gibt es keine Kriterien mehr für Qualifikation." Beides ist falsch. Die Grenze zu formulieren ist schwer. Das führt uns zu einer weiteren wichtigen Erkenntnis.
Jedes Menschenbild, jede Erkenntnis kann in Manipulation umfunktioniert werden. Wir haben nie in der Hand, wie unsere Überzeugungen gehandhabt werden – im wörtlichen Sinn. Das bedeutet auch, daß die von mir kritisierte Handhabung des Wissens nicht schon grundsätzlich eine Kritik an Wissensvermittlung darstellt. Es geht mir nur um die Handhabung, hinter der, wie ich es betont habe, Machtphantasien stecken, die sich um die Machbarkeit drehen. Wir können Wissen nicht im Sinne vermitteln, daß wir den Prozeß und den Freiraum des Schülers außer acht lassen. Umgekehrt können wir ihn auch nicht mit dem vermittelten Wissen allein lassen. Denn die kritisierte Handhabung hat zwei Seiten: die eine ist die Phantasie von Motivation und Vermittlung, die die Selbstverantwortung des Schülers nicht einbezieht, die andere ist die Ausstoßung des Schülers aufgrund derselben Macht, wenn er es nicht schafft.
Das Resultat ist auf jeden Fall durch einen Widerspruch gekennzeichnet: auf der einen Seite wird der Schüler manipuliert, auf der anderen mit dem Wissen, das er aufnehmen soll, im Stich gelassen. Im Modell dieser so verstandenen Wissensvermittlung ist es auch nicht anders möglich. Wir werden im Gegenteil überlegen müssen, was für andere Modelle der Grundtatsache von Selbstverantwortung und Angewiesensein besser entsprechen können. Das bedingt auch, daß zum Beispiel mit dem Problem der Motivation anders umgegangen werden muß. Gerade die Motivation gerät ja immer in die Nähe gezielter – und oft gut gemeinter – Manipulation. Dasselbe gilt auch für das Problem der Qualifikation. Der Begriff steht

– so wie er heute gehandhabt wird – im Gegensatz zur Disqualifikation. Es scheint völlig klar, daß es Qualifikation gibt – alles andere ist unrealistisch. Doch wird hier ein Wertungsprinzip hereingetragen, das wiederum auf der Machthaltung basiert. Vereinfacht gesagt, ist Qualifikation eingebaut in ein Denken von oben nach unten. Der Schüler erlebt nur, daß es ihm für „Besseres" und „Höheres" nicht ausreicht. Die Eltern sind vom gleichen Denken beherrscht. Die Tatsache, daß ein Schüler in einer bestimmten Richtung die Bedingungen nicht erfüllt, heißt, daß er nicht fähig ist – und das wird absolut genommen. Es ist schwer, ein anderes Denkmodell anzunehmen, solange hierarchisch gedacht wird. Der Rat, „einen anderen Weg zu gehen", bedeutet so von vornherein, daß der Betreffende disqualifiziert ist. Die Wahl eines anderen Berufes bedeutet „Abstieg". Das Problem ist, daß Berufe in einem gewerteten System stehen. Eine Änderung in diesem Denken hätte fast unabsehbare Folgen. Und doch wäre eine Überprüfung unserer Werte gerade hier von größter Wichtigkeit. Verbunden mit diesem Denkmodell ist der Umgang mit Begabung und Nichtbegabung schon in der Grund- oder Primarschule. Die hierarchische Struktur und die Art der Wissensvermittlung schafft die Schulversager und die Erfolgreichen, die für das beschriebene System nötig sind. Auf diese Weise stützen die Modelle einander und liefern die gegenseitige Bestätigung. Es ist nicht möglich, innerhalb dieser Modelle einen wirklich gangbaren Weg zu finden. Der Weg muß aus diesen Strukturen hinausführen in ein wachstumsorientiertes Lernen.

4.2 Aspekte des Lernprozesses in der Ausbildung Jugendlicher

Prozesse lassen sich nicht steuern, sondern nur fördern, indem man mit ihnen geht und sich selber einbringt.

Wenn ein Spiel-Raum gegeben ist, wird die Grenze offenbar, an der sich die Entscheidung der anderen kristallisiert.
Prozesse sind nichts Lineares und bestehen nicht aus der Addition der beteiligten Beiträge. Das Geschehen in einem Gruppenprozeß ist mehr als das, was die einzelnen Individuen sind. Dies ist eine der wertvollsten Erfahrungen, auch für Jugendliche. Wenn im Laufe der Arbeit oder der Auseinandersetzung etwas Neues wird, ist der eigene Beitrag wichtig – unvergleichbar wichtig – und gleichzeitig oft nicht mehr als individueller identifizierbar. Das Erlebnis der Gemeinschaft bedeutet Teilhabe am Ganzen im Sinne des Aufgehobenseins und gleichzeitig Verantwortung für den eigenen Einsatz in diesem Ganzen. Diese Verantwortung aber liegt jenseits wertender Oben-Unten-Strukturen. Die Gemeinschaft ist der Ort, an dem der Mensch primäres Aufgehobensein oder primäre Verlorenheit erlebt. Gemeinschaft ist deshalb auch der mögliche Ort eines neuen Heilwerdens, wenn sie tragfähig ist; das heißt, eine Chance für jene, die nie richtig erleben konnten, was es bedeutet, zugehörig zu sein, aber auch ein generell wichtiger Lernprozeß für alle Beteiligten, um sich und die anderen besser kennenzulernen und eigene Grenzen zu erweitern. Viele Menschen hören in Selbsterfahrungsgruppen zum ersten Mal von Nöten und Problemen der anderen und gehen bis dahin leichtfertig über Äußerungen anderer hinweg, weil sie deren Tragweite nicht kennen. Andere glaubten sich mit ihren Schwierigkeiten stets allein. Ob ein Thema im Zentrum steht oder ein Problem besprochen wird, die Dynamik liegt – wo es sich wirklich um gemeinschaftliches Tun handelt – jenseits von Rivalität, Konkurrenz und einseitiger Leistungsorientierung. In diesem Klima wird auch das eigene Tun, die eigene Leistung verändert. Es geht nicht mehr um das nur ichorientierte Messen und Vergleichen. Spürbar wird viel eher das Bedürfnis, die eigenen Kräfte zu entdecken und zu brauchen, was auch eine bestimmte Form von Leistung fördert. Die eigene Leistung ist jedoch nie isoliert,

sondern steht immer im Bezugsnetz der Gemeinschaft und ist auch auf sie hingeordnet, jedoch nicht im Sinne eines Zugeständnisses, sondern eines Beitrags, der auch kritisch und abgrenzend sein kann. So wird es möglich, jenseits aller personbezogenen Wertfragen den eigenen Beitrag einzubringen, sei es, um Meinung und Stellungnahme der anderen zu hören, sei es auch, um sich mit einem neuen Aspekt, mit einer Erfahrung mitzuteilen.
Diese Lernprozesse sind nicht Stapeln von statischem Wissen, sondern ein ganzheitlicher Vorgang, an dem der Mensch mit all seinen Aspekten – den rationalen und emotionalen – beteiligt ist. Wissen bedeutet deshalb verstehen. Verstehen geschieht demnach auf verschiedenen Schichten unserer Person. Wir lehren die Kinder, Wissen gegen Erfahrung zu brauchen. Konzentration und Aufmerksamkeit haben etwas mit Spannung zu tun, die meist krampfhaft ist. Der Atem wird angehalten. Die Schüler „geraten außer sich". Wissen ist fremd, und indem der Lernende es ergreift, wird er sich selber fremd. Lernen als Tun wird wichtiger als in einem machtorientierten Unterricht, weil es ganz mit der Person zusammenhängt. Es ist – ohne Zusatz – wertvoll und kann doch auch wieder überschritten und damit losgelassen werden. Das Tun ist deshalb mit dem Lernprozeß eins und vermag auch Wandlung zu bewirken.
Die in diesen Prozessen gewonnene Erkenntnis ist dynamisch und nicht statisch. Sie ist ein Wissen, das im Moment ganzheitlich ist – aber nur als Ausdruck des Prozesses, der weiter fortschreitet. So wird auch das Wissen des Lehrenden und Erziehenden mitverändert. Er kann nie lehren, ohne gleichzeitig ein Lernender zu sein.
Damit wird die Zeit wichtig – die Zeit, die notwendig ist, um auf die tieferen Schichten der eigenen Person zu sinken. Mit Drill und Wiederholung wird genau das verhindert. Wir müssen warten, bis wir und bis die Schüler „es nehmen" können. Mit vielen zusätzlichen Klärungen zerstören wir den Raum, in dem dies geschehen kann.

Schüler und Lehrer bestärken sich sonst darin, daß nichts tiefer sinken darf, weil es Angst macht, wenn etwas Unvorhersehbares geschehen könnte. So wird das Neue vereitelt – die eigene Gestalt und diejenige der Gemeinschaft.

Wir brauchen in unseren Ausbildungen einen anderen Rhythmus. Der Rhythmus des Kopfes ist viel schneller als derjenige unseres Körpers. Wenn wir uns auf den ersteren festlegen, bleibt alles „im Kopf". Der Rhythmus müßte dem Gesamtprozeß entsprechen. Unsere Stundenpläne zerhacken die begonnene Bewegung. Es bräuchte mehr Raum für ein Thema oder Fach. Stille, Schweigen und Pausen müßten aus dem Geschehen selbst wachsen und nicht ausschließlich von außen bestimmt sein. Zudem müßte genügend Raum sein für die Entfaltung im Rhythmus der einzelnen Individuen. Aus dieser Bewegung könnte auch der Wechsel zwischen Groß- und Kleingruppe, Paar- und Einzelarbeit erwachsen. Wenn wir auf unseren Organismus hören gelernt haben, finden wir den eigenen Rhythmus und denjenigen von Bewegungen ganzer Gruppen.

In einem wachstums- und beziehungsorientierten Klima ist es auch möglich, sich ganzheitlich betreffen zu lassen und etwas mit Hingabe zu tun – sei es allein oder im Zusammensein mit den anderen, da das eigene Tun nicht isoliert und abgespalten ist. Im nächsten Kapitel werde ich versuchen, ein konkretes Beispiel zu geben.

In einem Klima das ‚a priori' wachstumsorientiert ist, lösen sich Oben-unten-Strukturen mit der Zeit von selbst auf. Das bedeutet , daß die Ausbildenden – Lehrmeister, Lehrer, Erzieher allgemein – mit ihren eigenen Impulsen und Problemen umgehen lernen, vor allem, sich im Raum der Beziehung zu wagen. Schon Martin Buber sagte, daß der gute Lehrende „ein Mensch, ein wirklich lebendiger Mensch sein muß, der für seine Schüler tatsächlich da ist; er erzieht durch Kontakt. Kontakt ist das wichtigste Wort in der Erziehung".

Das bedeutet, daß der – wie ich ihn nennen möchte – lehrend Lernende präsent ist als er selber. Mein Anliegen finde ich in Worten von Rogers ausgedrückt: „An erster Stelle steht das offensichtliche Realsein des Facilitators, sein Wille, Person zu sein und seine momentanen Gefühle und Gedanken zu sein und zu leben. Wenn dieses Real-Sein gegenüber dem Lernenden Wertschätzung, Sorge, Vertrauen und Respekt mitenthält, dann ist das Lernklima noch verbessert. Umfaßt das Real-Sein noch empfindsames und genaues einfühlendes Zuhören, dann herrscht wirklich eine befreiende Atmosphäre, die selbstinitiiertes Lernen und Entfaltung anregt. Dann exisiert das Vertrauen darin, daß der Lernende sich eigenständig entwickelt" (*Rogers* 1979, S. 128).
Das bedeutet wiederum nichts anderes, als daß Gestaltfindung im Raum der Beziehung geschieht, wie ich es schon in 1.5 dargestellt habe. Da in diesem Sinn auch die Begegnung prozeßhaft ist, entzieht sie sich ebenfalls der Manipulation. Beata schildert in einer Arbeit ihre Entwicklung als Lehrerin unter diesem Aspekt:

„. . . Während der ersten Praxisjahre war ich fast nur mit mir beschäftigt. Jeder Schultag war mein persönlicher Erfolg oder Mißerfolg. Ich hatte weniger die Entwicklung des einzelnen Schülers und das Werden der Klassengemeinschaft im Auge, als vielmehr meine eigene Profilierung. Ich disziplinierte die Klasse, damit mein Autoritätsanspruch unangetastet und nach außen hin ein ‚gutes' Bild gewahrt blieb (Ruhe, Ordnung, gute Leistungen, Erfüllung des Lehrplanes). Ich legte die Schulzimmerregeln fest, wählte die Themen, gab die Arbeitsaufträge. Die Schüler sollten gegenseitig freundlich und hilfsbereit, rücksichtsvoll und sorgfältig, spontan und trotzdem nicht frech, arbeitswillig, kooperativ und selbständig sein. Die Unterrichtsgestaltung bot den Schülern jedoch wenig Raum, um sich in diesen Fähigkeiten zu üben.
Durch äußere Strenge (Tadel, Drohung, Strafe) brachte ich scheinbar eine Klasse her, die funktionierte. Es gab darin Stars und Heimchen, Cäsaren und Tölpel, um in den Worten von F. Künkel zu sprechen. Ich stellte zwar die Fehlhaltungen der einzelnen Schüler fest (vor allem diejenigen, die mich störten) *vermochte aber nicht, infolge meiner eigenen Vorstellung, auf die sich gegenseitig zeugenden Rollenerstarrungen heilend, d.h. korrigierend einzuwirken.* Da bestimmte Verhaltensformen meinem Unterrichtskon-

zept dienlich waren (fleißig, angepaßt, gehorsam, aufmerksam), wertete ich sie positiver als andere (eigensinnig, frech, trotzig, ungehorsam). Sogenannte ‚negative' (störende) Verhaltensweisen unterdrückte ich, die ‚positiven' stützte ich. Ähnliches erfuhren die Schüler daheim.

Als ich ein Jahr eine Sonder-D-Klasse unterrichtete, (normalbegabte, verhaltensgestörte Kinder) machte ich die Erfahrung, daß sich diese Schüler zum Teil auch disziplinieren ließen, *daß sich aber ihre Störungen dabei verstärkten*. Wenn die Schüler im Schulzimmer, auf dem Pausenplatz oder auf dem Schulweg allein waren, traten die Schwierigkeiten deutlich zutage. Die Schüler foppten sich gegenseitig, schlugen den Schwächsten, bildeten Banden, zerstörten, was ihnen unter die Hände kam. Je autoritärer ich auf diese ‚Verfehlungen' reagierte, desto aggressiver wurde die Stimmung.

Ich lernte genauer auf das einzelne Kind hinzuschauen und begann den Unterricht dergestalt zu verändern, daß mehr Raum entstand für Selbsttätigkeit. Einzelne und Schülergruppen arbeiteten über bestimmte Zeitspannen hinweg an selbstgewählten Themen. Im Schulzimmer wurde es dadurch unruhiger und unübersichtlicher. Die Schüler waren von der neuen Arbeitsform fasziniert und verunsichert zugleich. *Die Störungen* der einzelnen *wurden manifest*. Einige rebellierten, teilweise verweigerten sie die Arbeit, da ihnen mein Diktat fehlte. Andere hasteten unruhig von einem Arbeitsversuch zum anderen und konnten sich nirgends finden.

Ich versuchte, während des Unterrichts Raum und Zeit zu gewinnen, um mit einzelnen Schülern zu arbeiten. Nicht etwa, um alle Schüler auf den gleichen Leistungsstand zu bringen, sondern um noch genauer zu erspüren, *wie der einzelne in der Welt* (Familie, Schule) *stand*. Zwar arbeitete ich an einem schulischen Bereich, aber ich achtete nicht nur auf die Leistung, sondern auch auf die Art, wie der Schüler dasaß, mich anschaute, ansprach, wie er atmete, schrieb, sich bewegte. Die Beobachtungen verhalfen mir zu gezielteren Hilfestellungen.

Die Schüler, mit denen ich eine kurze Zeit gearbeitet hatte, gingen meist entspannter und freudiger an ihre Arbeit zurück. Vielleicht deshalb, weil sie für Momente außer Vergleich gestanden hatten.

Die Arbeit mit dem einzelnen Schüler versagte immer dann, wenn ich selber ungeduldig fordernd neben ihm stand. Auch wenn ich meine Ungeduld verbal nicht ausdrückte oder ihn sogar noch freundlich aufmunterte, nahm der Schüler an meiner Haltung und Ausstrahlung wahr, daß ich nicht ihn, sondern mich meinte.

In Gesprächsrunden griffen wir Probleme auf, die sich laufend ergaben. Solche Gespräche verliefen selten friedlich. Es gab oft Tränen und Wutausbrüche. Ich unterbrach auch heftigste Konflikte

selten. Es gab aber Regeln, an die sich alle zu halten hatten: zuhören, den andern mit du ansprechen, nicht schlagen. Mir schien, daß einige Schüler spürten, daß sie getragen waren, auch wenn sie ihr ‚ärgstes' Gesicht zeigten, und das *ermutigte sie, vor sich und vor der Gruppe ohne Umschweife zu bestehen.* Solche Erlebnisse waren nur momenthaft, aber bedeutend für die Entwicklung der einzelnen Schüler.
Wenn ich meine jetzige Arbeit im Schulzimmer beleuchte (ich unterrichte momentan eine 2. Primarklasse), fällt es mir schwer von ‚Erziehungspraxis' zu sprechen. Das Wort ‚Erziehungspraxis' deutet meiner Meinung nach zu sehr auf eine Methode hin, die man wollen, lernen und im optimalen Fall konsequent durchführen kann. Im Schulalltag erlebe ich Erziehung als ein vielfältiges, schwer faßbares Geschehen zwischen mir, den einzelnen Schülern und der Klasse. Je mehr ich versuche, mich an erzieherische Grundregeln zu halten, desto mehr erfahre ich *Diskrepanz zwischen Idee und Wirklichkeit*, desto weniger stehe ich mir und dem Kind nah.
Nähe gelingt momenthaft und unterliegt nicht meinem Wollen. Die Atmosphäre im Schulzimmer trägt meine Ichhaftigkeit und diejenige der Schüler, die aus verschiedensten Familien kommen. Nur in dem Maße, in dem ich meine eigene Fehlhaltung durchschaue, bin ich fähig, die Motive, die hinter den Fehlhaltungen meiner Schüler stehen, zu sehen und zu korrigieren. *Diese Klarsicht zu üben*, scheint mir bedeutend.
Obwohl ich Tag um Tag viel Unheil in meinem Schulzimmer stifte und erfahre, glaube ich an die heilende Veränderung. Ich spüre, daß sie dann geschieht, wenn ich, *möglichst ohne Wertung, wahrnehme, was in mir, beim Kind und im Klassenverband geschieht.* In dieser Wahrnehmung wird mir stets neu bewußt, wie ähnlich wir uns sind (die Schüler, ihre Eltern, und ich) im Ringen um Macht, Geltung und Sicherheit. Jedesmal dann, wenn ich innehalten kann in meinen fehlerhaften Bestrebungen, und das kann jederzeit geschehen, weisen sich mir auch veränderte Wege in der Erziehung..."

Auch Erziehung wird sofort zur Manipulation, wenn sie sich von außen her orientiert, an Methoden und Techniken, und nicht von innen her an der eigenen Bewegung und an dem, was man durch Einfühlung in das Kind oder in Jugendliche wahrnimmt. Auch Erziehung heißt nichts anderes, als von dieser Wahrnehmung her Beziehung gestalten – wie es in Beatas Schilderung zum Ausdruck kommt.

Als ich selber mit Unterrichten begann, war ich von der Wichtigkeit der Begegnung und nichtwertender, ganzheitlicher Haltung überzeugt. Ich hatte jedoch nur gelernt, Wahrheiten als Inhalte zu verstehen und nicht als Prozesse. Ebenso vermittelte ich meine Überzeugung den Schülerinnen am Seminar – und war erstaunt, daß sie auch nur Inhalte aufnahmen, und diese bei ihnen keine Veränderung auslösten. Ich war, nur mit anderen Vorzeichen, genauso manipulativ wie diejenigen, von denen ich mich abzusetzen trachtete. Die Antwort meiner Schüler war denn auch Widerstand. Ohne zu ahnen, was ich tat, hatte ich jedoch meinen Schülern dadurch, daß ich gewisse Vorgänge benannte, eine Sprache gegeben, in die ihre lang unterdrückte Aggression eingehen konnte. Ich war darauf nicht vorbereitet und konnte mein Beginnen nicht einlösen. Doch wenigstens blieb unsere Situation ungereimt – und das sehe ich heute als den einzigen Gewinn meines ersten Versuches. Es gibt jedoch einen gekonnten Unterricht, der selbst die Beteiligung und einen „scheinbaren" Prozeß einbezieht, und dort, in dieser Lückenlosigkeit, jede Eigendynamik und jeden Widerstand auffängt. Dieses Umgehen mit Lernen ist viel gefährlicher, weil es schwerer durchschaubar und noch schwerer anzugreifen ist.
Das Ziel allen Lernens ist immer dasselbe: Wachstum und Integration zu fördern, ohne manipulieren zu wollen. Der Unterricht bietet die breiteste Möglichkeit, ist jedoch in bezug auf die Vertiefung beschränkt. Wieviel bei der Unterrichtsgestaltung möglich ist, können wir im Aufsatz von Ruth *Cohn* nachlesen. Ich zitiere den Anfang ihres letzten Aufsatzes:
„. . . Pädagogisch-therapeutisch ist jede Situation, die dem psychisch eingeengten Menschen hilft, Zugang zu sich selbst und zu andern zu finden, d.h. deutlicher zu empfinden, präziser wahrzunehmen, tiefer zu fühlen, klarer zu denken und sich bezogen auf den anderen auszudrücken. Eine pädagogisch-therapeutische Situation fördert die Fähigkeit, sich der Welt und sich selbst verant-

wortlich handelnd zuzuwenden und seiner autonom-interdependenten Wirklichkeit Rechnung zu tragen ..." (S. 176).

Es mag erstaunen, daß das Wort „therapeutisch" fällt, doch „heil werden" und „ganz werden" sind andere Ausdrücke für den Prozeß des Wachstums, um den es auch hier geht. In diesem Sinne ist jeder Lehrer zugleich auch Therapeut. Nehmen wir an, ein Schüler sei entmutigt und traue sich keine positive Leistung mehr zu. Wenn wir ihn ermutigen und ihm dazu verhelfen, seine eigenen Möglichkeiten wiederzuentdecken, dann ist eine Wunde geheilt und etwas „ganz" geworden, Wachstum gefördert.

Wir nennen sehr häufig fälschlicherweise die integrierten, zur Verfügung stehenden Kräfte „Begabungen". Doch diese Größe ist sehr relativ, weil wir meist als Lehrende und Erziehende von den durch Hemmungen und Ängste blockierten Fähigkeiten keine Ahnung haben. Pädagoge-Sein ist Wachstumshilfe auch im Rahmen eines bestimmten Faches, Themas oder einer Situation. Der Lehrer kann Fähigkeiten fördern und durch Ermutigung Anstöße geben, daß der Lernende fähig wird, die Steine, die ihn hemmen, wegzuräumen. Dies bezieht sich nicht nur auf Fachwissen, sondern auf die Fähigkeit des Lernens überhaupt, auf die Einstellung zu einer Aufgabe, auf das Zusammensein, die ungehemmte Möglichkeit sich auszudrücken und etwas zu sagen, wenn er etwas zu sagen hat. An die Stelle der Ängste treten dann Sachbezogenheit, die Entscheidung, wann er etwas sagen möchte, Wachheit und Freiheit gegenüber den anderen und Selbstverantwortlichkeit.

Es ist möglich, in der Schule ein Klima des Vertrauens zu schaffen, das auch die Ängstlichen ermutigt und in denjenigen, die ihre Unsicherheit durch Dominieren kompensieren, den Sinn für den Platz des anderen zu wecken und ihnen zu zeigen, daß sie ihren eigenen Platz auch ohne diese Dominanz haben. So kann der Konkurrenzkampf im Unterricht zugunsten der Entfaltung eigener Kreativität abgebaut werden. Die Kritikfähigkeit des Jugendli-

chen wächst, wenn er sich nicht mehr zu vergleichen braucht, sondern vor allem sich aus sich selbst und aus dem eigenen Potential entwickeln kann.
Wenn wir aufbauen, müssen wir von dem ausgehen, was da ist. Das Potential sind alle jene positiven Kräfte, die in einem Menschen vorhanden sind.
Neben dem Potential, das offen zutage tritt, gibt es solches, das auf irgendeine Weise verborgen bleibt. Um jene Kräfte, die frei strömen können, müssen wir wenig besorgt sein. Eigentlich bleibt uns nur, für sie Gefäß zu sein, wenn sie nach außen drängen.Die Offenheit des Lehrers und der Gruppe ist hier die wichtigste Voraussetzung. Durch diese Offenheit kann das Strömen verstärkt und intensiviert werden. Dadurch kommen oft auch Nähe und Intimität zustande. Auf der anderen Seite braucht es aber auch die Begrenzung, die mithilft, die eigene Gestalt zu bilden.
Ein anderes Problem ist der Austausch und die Balance der Kräfte. Es gibt Menschen, bei denen alles nach außen drängt, sie können nichts für sich behalten und haben schließlich auch kaum etwas für sich. Andere behalten alles drinnen und können es kaum nach außen geben. Wir müssen als Lehrer lernen, auch mit dem Balancieren umzugehen, obwohl der Grundtypus des einzelnen bleibt. Vor allem ist es für den Extrovertierten wichtig zu lernen, daß es auch gute Möglichkeiten gibt, bei sich zu bleiben und die Intensität in sich selbst zu spüren.
Wir haben von den frei strömenden Kräften gesprochen. Daneben gibt es jedoch solche, die gleichsam schlafen, und die erst „geweckt" werden müssen, wenn der Lehrer sie erspürt hat. Sie sind wie vergrabene und vergessene Schätze. Hier hilft vor allem ein unaufdringliches Ermutigen. Dann gibt es auch Kräfte, die wir als blockiert oder „eingesperrt" erleben. Wenn ein Mensch seine Kräfte spürt, beginnt er oft auch zu kämpfen – und der Widerstand wird größer. Wir müssen mit dem Widerstand gehen, bis der Betreffende Vertrauen genug hat, um loslassen zu können.

Wichtig als Lehrer ist es, intuitiv die Kräfte und Kräftemuster eines Schülers zu erfassen. Die freiliegenden Kräfte sind der Spielraum, in dem sich der Mensch gut bewegt. Davon müssen wir unbedingt ausgehen. So ist ein Mensch auch imstande, neue Kräfte in sich zu entdecken, sich vorzuwagen und zu experimentieren. Von da her ergibt sich eine Verbindung von Mut und Training.
Doch hier kommt ein neuer Aspekt: Wenn ein Mensch seine Möglichkeiten ausschreitet, kommt er an seine eigene Grenze. Diese Grenze ist mit starken Gefühlen belegt. Oft hat jemand das Gefühl, er könne und dürfe sie nicht überschreiten. Etwas Entscheidendes ist es, „an der Grenze" zu arbeiten und wirklich bis zu dieser Grenze vorzustoßen. Dabei geht es immer um eine eigene Grenze, nie um Vergleiche mit anderen. Bewege ich mich nur im Raum dessen, was frei strömt, wird es zur Routine und erstarrt. Das ist das Phänomen des *Manierismus*, das Erstarrungsphänomen.
Es ist schwierig zu lernen, daß wir stets in Bewegung sind und daß das Starren und Festhalten gegen die Lebensbewegung gerichtet ist. Es kommt also darauf an, die freien und positiven Kräfte zu finden, dann an die Grenze zu gehen und an dieser Grenze zu arbeiten. Hier liegt die Polarität von Akzeptieren und Erweitern. Die Begrenzung hat primär etwas mit unserer Gestalt zu tun. Wir schließen sie und öffnen sie wieder. Dies ist ein Grundrhythmus wie Atmen. Ihn einzuüben ist gerade im Jugendalter besonders wichtig. Immer dort, wo Schwierigkeiten sind, braucht der einzelne Vertrauen der anderen als Ermutigung. Es hat sich gezeigt, daß Kinder nicht *mehr* leisten, als der Lehrer von ihnen erwartet – die verbalen Botschaften sind hier of trügerisch.
Was uns als Lehrenden und Lernenden im Wege steht, sind unsere Vorstellungen. Wir stellen die Vorstellungen buchstäblich vor uns. Dadurch sind die anderen und sind wir uns selbst weniger gut wahrnehmbar. Vorstellungen und Wahrnehmung sind in diesem Sinn Gegensätze. Vorstel-

lungen lassen sich potenzieren: wie ich mir den anderen vorstelle; wie ich mir vorstelle, daß der andere sich mich vorstellt; wie ich mir vorstelle, daß der andere sich vorstellt, daß ich mir ihn vorstelle usw. Die Wahrnehmung bleibt einfach. Sie ist zwischen uns. Sie läßt sich verändern und ist damit dynamisch. Sie läßt Veränderung zu. Vorstellungen fixieren und klammern den andern aus. Er hat keine Chance mehr, und ich habe auch keine Chance mehr. Wahrnehmung wertet nicht, Vorstellung ist wert- und urteilsorientiert im Sinne des besser-schlechter und des außengerichteten Vergleichs. Dieselben Gegensätze betreffen auch einige andere Aspekte, wie wir mit dem Lernen umzugehen gewohnt sind und wie Lernprozesse geschehen. Etwas vom Wichtigsten ist es, *die Fragen zu finden*. Fragen haben etwas mit Interesse zu tun, mit meinem „Darinsein". Wir denken von Antworten her. Wir glauben, die Antwort – die Lösung – „haben" zu müssen. Antwort heißt in diesem Sinne „Ergebnis". Wir leben vom Ergebnisdenken. Das Ergebnis setzt voraus, daß es das „geben muß". Die Vorstellung in den Köpfen der Schüler ist ja, daß sie das herausfinden müssen, was der andere schon weiß, nämlich eben die Lösung. Fragen finden hingegen hat etwas mit Staunen zu tun. Wir staunen darüber, daß etwas ist, wie es ist. Und wir wollen wissen, wie es so ist, wie es ist. Oder wir fragen, ob es so sein muß, wie es ist. Das wäre dann schon die Haltung der Kritik.

Fragen finden heißt, „wahrnehmen", etwas an sich heranlassen können. Bei uns ist jedoch die Wahrnehmung verstellt. Wir leben mit Begriffen, anstatt mit Wahrnehmungen. Begriffe sind wie Münzen, die einen Automaten in Gang bringen. Dann läuft etwas ab. Wir sind jedoch – und das hat etwas mit dem Menschenbild zu tun – Wesen, die in einem Prozeß stehen. Uns kommt man mit Begriffen nicht bei. Aber sie sind die Münzen, die uns oft Zutritt zur Gesellschaft verschaffen.

Es ist auch wichtig, auf die *Struktur der Fragen* zu achten, denn es gibt fruchtbare und unfruchtbare Struktu-

ren. Eine der wichtigsten Fragen ist: *Wie*? Wie ist es, daß es so ist? Wie geschieht das? Damit sind wir nahe am Prozeß. Wir stellen eine Prozeßfrage. Wir können auch *woher* und *wohin* fragen. Kausaldenken allein ist jedoch ebenso unbefriedigend wie Lösungsdenken. Wichtig ist Weg- und Prozeßdenken. Und ebenso wichtig ist, daß wir mit drin sind in diesem Prozeß. Wir denken nicht allein um des Stoffes, um der Lösung willen. Wir denken, daß ein Prozeß geschieht *„zwischen"*. Ich denke auch nicht um meiner selbst willen. Fragen ist ein Geschehnis „zwischen". Jede echte Frage versucht ein Anliegen auszudrücken. In diesem Sinn gibt es keine „dummen" Fragen. Diese Kategorie rührt nur daher, daß wir alles an Ergebnis und Wissen und nicht am Prozeß orientieren. Oft besteht die Kreativität des Lehrers oder Mitschülers darin, dieses nicht ganz deutlich gemachte Anliegen zu erspüren und aufzuzeigen. Damit ist jede Frage und jeder Beitrag ein Anstoß in einem Gesamtprozeß. „Unechte" Fragen versuchen auch ein Anliegen auszudrücken, das jedoch – unausgesprochen – allein auf der Beziehungsebene liegt und im Grunde nicht auf der Sachebene beantwortet werden kann. Das Dilemma ergibt sich oft entweder daraus, daß der Lehrer auf der Sachebene einen Kampf aufnimmt, oder der Schüler durch die Rückführung auf die Beziehungsebene sich zu betroffen fühlt. Dennoch überhören wir meist die Einsamkeit, die hinter sogenannten „dummen" Fragen steht. Dasselbe gilt für das Gegenteil der „gescheiten" Fragen, die den Betreffenden – trotz aller Bewunderung – in eine menschliche Sackgasse führen und den Prozeß verhindern.
Das ergebnisorientierte Denken wurde mir vor Jahren anhand von Gruppenarbeiten deutlich. Ich wunderte mich, weshalb die Referate im Plenum immer so langweilig und für mein Gefühl nichtssagend waren, bis ich die Antwort im Vergleich des Gruppenprozesses und der Zusammenfassung fand. Alles, was den Prozeß ausmachte, die ganze Dynamik, alle Fragen und Widersprüche waren zugunsten von „Ergebnissen" eliminiert worden. Die Art, wie schon

Schüler lernen, ergebniszentriert zu arbeiten, vereitelt entweder den Prozeß selbst oder die Einsicht in seine Lernqualität. Es geht also vor allem darum, von einem ergebnis- zu einem prozeßorientierten Lernen überzugehen.
Im folgenden möchte ich anstelle weiterer theoretischer Erwägungen einen wichtigen Prozeß in meinem Deutschunterricht schildern. Einige grundsätzliche Überlegungen zum Schreiben seien vorausgestellt.

4.3 Schreiben als Chance, sich und die Umwelt zu erfahren und auszudrücken

Der traditionelle Aufsatzunterricht ist Vorstellungen und Maßstäben des letzten Jahrhunderts verpflichtet, die den heutigen Jugendlichen wenig zu sagen haben.
Als Deutschlehrerin mußte ich mich neu besinnen, was Schreiben für Jugendliche generell bedeuten kann. Die Frage stellt sich auch im Zusammenhang mit der Einzelberatung Jugendlicher. Ich möchte diese Überlegungen auch deshalb zunächst vertiefen.
Einen ersten Hinweis gibt uns die Frage: Was schreiben Jugendliche von sich aus? Wann schreiben sie? Zunächst, – sie klingt banal – wenn sie dazu Lust oder das Bedürfnis haben. Sie schreiben oft viele und lange Briefe, in denen sie auszudrücken versuchen, wie sie denken und fühlen. Meist sind es Briefe an Gleichaltrige, an Freunde und Freundinnen. Ich selbst habe meine ganze jugendliche Philosophie in Briefen ausgedrückt. Wichtig war mir und ist den meisten Jugendlichen, daß sie wissen, an wen sie schreiben. Sie imaginieren den Empfänger: „*Dir* schreibe ich das“, ist eine wichtige Voraussetzung. Als Lehrerin und als Jugendberaterin habe ich viele Briefe von Jugendlichen bekommen. Sie schreiben dann etwa: „Ich konnte es gar nicht richtig ausdrücken in der Stunde, deshalb schreibe ich Ihnen jetzt.“ Immer wieder sind

Briefe ein wichtiges Ventil im Werden des Jugendlichen. Immer häufiger werden diese Briefe auch in Mundart abgefaßt. Die Hochsprache ist für sie zu belastet, sie fühlen sich unter Formulierungszwang, der in der Mundart wegfällt. Sie kommen in der Mundart „näher an ihr Gefühl“. Eine andere Möglichkeit sind die Tagebücher. Sie erfüllen ein anderes Bedürfnis. Dort stehen meist die ganz persönlichen Dinge, die man auch Freunden nicht mitteilen kann, auch wenn das Geschriebene wenigstens in Gedanken an jemanden gerichtet ist. In Tagebüchern werden alle geheimen Dinge ausgesprochen, auch die Verzweiflung, das Durcheinander. Oder im Tagebuch werden Traumwelten aufgebaut, die überleben helfen. Hier ist Schreiben ein elementares menschliches Bedürfnis. Das Tagebuch wird zum Gegenüber, zum Gesprächspartner. Warum dann nicht sprechen? Warum dann nicht einen Brief schreiben? Zunächst ist das Schreiben überhaupt ein Klärungsprozeß. Es ist ja nicht so, daß der Mensch in diesen Situationen – und vor allem der Jugendliche – schreibt, was er schon weiß. Er schreibt, was ihm meist noch gar nicht klar ist. Der Weg zum Schreiben ist schon ein Prozeß. Es ist ein Akt des Dazu-Stehens. Was formuliert ist – wie auch immer – wird greifbar. Ein Gedanke, ein Gefühl hat Gestalt gewonnen. Ich habe ihm eine bestimmte Gestalt gegeben. Vielleich spüre ich „das ist es nicht“ und versuche es nochmals. Vielleicht spüre ich „genau so ist es ja“. Oder es kommen weitere Fragen. Schreiben ist eine Form intensiver Auseinandersetzung mit dem, was jemanden bewegt. Viele fühlen sich erleichtert, etwas „hinausgeschrieben“ zu haben. Eben weil es einen Akt des „so ist es“ bedeutet. Das Geschriebene zeigt „so ist mir zumute“, „so fühle ich“, „so denke ich“. Das Schreiben hat eine Eigengesetzlichkeit. Es führt oft irgendwohin, wo wir dann staunen, daß es in uns so ist. Wir können Dinge in uns entdecken, die vorher nicht bewußt waren. Eine Schülerin schrieb einmal am Ende ihres Aufsatzes, sie könne da nicht weiterschreiben, weil sie nicht weiter in sich vordringen könne. Das Schreiben war ihr Weg, der sie irgendwohin geführt hatte – und sie hörte auf, als ihr der eigene Weg zuviel wurde. Das ist dann umgekehrt auch eine Schwierigkeit. Es gibt Jugendliche, die Angst vor dem Schreiben haben, weil dann Dinge sichtbar werden, die bis dahin unter einem Schleier ruhten. Weil sie die eigene Erkenntnis kaum ertragen können. Es gibt überdies noch eine andere Angst, die vor dem Fixierten. „Wenn ich schreibe, ist das so endgültig, und das will ich gar nicht.“ Sie haben Angst, sich auf etwas festzulegen oder auf etwas festgelegt zu werden. Ich möchte später darauf zurückkommen, weil hier die Hemmungen für das Schreiben liegen können, und weil der Umgang mit Sprache oft von diesem Aspekt aus erst gesucht werden muß.

Es ist immer wieder erstaunlich, wie weit sich Jugendliche in dem, was sie spontan schreiben, vorwagen. Und sie gewinnen für sich eine Hilfe daraus. Jugendliche haben mir auch manchmal ihre Tagebücher gegeben: „Lesen Sie, dann verstehen Sie mich vielleicht.“ Und jedesmal war ich erstaunt, wie klar diese Jugendlichen sich selbst sehen konnten in ihren Fragen und Verwirrungen, aber auch in ihren Erkenntnissen. Die meisten Texte „stimmten“, wobei wir noch werden klären müssen, was es heißt, „ein Text stimmt“.

Es gibt bei Jugendlichen noch eine andere Möglichkeit des Schreibens, sie „dichten“. Es sind vielleicht weniger Jugendliche, die das tun. Doch war ich immer wieder erstaunt, wie oft auch mittelmäßige Deutschschüler für sich selbst Gedichte oder andere Texte verfaßten. Meist haben sie Hemmungen, diese Texte jemandem zu zeigen, außer vielleicht dem Freund oder einem Vertrauten. „Ich kann die Dinge, die mir wichtig sind, nur eingekleidet schreiben, sonst geht es mir zu nahe“, sagen manche. Andere möchten mit der Sprache experimentieren. Sie möchten das auch tun, was andere in Büchern tun. „Wie fühlt sich das an, wenn ich selbst schreibe, wenn ich selbst es mit der Sprache ganz bewußt wage?“, ist ein Motiv. Denn in diesen Texten kommt ja ein anderes Element hinzu: sich bewußt auf das Gestalten einlassen. Die Sprache tritt in den Vordergrund, der Prozeß des „Machens" wird wichtig. Hier taucht dann auch am ehesten die Frage auf, ob das nun gut sei, was der eine geschrieben hat. Die Empfindlichkeit der Jugendlichen in dieser Hinsicht ist außerordentlich groß. Sie können das Geschriebene kaum von sich selbst trennen – es ist ein Stück von ihnen.

Das Schreiben erfüllt also ganz wesentliche Funktionen im Entwicklungsprozeß des Jugendlichen. Er drückt sich aus, erleichtert sich, gewinnt Erkenntnisse über sich, teilt sie anderen oder seinem Tagebuch mit. In „dichterischen" Texten wagt er es ganz bewußt mit der Sprache und ihren Möglichkeiten. Jugendliche schreiben nicht nur gezwungenermaßen!

Und wie sehen die Schulmöglichkeiten aus? Geschrieben wird viel. Es werden Informationen notiert, Aufgaben aus allen Bereichen gelöst, die in einem „anständigen Deutsch" niedergeschrieben werden müssen. Immer wieder klagen die anderen Lehrer die Deutschlehrer an, sie brächten ihren Schülern dieses „anständige Deutsch" nicht bei. Ich fühlte mich oft betroffen, wenn mir ein Lehrer einen Text zeigte, den einer meiner guten Deutschschüler geschrieben hatte – voller Fehler und völlig ungelenk. Was war der Grund? Es mußte etwas mit Trennung zu tun haben und erinnerte mich an das Phänomen, daß ich im Deutschunterricht kaum geschichtliche oder biologische Daten erfahren konnte. Offenbar waren wir jetzt in der Deutschstunde – und man hatte auf „Deutsch" geschaltet. Ebenso gehört Deutsch in den Deutschunterricht. Das ist ein Grund, der uns auf die Kritik an unserem Unterricht führen wird. Die Jugendlichen schreiben auch, wenn sie offizielle Briefe verfassen oder in Jugendorganisationen Briefe und Plakate entwerfen müssen. Gebrauchssprache ist schlecht entwickelt, das können wir immer wieder feststellen. Und im Deutschunterricht? Herkömmliche Strukturen bestimmen die Aufsätze: Einleitung – Hauptteil – Schlußteil. Sie sind in Kategorien eingeteilt, meist stellt der Lehrer auch das Thema oder eine Themenauswahl. Die Schüler müssen erkennen, um was für einen Aufsatztyp es sich handelt und die entsprechende Form wählen. Sie sollen – vor allem in den oberen Stufen – „gute" Gedanken in ein anständiges Deutsch kleiden. Ich höre manchmal Schüler einander raten: „Du mußt es nur ein bißchen gut schreiben, das andere ist nicht so wichtig." Oft ist das Thema des Lehrers dem Schüler fremd. Trotzdem soll er etwas darüber schreiben. „Ein Schüler muß sich zu einem Thema Gedanken machen können", wird oft argumentiert. Dann kommt auch die Angst des Schülers, wie der Lehrer wohl den Aufsatz haben möchte. Die Angst vor den Noten und das Abtasten werden wichtig. Es bilden sich Vorstellungen in den Klassen, was der Lehrer „mag" und was nicht. Die Kriterien sind undurchsichtig. Man vergleicht sich. Der gute Schüler scheint der zu sein, der den Geschmack des Lehrers „getroffen" hat. Es gibt kaum Bemühungen um einen eigenen Stil – und was ist denn das überhaupt? Dazu kommt eine weitere Schwierigkeit. Der Adressat ist ja der Lehrer. Kein Schüler kann ganz davon absehen. Für die einen ist dieses Wissen erdrückend. Sie zensieren jedes ihrer Worte selbst, bevor sie es schreiben, was dazu führt, daß die Entwürfe oft besser sind als die endgültige Fassung. Andere Schüler sind blockiert, weil sie zwar persönlich schreiben möchten, es aber nicht wagen, sei es aus Angst vor den Noten, sei es aus Angst vor dem Lehrer. Es fehlt das Vertrauen. Schwierigkeiten entstehen oft auch, weil der Schüler dann, wenn er den Aufsatz schreiben sollte, nicht dazu aufgelegt ist. Freilich gibt es hier das Argument der Disziplin. Doch auch die Handhabung von seiten des Lehrers bringt Schwierigkeiten – nicht nur beim sogenannten „Stundenaufsatz". Das Endergebnis ist, daß der Aufsatz zu einem „Schulstoff" wird, und der Schüler in ihm seine Freude am Schreiben, sein Bedürfnis zu schreiben, nicht ausleben kann. Die Aufsätze werden bei den meisten trocken oder nichtssagend. Wenn man sie mit den freien Texten der Schüler vergleicht, sind sie zudem meist viel schlechter geschrieben. Der Aufsatz hat nichts mehr mit dem Schüler zu tun. Das gilt nicht für alle, doch für die meisten sind die eben beschriebenen Verhältnisse wichtige, hemmende Faktoren. Ein Potential, das vorhanden wäre, bleibt ungenutzt. Diese Situation ist nicht allein auf die Notengebung zurückzuführen, sondern ebenso auf den Umgang mit dem Schreibenden selbst.

Ich gehe davon aus, daß für die meisten Jugendlichen das Schreiben etwas Wichtiges ist. Viele haben sich das Schreiben außerhalb der Schule erhalten, andere die Freude bereits im Laufe der Schulzeit verloren, und wieder andere haben es gar nie entdeckt. Auch auf den früheren Stufen ist das Aufsatzschreiben oft in starre Strukturen eingespannt und hat wenig mit dem Bedürfnis des jeweilige Kindes zu tun. Ich höre dann: „Wissen Sie, ich konnte nie gut schreiben." „Gut schreiben" hieß dann immer, Aufsätze schreiben.

Freilich sind nicht alle Schwierigkeiten auf den Schulprozeß zurückzuführen. Es gibt noch ganz andere Dynamiken, die mit im Spiel sind: das soziale Gefälle, das nicht aufgefangen werden kann, die Familiensituation mit begabteren und unbegabteren Geschwistern und damit die frühe Entmutigung von zuhause u.a. Daraus ergibt sich für mich eine weitere Hypothese, die ich in meiner Arbeit immer wieder bestätigt fand: Die meisten Schwierigkeiten sind nicht eine Sache der Begabung, sondern der seelischen Hemmungen im Umgang mit Sprache. Sind diese Hemmungen abgebaut, schreibt der Schüler oft nachher viel besser und persönlicher.

Aus dem Gesagten ergeben sich für mich wichtige Punkte, die im Umgang mit der Sprache – hier mit der schriftlichen Gestaltung – wichtig sind:

– Bei den meisten Jugendlichen ist ein Potential an Sich-ausdrücken-Wollen und -Können vorhanden,das durch unsere Praktiken nicht gefördert, oft sogar zugeschüttet wird.

– Für den Jugendlichen ist es wichtig, ob ein Thema „sein Thema" sein kann oder nicht. Wenn es „sein Thema" ist, kann er sich engagieren, sonst nicht.
– Für den Schüler ist es auch wichtig, wie er mit der Zeit, in der er einen Text schreibt, umgehen kann.
– Die Strukturen, die wir dem Schüler auferlegen, laufen seinen eigenen Bedürfnissen oft zuwider. Sie haben mit ihm nichts zu tun.
– Noten führen zum Vergleich mit anderen statt zum Vergleich mit sich selbst. Es gibt nur eine bestimmte Kategorie von Texten, die durchsichtig benotet werden kann.
– Der Adressat seiner Texte ist für den Jugendlichen von großer Bedeutung. Im Aufsatzunterricht ist es der Lehrer. Es ist wichtig, wie er mit dieser Gegebenheit umgeht.
– Der Jugendliche identifiziert sich oft sehr stark mit dem Geschriebenen, vor allem wenn er wagt, persönlich zu schreiben. Dadurch ist er verletzbarer.
– Im scheinbaren Widerspruch zum eben Gesagten richtet sich der Jugendliche primär nicht auf die Allgemeinverständlichkeit aus. Er hat nicht „den Leser" im Auge, wenn er schreibt. Er geht von „seiner Welt" aus.
– Die meisten Schwierigkeiten sind nicht eine Sache der Begabung sondern der seelischen Hemmungen im Umgang mit Sprache.

Was ergeben sich daraus für Konsequenzen? Ich sehe sie etwa folgendermaßen:
Da die meisten Jugendlichen schreiben und schreiben wollen, gilt es, Wege zu finden, wie dieses Potential fruchtbar gemacht werden kann. Ich habe erfahren, daß es dem Schüler eine Hilfe sein kann, wenn er ein Feedback für sein Schreiben bekommt. Die Künstlichkeit des Aufsatzunterrichts kann mindestens verringert werden, wenn wir uns an den Bedürfnissen des Jugendlichen sich auszudrücken und Gestalt zu geben orientieren. Schreiben ist für ihn eine Hilfe, und wir können ihm zeigen, wie er damit besser umgehen kann.

Das hat zur Folge, daß wir mit Themen anders umgehen müssen. Keiner schreibt gut, wenn er nicht „sein Thema" hat. Andere Wege der Themenfindung müssen beschritten werden, und der Jugendliche benötigt immer wieder auch „seine" Zeit. Dasselbe gilt auch für die Strukturen. Unsere Strukturen sind nicht die seinen. Ein Schüler muß also auch die Möglichkeit haben, seine eigenen Strukturen zu finden und mit Strukturen und Themen zu experimentieren. Gerade, wenn er die Möglichkeit zum Experiment hat, läßt er sich auch auf die Formgebung ein, erlebt er die Sprachlichkeit der Sprache. Das setzt nun auch ein Vertrauensverhältnis zum Lehrer voraus, das jedoch erst hergestellt werden muß. Es ist nie einfach da. Wenn der Schüler mehr von sich gibt, ist er auch verletzlicher. Damit müssen wir umgehen lernen. Wichtig ist es auch, Schwierigkeiten beim Schreiben nicht auf Begabung oder Willen zu fixieren; oft stehen seelische Probleme dahinter, die mit Besprechungen abgebaut werden können.

Deshalb gibt es für mich auch mehrere Zielsetzungen im Aufsatzunterricht. Es geht darum – und daran zweifelt niemand – daß Schüler lernen müssen, den beruflichen Anforderungen gemäß mit Sprache umzugehen. Sprache reduziert sich jedoch nicht auf die Bewältigung des Alltags, auch des beruflichen Alltags. Sprachlicher Ausdruck trägt zur Persönlichkeitsbildung bei. Dieses vielgebrauchte Wort heißt für mich, daß der Schüler Sprache als seine Möglichkeit der Auseinandersetzung mit sich und der Umwelt einsctzen kann und darin durch den Unterricht gefördert werden muß. Er selber schreibt, kann mit Sprache kritischer umgehen und gewinnt oft auch ein anderes Verhältnis zur Literatur. Das bedingt jedoch, daß das Schreiben etwas mit ihm und dem, was ihn bewegt, zu tun haben muß.

Schüler lehren mich, wie ich mit ihren Bedürfnissen umgehen kann:

Das war mein Grunderlebnis: Ein Stoß Hefte, in zwei oder drei Gruppen eingeteilt, und dann korrigieren; ein paar Aufsätze, die mich angesprochen haben. Ich spürte,

daß das Thema ihnen „lag“. Nicht alle waren gut formuliert, doch sie „stimmten“. Und dann die anderen. Etwas Künstliches und Gequältes glaubte ich zu spüren. Und es kamen immer wieder dieselben oft allgemeinen Gedanken. Ich schrieb darunter „persönlicher“ oder „ist zu allgemein“, oder „ich verstehe nicht, wie Sie zu diesen Folgerungen kommen“, „der Aufbau ist nicht klar“, „wo sind die Schlußfolgerungen?“ und anderes mehr. Es waren Sätze, die ich auch unter meinen Aufsätzen gefunden habe. Und sie hatten mich – obwohl ich eine gute Schreiberin war – hilflos gemacht. Wie sollte ich persönlicher werden, wenn ich nichts Persönliches zu sagen hatte? Ich hatte mich mit guten Sätzen oder konstruierten Situationen gerettet. Und meine Schüler taten dasselbe. Manchmal gab ich ein freies Thema. Oft waren die Aufsätze dann insgesamt besser, bei anderen kam dann überhaupt nichts heraus. Schülerinnen sagten mir, ich hätte sie mißverstanden; oder sie waren enttäuscht, daß ich nicht bemerkt hatte, daß sie etwas Neues ausprobiert hatten. . .
Ich bemühte mich, bessere Themen zu finden – und ich hatte gute Schülerinnen, die mir dafür dankbar waren. Bei den anderen blieb alles beim Alten. Schon vor Jahren merkte ich allerdings, daß bei vielen das Problem nicht auf der sprachlichen Ebene lag und unterhielt mich mit einigen ausführlich über ihre Schwierigkeiten. Doch viele kamen zu kurz. Sie meldeten sich nie für Besprechungen, und ich sprach Schülerinnen nur selber an, wenn das Ergebnis trostlos war. Ich gab Erklärungen über Strukturen, doch es änderte sich an meiner Unzufriedenheit nichts. Die Schülerinnen nahmen es gelassener als ich, sie waren die Situation längst gewohnt.

Ich begann dann in einer neuen Klasse, sogenannte „Texte“ zu schreiben. Wenn wir ein Thema hatten, schlug ich ihnen vor, sie sollten für sich einen Text dazuschreiben – in welcher Form es ihnen entsprach. Ich benotete diese „Texte“ nicht. Doch andererseits konnte, wer wollte, seinen Text in der Klasse vorlesen. Die anderen bekam auch ich nicht zu Gesicht. Zunächst zögerten alle. Die Besten wagten sich dann allmählich hervor. Offensichtlich war es für sie schwierig, einen Text vorzutragen, der nicht schon meine Billigung hatte. Mein Grundsatz war: Ihr könnt sehen, wie jemand anders das Thema angeht. Wir wollen einfach davon ausgehen, wie der Text auf uns wirkt, was er uns sagt. Gesamturteile gab es keine. Wichtig war mitzuteilen, was bei jedem durch den Text geschehen war. Dann begannen wir auch zu besprechen, wie jeder an sein Thema herangegangen war. Einige hatten Bilder gewählt, andere eine gedankliche Gestaltung, andere ihre Gefühle niedergeschrieben, andere eine Geschichte daraus gemacht. Die Schülerinnen begannen zu diskutieren. Sie fragten einander: „Wie bist du auf diese Idee gekommen?“ „Was hast du mit diesem Bild gemeint?“ „Ich habe auch schon Ähnliches gedacht“ usw. Ich merkte, daß sich nun auch Schülerinnen vorwagten, die nicht zu den Besten zählten. Sie spürten, daß sie nicht beurteilt wurden. Mit der Zeit kamen auch sprachliche Probleme zur Diskussion. „Warum hast du dieses Wort gewählt?“ „Diesen Satz würde ich anders schreiben.“ Die Kritik ging nie darauf aus, einen Text von außen zu beurteilen sondern aus dem Prozeß des Verstehens. Die Aufmerksamkeit war darauf gerichtet, aus dem gegebenen Text das Beste herauszuholen, an konkreten Sätzen herumzufeilen, wobei der Anstoß nicht von mir kam. So war die Kritik auch nicht verletzend. Das Gesetz war, daß jeder bei seinem Eindruck und seinem Empfinden blieb. Zu meinem Erstaunen wurde die Frage „ist das jetzt gut?“ auch für die Schülerinnen immer weniger ein Problem meines alleinigen Urteils, sondern des Gesprächs. Sie wollten primär ihren Text mitteilen und eine Reaktion bekommen. Und sie lernten auch, ein Feedback zu verlangen, ihre eigenen Zweifel auszudrücken. Die Frage „wie kann ich das *machen*?“ wurde wichtig. Diese freien Texte waren oft besse als die Aufsätze, die sonst geschrieben wurden. Warum? „Ich kann dann etwas wagen, weil ich nicht Angst vor der Note habe.“ „Ich schreibe, weil ich entscheiden kann, ob ich es zum Lesen geben will oder nicht.“ „Wenn

mir der Text nicht gelingt, ist es auch nicht so schlimm.“ Diese freien Texte wurden immer begehrter.
Mit der Zeit bat ich die Schülerinnen, auch Aufsätze vorzulesen. Sie sollten entscheiden, ob sie das tun wollten. Es gab freilich auch Aufsätze, die ich selber gerne vorgelesen haben wollte, vor allem dann, wenn jemand eine ganz neue Möglichkeit gewagt hatte. Wieder war ich erstaunt, daß die Schülerinnen oft auch mit einer mittelmäßigen Note ihren Aufsatz vorlasen. Sie bekamen jedoch etwas Entscheidendes: die Anteilnahme der Klasse. Oft gab es sehr persönliche Gespräche über Ansichten oder Gestaltung. Das war jedoch erst möglich, als sich das Vertrauensverhältnis in der Klasse entwickelt hatte. Nicht alle Schülerinnen machten mit. Nicht alle wollten ihren Text vorlesen, auch dann nicht, wenn ich es gerne gehabt hätte. Spannungen mit Mitschülerinnen konnten ein Grund sein. Es ist nicht möglich, einander offen etwas mitzuteilen, wenn unausgesprochene Konflikte vorhanden sind. Doch im großen und ganzen war die Angst vor der Beurteilung kleiner geworden. Das war der Prozeß der Klasse. Mein Anteil dabei war, daß für mich nicht in erster Linie das „gut“ oder „weniger gut“ wichtig war, sondern das Verstehen des Textes.
Ich merkte jedoch auch, daß ich oft nicht verstand und die Schülerinnen damit verletzte. Es gab Dinge oder Bemühungen, die ich nicht aufnahm. Ich fühlte mich überfordert und wußte nicht immer genau, was die betreffende Schülerin im letzten Aufsatz geschrieben hatte, oder vielleicht noch weiter zurück. Manchmal erspürte ich auch das Anliegen nicht oder die Situation, aus der heraus der Aufsatz geschrieben worden war. Ich wußte, daß ich so Türen, die im Aufgehen waren, wieder zuschließen konnte. Wenn die Schülerinnen nachher zu mir kamen und mich stellten, erfuhr ich ihre Nöte – doch wie viele kamen nicht? Eines Tages sprach ich mit der Klasse über meine Schwierigkeiten und meine Überforderung, ihnen persönlich immer gerecht zu werden. Sie sagten spontan, das sei ja nicht möglich, gaben aber zu, daß sie dennoch

verletzt seien, wenn es ihnen selbst so mit mir ergehe. Da kam eine Schülerin auf die Idee: „Wir könnten ja dazu schreiben, was wir eigentlich gewollt haben.“ Ich griff diese Idee auf, und wir machten ab, daß jede Schülerin unter ihren Aufsatz auch einen Kommentar schreiben könne, der mir helfen würde, ihr Anliegen, die Situation und die Gefühle besser zu verstehen. Mit der Zeit schrieben sie auch dazu, wie sie ihren Aufsatz selber einschätzten. Diese Möglichkeit war für mich eine große Hilfe. Wichtig war dabei, daß niemand gezwungen wurde. Manchmal stand auch nichts darunter oder „Der Aufsatz spricht für sich“, oder „ich kann nichts dazu schreiben“. Ich meinerseits fing an, ebenfalls einen persönlichen Kommentar beizufügen – auch nicht immer. Dann hieß es etwa: „Warum haben Sie mir in den letzten drei Aufsätzen nichts geschrieben – ich möchte auch eine Stellungnahme.“ Weil die Regel von beiden Seiten nicht streng gehandhabt wurde, gab es auch zu reden. Eingehen war so besser möglich, doch jede Schülerin mußte die Chance selbst ergreifen. Ich fühlte mich nicht generell verantwortlich dafür, ergriff die Initiative, wo ich Probleme spürte, doch die Verantwortung übernehmen konnte und wollte ich nicht. Auch so konnten Mißverständnisse entstehen, doch ein intensiverer Dialog war möglich geworden.

Dann kam ein neuer Schritt. Der Ausweg der „freien Texte“ befriedigte mich nicht ganz. Zudem hatte ich weitere Probleme, Probleme, die jeder Lehrer kennt: den Abgabetermin und die damit verbundenen Ausreden. Ich hatte es satt. Ich mochte auch die schnell hingeschriebenen Aufsätze nicht, denen man den Zeitdruck ansah, und ich mochte das Feilschen um Termine nicht mehr. Da kam mir eine Idee. Ich sagte zu den Schülerinnen: „Ich habe das Hin und Her mit den Terminen satt. Ich möchte mit euch etwas ausprobieren. Ich gebe euch eine Anzahl von Themen für ein ganzes Semester. Ein Thema ist frei, dann könnt ihr schreiben, was ihr wollt. Am Ende des Semesters müssen alle Aufsätze abgegeben sein.

Doch ich habe eine Bedingung. Es dürfen nicht alle Aufsätze erst am Ende des Semesters abgegeben werden, sonst fühle ich mich überfordert mit Korrigieren." Die Schülerinnen gingen darauf ein. Eine sagte: „Es ist auch nicht gut, alle Aufsätze am Ende abzugeben, sonst hat man ja gar keine Möglichkeit, etwas anzuwenden, was man im letzten Aufsatz gelernt hat." Ich war gespannt auf das Ergebnis. Als ich die Aufsätze korrigiert hatte, war ich erschlagen. Sie alle waren viel besser als die bisherigen Aufsätze. Nur die Staffelung im Semester hatte noch nicht ganz funktioniert. Als wir über das Ergebnis sprachen, sagten viele: „Mir fiel plötzlich ein, daß ich ja aus dieser Erfahrung einen Aufsatz machen konnte. Ich schrieb ihn noch im Zug nieder." „Ohne Druck ging es viel besser." „Ich fand das freie Thema so gut, da konnte ich wirklich schreiben, was mich bewegte." „Ich habe gemerkt, daß es ganz viele Dinge gibt, die ich schreiben möchte." Der Erfolg dieser Maßnahme war viel größer, als ich es mir gedacht hatte. Auch mit den Terminen hatte ich immer weniger Mühe. Freilich gab es Schülerinnen, die das ausnützten. Diese Möglichkeit habe ich ihnen zugestanden. Ich ging nur von dem aus, was ich für mich wollte: annehmbare Arbeitsbedingungen. Das wurde weitgehend akzeptiert. Freilich gab es auch Schülerinnen, die den Druck vermißten und erst damit umgehen lernen mußten. Damit hatte ich gerechnet.

Die Aufsätze waren spontaner und vielfältiger geworden. Neue Ideen kamen. Ich spürte, daß diese Texte etwas mit den Schülerinnen zu tun hatten, daß es weitgehend die ihren waren.

Im folgenden Semester ging ich noch einen Schritt weiter und formulierte die Themen mit den Schülerinnen zusammen. Daneben blieb das freie Thema und zudem gab es Themen, die aus dem Unterricht erwachsen waren. Wir verwendeten sie vor allem für die Stundenaufsätze. Dazu kamen Interpretationen von Texten, Erstleseprotokolle zu literarischen Texten, Gruppenarbeiten usw. Mir machte der Unterricht mehr Spaß und den Schülerinnen auch.

Ich meine nicht, daß dies die einzige Möglichkeit sei, mit Aufsatzunterricht umzugehen. Das Wichtigste war für mich, mit den Schülerinnen *gemeinsam* einen Weg zu suchen, zu dem alle „ja" sagen konnten. Die Möglichkeiten sind von der Klasse, vom Lehrer und von der gemeinsam erlebten Zeit abhängig. Am Anfang waren die freien Texte auch deshalb wichtig, weil die Schülerinnen einen Freiraum brauchten, bevor sie mehr Vertrauen in mich und in die Klasse gefaßt hatten. Wir mußten gemeinsam herausfinden, was im Augenblick für uns richtig war. Das wachsende Vertrauen ermöglichte auch mehr Offenheit, mehr Persönlichsein, mehr Experimentieren. Es nützte ja nichts, den Mädchen zu sagen, sie könnten mir schon vertrauen, ich würde es nicht ausnützen. Es mußte erst glaubhaft werden. Für mich wurden die Aufsätze immer mehr auch zu einem Geschenk, wenn ich sah, wie die einzelnen sich wagten. Wer allgemeiner bleiben wollte, hatte das Recht dazu. Für die meisten war es jedoch begehrenswert, persönlicher schreiben zu können.
Ein Problem blieb die Notengebung. Es gab unter uns Abmachungen. Zum Beispiel wurden Experimente nicht „bestraft". Wagte eine Schülerin etwas Neues und es mißlang, rechnete ich den Aufsatz nicht an und half ihr, einen besseren Weg zu finden. Wir waren uns selten uneins über das Geglücktsein. Die Zeugnisnoten besprachen wir miteinander. Das gab oft Gelegenheit, den eigenen Entwicklungsgang zu reflektieren. Auch Krisen mußten Platz haben. Eine gute Schülerin kam eines Tages zu mir und sagte, sie wisse nicht mehr weiter, sie können nicht mehr schreiben. „Ich fange die Aufsätze an, und dann kommt mir alles so sinnlos vor, was ich schreibe. Es trifft meine Wirklichkeit nicht, sie ist viel komplexer." Ich sagte ihr, sie solle alle Aufsatzanfänge zusammenstellen und mir geben, damit ich auch von ihr einen Text habe. Als ich diese „Anfänge" durchlas, waren es sehr feinsinnige Aphorismen. Die Schülerin war im Augenblick nicht imstande, einen längeren Text zu schreiben. „Ich kann Ihnen schon einen Aufsatz schreiben, aber dann ist er nicht

von mir, und das will ich nicht.“ Nach fast einem Jahr erhielt ich wieder einen zusammenhängenden Text. Die Schülerin hatte einen neuen Stil gefunden. Für mich war das nie eine Regel. Ich kann nur versuchen, hinzuhören und zu verstehen, wo ein Schüler gerade steht. Daraus ergibt sich für mich die Art der Abmachung. Auch Grenzen setzen war für mich in diesem Zusammenhang wichtig. „Alles durchgehen lassen“ war für mich nie eine echte Möglichkeit, weil ich dann den Schüler auch nicht ernst nehme. Das System kann mir die Verantwortung nicht abnehmen, und ich kann sie den Schülern nicht abnehmen.

Wichtig war für mich in diesem Prozeß, daß die Klasse mehr wagte und auch – ohne daß ich es forderte – mehr Sinn für den Stil und Stilfragen entwickelte. Auch in den Bemerkungen zu ihren Aufsätzen kamen immer mehr Überlegungen zur Form, zum Stil, zu ihrem Vorgehen. Sie lernten, mit dem Prozeß des Schreibens umzugehen und ihn bewußter einzusetzen. Sie begannen auch, den Prozeß ins Schreiben selbst aufzunehmen, lernten zu merken, wenn ein Aufsatz „stimmte“ und daß es Krisen gibt, wenn ein neuer Stil sich entwickelt. Diese Entwicklung läßt sich nicht forcieren, jede hat ihren eigenen Weg. Sie begannen, die Strukturen bewußter zu wählen – nicht alle, aber viele, und hatten mehr Beziehung zur eigenen Sprache. In ihren Aufsätzen war viel Vertrauen. Das war schön für mich, aber auch schwerer, weil sie verletzbarer waren. Ich mußte lernen, damit umzugehen. Ich habe gelernt, daß der Raum, den ich ihnen ließ, ihren Prozeß möglich machte, und daß ich so mehr von ihnen lernen konnte. Ich habe nicht alles einlösen können und sie auch enttäuscht, wenn ich nicht hingehört habe. Ich weiß es von denen, die mir das gesagt haben. Und dadurch lernte ich wieder. Was ich von meinen Schülerinnen gelernt habe, kann ich ihnen nicht mehr zurückgeben, ich kann es nur weitergeben – wie sie auch.

Doch auch das Bedürfnis, den eigenen Aufsatz weiterzugeben, wurde größer. Das persönliche Teilnehmenlassen stand jetzt im Vordergrund. Manchmal hieß es auch: „B. willst du uns nicht deinen Aufsatz vorlesen, ich finde ihn so wichtig.“ Einmal sagte eine Schülerin, nachdem eine andere ihren Text gelesen hatte: „Weißt du, ich wäre beinahe hinausgelaufen, so hat mich der Text berührt. Ich habe richtig Angst bekommen. Hast du das wirklich so erlebt?“ – „Ja, in den letzten Ferien, da war mir so.“ – „Und jetzt, ist es vorbei?“ – „Ja, doch das Schreiben hat mir gutgetan, damit bin ich das Erlebnis eigentlich erst losgeworden.“ „Das geht mir oft auch so. Ich brauche das Schreiben, um mit dem Problem zurechtzukommen.“ „Ich finde das mutig, daß du uns das vorgelesen hast, ich könnte das nicht.“ – „Ich habe auch zuerst gezögert, aber dann dachte ich, es sei ja ich selbst, und da kann ich auch dazu stehen.“ „Ich habe eine neue Seite an dir kennengelernt.“ „Mir würde das Angst machen, ich möchte nicht fixiert werden.“ „Ich bin doch nicht immer gleich – in einem anderen Moment würde ich etwas anderes schreiben.“ – „Und da hast du keine Angst, daß man dich darauf festlegt?“ – „Nein, ich kann mich ja wehren.“ „Ich kann mich nicht so gut wehren, ich denke immer, was die anderen dann denken und lasse mich beeinflussen.“ „Dieses Risko gehen die Schriftsteller auch ein. Manchmal werden sie mißverstanden.“ „Das würde mir wehtun, wenn ich denke, daß ich etwas Persönliches schreibe, und dann zerreißen mich die Kritiker.“ „Vielleicht haben sie mehr Abstand von dem was sie schreiben.“ „Das glaube ich nicht. Sie müssen eben einfach schreiben.“ „Das ist mir mit diesem Aufsatz auch so ergangen. Ich habe ein anderes Thema gesucht, aber immer kam wieder dieses zum Vorschein. Da schrieb ich halt den Aufsatz.“ – „Das geht mir auch oft so. Ich muß einfach.“ „Dann kommt bei mir der Text auch viel wahrer heraus, als wenn ich künstlich etwas suche. Eben weil ich ganz drin bin.“ „Ich muß immer einen gewissen Abstand zum Thema haben, sonst kann ich nichts darüber schreiben. Dann fehlen mir die Worte.“ „Bei mir ist es genau umgekehrt. Wenn ich wenig Beziehung zum Thema habe, gibt es ein Geknorz." „Ich spiele auch manchmal mit einem Thema und schaue, was dann herauskommt. Ich mag die Sprachspiele auch neben allem Ernsten." „Ich erschrecke manchmal beim Schreiben, weil da etwas herauskommt, was ich gar nicht wollte. Früher habe ich es dann zerrissen, jetzt lasse ich es stehen." „Solch persönliche Dinge kann ich nur sagen, nie aufschreiben. Sie wirken sonst viel unpersönlicher." „Bei mir ist es umgekehrt. Ich muß es schreiben, da kann ich mir Zeit lassen. Sonst denke ich immer: die anderen werden sicher ungeduldig, und dann kommt überhaupt nichts mehr heraus." „Ich glaube, die Schriftsteller schreiben auch, wenn sie etwas beschäftigt, das ist ihre Möglichkeit. Andere machen Musik oder malen. Das ist bei uns in der Klasse ja auch so. Nicht alle machen es mit der Sprache." „Für mich ist es etwas anderes, ob ich schreibe oder Musik mache. Das Schreiben brauche ich, um mir klar zu werden, in der Musik drücke ich einfach meine Gefühle aus." „Ich schreibe oft auch, um Gefühle auszudrücken. Für mich ist da kein Unterschied." „Es schreibt sicher jede von uns aus einem anderen Grund. Ich selbst kann nur schreiben, wenn ich mir vorstelle, an wen ich schreibe."

Aus diesem Gespräch wird vielleicht ein weiterer Gewinn klar: Die Schülerinnen werden sich ihrer Motive zu schreiben bewußter und lernen, daß nicht jeder es gleich erlebt. Sie fangen an, sich mit dem Schreiben selbst zu befassen, auch mit dem literarischen Schreiben und versuchen zu ergründen, was in einem Schriftsteller vorgeht, wenn er schreibt. Immer wieder kamen Fragen in dieser Richtung. Die Begegnung mit den literarischen Werken wurde persönlicher. Die Fragen bekamen einen Bezug zu ihnen selbst. Auf diese Weise wurde Kunst neu verstehbar von der eigenen Erfahrung und dem eigenen Tun her.

Die Gespräche über das Aufsatzschreiben lehrten mich etwas sehr Wichtiges: Fast alle Jugendlichen konnten einigermaßen gute Aufsätze schreiben, wenn man ihnen herauszufinden half, wo die Schwierigkeit lag und wie sie zu überwinden war. Eine Schülerin schilderte mir zum

Beispiel, daß sie einen Entwurf nach dem anderen schreibe und zuletzt überhaupt nicht mehr wisse, was richtig sei. Ich schlug ihr vor, beim nächsten Aufsatz genauso zu verfahren, mir aber die Entwürfe auch abzugeben. Es war, wie ich erwartet hatte: Die ersten beiden Entwürfe waren die besten Texte, locker und spontan, gut formuliert. Die folgenden wurden immer gezwungener, weil sie dem entsprachen, was sich die Schülerin unter einem Aufsatz vorstellte. Sie brauchte mein Feedback, um es mit ihrer eigenen Sprache zu wagen. Eine andere Schülerin schrieb immer sehr trockene Aufsätze. Sie waren gedankenreich, aber die Betreffende war gar nicht zufrieden. Ich riet ihr, einmal im Aufsatz genau das zu schreiben, was ihr in den Sinn komme – auch die Gedanken, die ihr zum Schreiben selbst kommen und die Fragen, die auftauchen. Sie begann auf das zu achten, was in ihr vorging, indem sie es aufschrieb. Das bedeutete, daß sie nicht einfach über den „Kopf" sondern in ganzheitlichem Kontakt mit sich selbst schreiben lernte. Mit der Zeit bekam sie mehr Spaß am Schreiben, weil es mit ihr zu tun hatte. So fand ich mit der Zeit eine Form des Unterrichts, in der der Prozeß im Unterricht und der Weg, den die Schülerinnen persönlich in ihrer Arbeit zurücklegten, aufeinander wirkten. Wo Schwierigkeiten oder Fragen auftauchten, bestand die Möglichkeit von Einzelgesprächen, obwohl ich hier nicht alles tun konnte, war mir vorschwebte, weil ich überfordert war und mit meinen eigenen Grenzen umgehen lernen mußte.

Ich gebe nun ein paar Aufsätze aus jener Klasse wieder. Sie sind so ausgewählt, daß einige Themen und Aspekte, die für das Jugendalter bezeichnend sind, zur Sprache kommen:

„*Momente.* Für Momente lösen sich alle Rätsel, für Momente scheint mir die ganze Welt offenbart, für Momente sehe ich Gedanken und Bilder des anderen. Mein Bauch springt auf, öffnet sich und breitet sich in phantastischen Farben aus. Dann, wie der Film einer Explosion, den man rückwärts laufen läßt, schließt er sich zum vollen Ganzen, es ist wieder dunkel. Ich kann mich nicht auf die Lösung des Rätsels, auf meine Gedanken während dieses in Wirklichkeit sicher nur Sekundenbruchteile dauernden Augenblicks zurückbesinnen. Ich bin wie gelähmt und habe nur ein farbiges Bild einer Explosion als Erinnerung. Es ist, als habe sich mir in dieser kurzen Zeit mein ganzes Unbewußtes gezeigt. Ich versuche, durch intensives Denken diese Momente zurückzuholen und heraufzudenken. Aber das bewußte Denken scheint mich nur mehr wegzutragen.

Momente, die wie ein Lichtbild in einen dunklen Raum, wie ein kurz aufblitzendes Lichtbild in mein Hirn schießen. Eine Sekunde ist da das Bild des Menschen, mit dem ich gerade spreche, in mich hineingezündet. Ich weiß, es ist dasselbe Bild. Der Abzughebel der Pistole ist im Innern des anderen.

Momente, in denen ich glaube, eine grade erlebte Situation schon geträumt zu haben. Es gelingt mir nie, weiterzukommen.

Momente, in denen ganze Erlebnisse hergeholt sind, und ich mich mitten drin fühle.

Momente, sie kommen unverhofft, während Gesprächen, Gedankengängen, während der Arbeit.

Momente des Alltags."

„*Wanderung durch eine Seele* (Selbstportrait). Es ist dunkel ringsumher, so dunkel, daß ich die schwarzen Wände nur noch ahnen kann. Sie ragen auf beiden Seiten in die Höhe, manchmal nahe und bedrückend, doch nicht erfaßbar, manchmal weit, sich verlierend – aber immer dunkel. Nicht gerade sind diese Wände. Sie biegen sich nach unten in den Boden, nach oben wölben sie sich zu unsichtbarem Dache über mir. Und weit in der Ferne verzweigen sie sich in Gänge, verschlungen und irrend. Doch ich fühle, daß ich ihre Gesamtheit erkenne und sicher bin in diesem Dunkel. Ich gehe weiter.

Plötzlich schweben mir Augen entgegen. Augen, als wären sie aufgehängt an unsichtbaren Fäden. Sie treten aus dem Dunkel, schwingen auf und nieder und kommen näher, näher. Ich greife nach den vordersten Augen, packe sie und lege sie in meine Tasche. Jedes einzelne greife ich aus der Luft, lege es zu den anderen, bis ich alle Augen eingesammelt habe. Ich liebe es, Augen zu sammeln.

Bald begegne ich einem älteren Mann. Er trägt nur graue Kleider, grau und farblos und leer. Er scheint nicht da zu sein, aber er ist da: grau und farblos und leer. Er ist krank, sehr krank, aber nach außen hin sieht man nichts. Schnell gehe ich an ihm vorbei, denn ich mag Kranke nicht. Der graue, kranke Mann sieht mir nach bis ich im Dunkeln verschwunden bin. Er würde es wohl gern sehen, wenn ich nochmals zu ihm zurückkäme. Aber ich will nicht mehr zurückgehen, denn ich mag Kranke nicht.

Bevor ich weiter durch die dunklen Gänge wandere, baue ich hinter mir eine Mauer aus roten Backsteinen, aus vielen roten Backsteinen. Die Mauer reicht von der einen Wand zur anderen Wand. Kein Windhauch soll mehr von der anderen Seite herüberwehen. Die andere Seite soll dieser Seite fremd werden. Es ist nämlich einfacher, den Weg fortzusetzen, wenn man nicht mehr zurückgehen kann.

Doch bevor ich Zeit habe, den letzten Stein einzusetzen, kommt ein Mensch. Er ist einer jener Menschen, die kein Gesicht haben und doch immerfort lächeln. Der Mensch nimmt mich bei der Hand und deutet an, daß er mich auf meiner Wanderung durch diese dunklen Gänge begleiten möchte. Verzweifelt wehre ich mich. Doch der Mensch kann nicht begreifen, daß ich versuchen möchte, ohne ihn auszukommen. Entrüstet bleibt er an der unfertigen Mauer zurück, währenddem ich in die nächtliche Dunkelheit entfliehe.

Im nächsten Gang ist es noch dunkler; wie in Fetzen hängt die Schwärze von oben herab und läßt mich straucheln. Mühsam taste ich mich an den gewölbten Wänden entlang – und fühle mich trostlos und allein. Doch unversehens erblicke ich etwas Gelbes auf dem Boden. Ich bücke mich und erkenne ein dickes, volles Eigelb. Darauf liegt eine kleine Fotographie von einem Büblein, das kaum einjährig sein mag. Nach längerem Hinschauen merke ich, daß die Fotografie langsam wächst, größer wird, wobei das Eigelb zusehends kleiner und runzeliger wird, als gäbe es seinen Inhalt der Fotografie zur Nahrung. Das Büblein auf dem Bild wird auch immer größer, älter, und ich spüre ein tiefes Verlangen, hierzubleiben und zu warten, bis das Büblein auf dem Bild erwachsen sein würde.

Doch jäh werde ich aus meinem Träumen gerissen. Weiter in der Ferne erblicke ich ein loderndes, züngelndes Feuer, das mich innerlich ruft, näherzukommen. Verwirrt und geblendet lasse ich das Eigelb liegen und nähere mich dem lockenden Licht.

Anfangs schlagen mir wilde Flammen entgegen, verwehren mir die Nähe, doch dann weichen sie zu beiden Seiten, lassen mich eintreten in ihre Mitte. Darauf schließt der Feuerkreis sich wieder. Mein Herz fühlt sich wohl hier und meine Seele geborgen. Mein Geist aber beobachtet die tanzenden Flammen, den wechselnden Reigen des Lichts. Auf einmal erhebt sich eine einzelne Flamme, sie änderte sich langsam, nur leicht, und wird dann zur Erdkugel umgewandelt. So geschieht es auch mit den anderen Flammen: Sie werden zu Sonnen, Monden, Sternen. Weiterführend ihren Tanz erheben sie sich ans Firmament. Ich bin geblendet von dem Schauspiel.

Doch ach, nun ziehen Nebelschwaden auf, zu bekämpfen das helle Licht. Schleichend versuchen sie, das Feuer zu erdrücken, und ein böser Kampf beginnt.
Ich weiß nicht, ob der Kampf noch andauert, denn ich bin geflohen, habe mich versteckt im hintersten Dunkel. Aber auch hier bin ich nicht sicher. Denn plötzlich schleichen sich Schlangen her zu mir, befehlen mir, ihrem Tanze zu folgen und ihre Bewegungen nachzuahmen. Ich weine und sage, ich sei keine Schlange, ich könne nicht tanzen wie Schlangen, doch sie lachen nur und hören nicht zu.
Aber nach einer Weile sehen sie ein, daß ich nicht tanzen kann nach ihrer Art. Sie sind böse deswegen und schicken mich zu einer schmalen Treppe. Dort soll ich hinuntersteigen und die Türe öffnen. Ich gehorche, weil ich nicht anders kann, denn Schlangen sind mächtiger als ich. So öffne ich die Türe vorsichtig. Ein Gewimmel von großen Käfern und langbeinigen, spitzigen Spinnen bewegt sich bedrohlich im Halbdunkeln. Dazwischen schlängeln sich rote, dicke, kurze Würmer. Mich erfaßt ein urhaftes Grauen und das blinde Verlangen, nur fortzukommen von hier. Aber ich kann nicht schreien, kann nicht weglaufen, bin gefesselt an dem grauenhaften Ort. Verzweifelt grabe ich meine Fingernägel in den Boden und merke, wie es schmerzt. Meine Seele schmerzt: „Ich habe zu tief gegraben."

„‚*Unwichtig sein (können)*'.
Ich bin da.
Ich lebe.
Ich gehe Schritte vorwärts,
und es sind meine Schritte.
Ich sehe die Blumen an,
und sie kennen mich.
Und meine Hände formen Dinge
von mir.

Wir sind da.
Wir leben.
Wir gehen Schritte vorwärts,
und es sind unsere Schritte.
Wir sehen die Blumen an,
und sie kennen uns.
Und unsere Hände formen Dinge
von uns.

Das können wir auch.

Ach, könnte ich einmal
uns beiseite stellen,
damit ich Dich
neben mir haben kann!
Von Stund' an gingen meine Füße
in anderem Schritt
als die Deinen,
und ich würde Kunstwerke formen,
über die Du staunen könntest.

Aber noch bin ich in uns,
ohne Dich,
im Großen, Weiten.
Noch gehen meine Füße gleich
wie unsere Füße,
da wir zu viele sind,
als daß ich anders gehen könnte.

Das macht mir Angst.

Nachts wälze ich mich
in meinem Bett
und suche nach neuen Dingen
von mir.
Aber immer –
haben wir sie schon gefunden.
Wir sind eben zu viele.

So sind die Nächte schlaflos,
und ich habe Angst.
Ich sehe die Tage nicht mehr
und das Lachen,
und im Nebel versuche ich,
vorwärts zu fliehen, –
verfolgt von uns.

Aber ich muß doch!
Denn, bleibe ich stehen,
bin ich schon wieder in uns,
umhüllt und eingebettet –
versteckt.

Wir sind alle gleich groß,
weil wir so viele sind,
und wenn ich fehle,
verteilt ihr euch gleichmäßig
auf dem leeren Platz.

Wenn ich fehle?
Wäre dies eine Erlösung?

Nein, das kann mir
nicht alles sein!
Denn, fehle ich,
wo bin ich dann noch?
Dann bin ich nicht da.
Dann lebe ich nicht.
Dann gehe ich keine Schritte vorwärts,
die meine Schritte sind.

Das ist keine Erlösung.
Das ist nur Tod.

Ich aber will leben,
lebendig leben.
Nur –
sind wir uns nicht zu viele,
um zu leben?

Vielleicht,
wenn es mir nichts ausmachte,
gleich groß zu sein
wie wir.
Vielleicht,
wenn es mir nichts ausmachte,
versteckt zu sein
in uns.
Vielleicht wäre es dann möglich.

Wenn ich nachts keine Angst mehr hätte,
zu schlagen,
während andere weitergehen.
Wenn ich keine Angst hätte,
vergessen zu werden
von uns.
Vielleicht wäre dies meine Befreiung.

Aber noch bin ich ins uns
und nicht fähig.
an meinem Platze
stehen zu bleiben.

Noch habe ich Angst und fliehe.
Noch denke ich,
es sei wichtiger,
größer zu werden –
als befreit zu sein."

4.4 Lernprozesse in den verschiedenen Gruppenformen

Die meisten Aspekte, die für Lernprozesse wichtig sind, gelten für alle Formen von Gruppen, ob das Schwergewicht mehr auf dem Fach oder den persönlichen Problemen und Schwierigkeiten liegt.
Im Unterricht gilt dies für die Themenkreise des entsprechenden Faches. So entsteht, wie das Modell von Ruth Cohn zeigt, eine flexible Balance zwischen dem Thema, den beteiligten Individuen und dem Gesamt der Gruppe. Dieses dynamische Ganze ist wiederum in einem weiteren Bezugsnetz, das vom Umfeld gebildet wird.
Die Bezüge lassen sich etwa folgendermaßen darstellen:

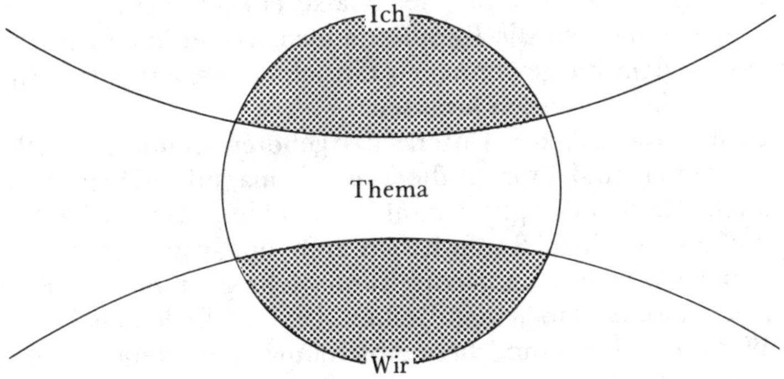

Zum Thema gehören wesentlich auch die persönlichen und die gemeinschaftlichen Aspekte. Es entsteht ein Netz von Bezügen und eine Dynamik, in der aus den verschiedenen beteiligten Aspekten etwas Neues wird. Der einzelne bringt seinen Bezug zum Thema, seine Fähigkeiten, Kenntnisse, seine Ideen und Phantasien, aber auch seine blinden Flecken, Schwierigkeiten und Hemmungen mit. Er verkörpert die Ebene des Gegenwärtigen, aber auch seine Geschichte. Dasselbe gilt für die Gruppe als ganze.

Es gibt jedoch nicht nur den Bezug zum Thema, sondern auch denjenigen zwischen Gruppe und Individuum mit allen Anregungen, Ergänzungen, aller Kritik, Schwierigkeiten und Spannung. So ist das Thema nicht ein „Stoff" sondern ein Beziehungsgeflecht, das in ständiger Bewegung begriffen ist.
Der Durchschnittsunterricht – vor allem nach der Primar- oder Grundschule – reduziert das Thema meist auf den Stoff, was zur Folge hat, daß alle sich gar nicht oder nur wenig angesprochen fühlen. Der Stoff wird als Wissen vermittelt. Im Grunde gehört jedoch ein ganz weiter Bereich mit zur Gestaltung des Themas, der stets unterdrückt werden muß. Ich vergesse nicht, wie eine dritte Gymnasialklasse mir mehr als eine Stunde nur davon sprach, daß es allen verleidet sei, sie keinen Sinn in der Arbeit mehr sähen usw. In einer Arbeitswoche erarbeiteten wir neue Unterrichtsformen, die der Klasse entsprachen. Mit der Zeit versandeten die Impulse jedoch wieder in einem Klima, in dem die gewonnenen Einsichten nur auf einer „Insel" realisiert werden konnten.
In den Bereich des Unterrichts gehören mindestens alle Gedanken und Fragen, die zum Thema auftauchen, aber auch alle Schwierigkeiten, alle Ablenkung. Das bedeutet, daß all das einen Raum haben muß, um ausgedrückt werden zu können. Im Deutschunterricht geht es zum Beispiel darum, daß jemand einen Text nicht leiden kann. Wir versuchen dann, diese Ablehnung zu verstehen. Meist stellt sie einen fruchtbaren Beitrag zur Interpretation dar, kann aber auch ein Stück Selbsterkenntnis sein. Eine Schülerin sagte einmal: „Ich will immer, daß eine Geschichte gut ausgeht. Ich schaffe es einfach nicht, meine heile Welt zu verlassen." Das ist ein persönlicher Aspekt, zeigt jedoch auch, worum es dem Autor vielleicht geht: gerade diese Welt zu zerstören. An diese Erkenntnis kann sich ein wesentliches Gespräch über die Aufgabe solcher Texte anschließen oder über die offenbare Dominanz kritischer, ja „negativer" Texte in der Moderne. So ensteht ein Bezugsnetz, in dem jedes echte Anliegen

seinen Platz hat und die Dynamik anstößt. Wichtig sind auch die persönlichen Ideen und Assoziationen zu einem Text, wenn sie als solche erkennbar sind. Häufig habe ich mit Schülern Erstleseprotokolle verfaßt und anschließend mit ihnen reflektiert, was sie aufgenommen, was sie umgedeutet, übergangen und wie sie weiter phantasiert hatten. Es ging um das Aktivieren des Potentials in der Klasse, aber auch darum, an den Widerstand, den der Text selbst gibt, heranzukommen, um zu erfahren, was ein Dialog mit einem Text sein kann, wo die eigene Phantasie und Intuition beim Verstehen hilft, jedoch an der Realität des Gegenübers seine Grenze findet. So lernen Jugendliche mit ihrer Subjektivität umzugehen und sie am Gegenüber zu begrenzen – sei es ein Mensch oder eine Ausdrucksgestalt eines Menschen. Dieselben Erfahrungen sind so auch auf eigene Texte oder diejenigen der Kollegen anwendbar. Wo diese Offenheit besteht, ist auch die Dynamik in der Gruppe wichtig. Es braucht Raum, damit Fragen und Probleme ausgesprochen werden, aber auch Schwierigkeiten untereinander oder mit dem Lehrenden ausgetragen werden können, ebenso Probleme des Lernens im betreffenden Fach. Die Anstöße reichen jedoch oft weiter. Manchmal gelangen sie erst in einem wohlwollenden Klima an die Oberfläche. Es kommen auch ganz existentielle Fragen auf, die vom Thema angestoßen sind, jedoch viel tiefer zielen; oder eine wichtige persönliche Problematik wird sichtbar.
Es gibt keine konkrete Grenze dessen, was im Unterricht noch Platz finden kann und was nicht. Sicher darf die Balance zwischen Thema, Individuum und Gruppe sich nicht zu lange und ausführlich in eine Richtung verschieben. Manchmal schließen sich auch Einzelgespräche mit Jugendlichen an, einerseits solche, die den Unterricht unmittelbar betreffen, aber auch solche, die vor allem den persönlichen Erlebnisbereich angeben. Im letzten Kapitel habe ich gezeigt, daß auch Aufsatzbesprechungen oft auf persönliche Schwierigkeiten führen und weniger auf fachliche.

Ein ganzheitlicher Unterricht muß also einen weiteren Raum umfassen, wenn er Prozesse zulassen will. Das würde heißen, daß die Ausbildung der Lehrenden selbst auf diese Aspekte viel mehr Gewicht legen müßte und nicht nur die intellektuellen Fähigkeiten ausbilden dürfte. Vom Unterricht können auch tiefe persönliche Probleme angestoßen werden, die vielleicht in der Klasse oder beim Lehrenden Gehör finden können und dennoch – falls die Bereitschaft da ist – eine gründlichere Beratung nötig machen. Wenn in einer Institution eine Jugendberatung möglich ist und sich ins Ganze integriert hat, können Jugendliche auch viel eher diese Probleme aufkommen lassen, weil für sie ein Raum da ist. Voraussetzung bleibt jedoch, daß diese Beratung von denen, die die Institution tragen, akzeptiert ist.

In einer Klasse von Jugendlichen bestehen jedoch auch all jene Fragen und Schwierigkeiten, die in den vorangehenden Kapiteln zur Sprache kamen, häufig ausgelöst durch den Unterricht. Sie bilden den Hintergrund des Alltags – auch des Schulalltags. Für sie ist ein Freiraum nötig, damit sie nicht das Leben und die Energien der Jugendlichen besetzen. Das reicht jedoch als Begründung nicht aus, sonst ginge es ja nur darum, daß die Jugendlichen „gut funktionieren" – und das kann man auch anders erreichen. Vielmehr bedeutet ein solcher Freiraum die Chance, den Wachstumsprozeß der Jugendlichen ganz allgemein fördern zu helfen.

Ich habe selbst am Lehrerinnen- und Kindergärtnerinnenseminar in Menzingen einen solchen Freiraum geschaffen und mit Klassen aus anderen Schulen wenigstens in Arbeitswochen realisiert. Es wurden hier all jene Bereiche angesprochen, die im Leben eines Jugendlichen entscheidend sind – so weit, wie die einzelnen Klassen gehen wollten. Auch hier stand ein Thema im Zentrum, auf das der Prozeß im Sinne der TZI (Themenzentrierte Interaktion) bezogen blieb, während die kleinen Selbsterfahrungsgruppen in den oberen Kursen auf freiwilliger Basis bestanden und ausführlicher auf die einzelnen eingehen konnten. In der Arbeit mit Rita (siehe S. 128 ff. und S. 135 ff.) spielen diese Gruppen eine große Rolle. Zudem nehme ich immer wieder Jugendliche, die gegen zwanzig gehen, in gemischte Selbsterfahrungsgruppen auf. Im folgenden Kapitel möchte ich die Arbeit mit den Klassen im Freiraum, den ich „Soziales Lernen" nannte, näher darstellen, während die anderen beiden Gruppenarten in meinen Beispielen schon zur Darstellung gelangten. Innerhalb des „Sozialen Lernens" kann sich das Schwergewicht auf der Ebene der Gespräche und Verarbeitung von Fragen, Schwierigkeiten und Problemen befinden oder sich in die Richtung gestalterischen Ausdrucks bewegen, der in sich ja ebenfalls eine therapeutische Wirkung im weitesten Sinn hat. Diesem gestalterischen Ausdruck wird das letzte Unterkapitel gewidmet sein.

Die Übersicht sieht folgendermaßen aus:

Gruppen mit Jugendlichen

- Schulunterricht
- Soziales Lernen
- Selbsterfahrungsgruppen mit Jugendlichen
- Gemischte Selbsterfahrungsgruppen

4.5 Soziales Lernen – die Gruppe als Raum der Begegnung und Selbstbegegnung

Wenn jeder Lehrer die Wachstumsbedürfnisse seiner Schüler wahrzunehmen und zu fördern vermochte, wäre die Ganzheitlichkeit des Lernens und die Balance zwischen Thema, dem einzelnen und der Gruppe gegeben. Doch meistens bleibt weder für den Prozeß des Individuums noch der Gemeinschaft Raum, und der Kontakt

mit dem Thema reduziert sich auf die Ebene von Wissen und Kenntnis, wie ich zu zeigen versucht habe.
Ich habe im Seminar von Menzingen deshalb ein Konzept erarbeitet, das in diesem Sinne ergänzend wirken sollte und auch Bereiche aufnahm, die eigentlich in den Fachunterricht gehörten. Das vorgelegte Konzept kann darum einerseits als Vorschlag für andere Schulen verstanden, oder auch als Überlegung zu ganzheitlichem Unterricht interpretiert werden.
„Soziales Lernen" als „Fach" sollte zunächst das, was im Unterricht zumindest als Aufgabe indirekt gegeben ist – Beziehung zu sich und den anderen, Lernbereitschaft, Fruchtbarmachen der eigenen Fähigkeiten usw. – zum Thema machen und aufarbeiten. Es handelt sich deshalb nicht um ein Fach im traditionellen Sinn, sondern um einen Frei- und Übungsraum ohne den Druck des leistungsgebundenen Unterrichts. Zur Sprache kommen jedoch auch all jene Themen, die Jugendlichen für ihr Wachsen wichtig sind, also Ablösung, Sexualität, Kontakt mit dem anderen Geschlecht, Gemeinschaft, Beruf und die Frage nach dem Sinn des Lebens, wie es in den vorangehenden Kapiteln beschrieben wurde. Doch all diese Fragen sind Beziehungsfragen. Deshalb möchte ich davon ausgehen.
Wenn in diesen Stunden themenbezogen gearbeitet wird, läßt sich meist nicht die Intensität der Einzelgespräche oder der freiwilligen Selbsterfahrungsgruppen erreichen, dafür jedoch oft eine breitere Unterstützung des Wachstumsprozesses, ein Training in Gespräch und Auseinandersetzung durch all das, was in der Gruppe jeweils geschieht. Zudem erlebt jeder Beteiligte, daß andere ähnliche Fragen, Schwierigkeiten und Probleme haben und fühlt sich dadurch oft weniger isoliert und bekommt mehr Selbstwertgefühl. Den Fehlern und Schwierigkeiten wird so ihr Tabu genommen. Ich versuche dieses Erlebnis auch zu verstärken durch Fragen wie: „Wem geht es ebenso wie X?". Bei dieser Erkenntnis bleibt es oft nicht, sondern die Jugendlichen fangen an, einander

zu fragen, wie sie mit ihrer Schwierigkeit fertig geworden sind und was sie gedacht und gefühlt haben.
So werden Erfahrungen ausgetauscht, oder es tauchen neue Ideen und Vorschläge auf. Umgekehrt haben viele Jugendliche bisher recht problemlos gelebt und die Probleme der andern eher bagatelisiert. Sie lernen jetzt, was hinter bestimmten Äußerungen steht und haben Gelegenheit, sich ins Innere des andern zu versetzen anstatt nur die Fassade zu sehen. Das *Verstehen anderer Menschen* und deren Nöte, die sie oft hinter Arroganz, Ablehnung oder Überlegenheit verstecken, wird gefördert, wodurch auch eine gute Balance zwischen Abgrenzung und Offenheit möglich wird. Gerade Jugendliche haben oft so schnell Angst, abgelehnt zu werden, wenn man erkennt, wie sie wirklich sind. Diese Ängste können im Sozialen Lernen ein Stück weit abgebaut und das Gefühl der Zugehörigkeit vertieft werden. Jugendliche lernen auf diese Weise auch, einander zu respektieren mit ihren Stärken, aber auch mit ihren Schwierigkeiten und Problemen. Viele sehr intensive Gespräche drehen sich darum, wie man mit den *eigenen Gefühlen der Unsicherheit* – die man meist gar nicht zugeben kann – umgehen soll. Ein Mädchen gestand in der Runde: „Da kaufe ich mir ein neues Kleid und komme nach Hause. Immer muß ich es meiner Mutter zeigen, die es dann beurteilt. Wenn sie nur die leisesten Zweifel zeigt, bin ich so verunsichert, daß ich das Kleid in den Schrank hänge und nicht mehr anziehe. Ich ärgere mich zwar furchtbar darüber, zeige dies aber niemandem. Meiner Mutter gegenüber tue ich so, als ob es mir nichts ausmache." Ähnlich harmlose, aber auch schwerer wiegende Probleme tauchen immer wieder auf im Zusammenhang mit dem Selbstvertrauen.
Wir machen oft Rollenspiele miteinander, in denen die Verhaltensweisen dargestellt und neue ausprobiert werden. Meist sind die Mitschüler sehr eifrig im Herausfinden alternativer Verhaltensweisen. Um die Kommunikation zu erleichtern, gibt es häufig Aufteilung in kleinere Gruppen, in denen auch sehr scheue Jugendliche auftauen und

zu sprechen wagen. Innerhalb einer längeren Zeit bestehen die verschiedensten Arrangements: mit jemandem sprechen, der mir vertraut ist, mit jemandem, den ich als ganz anders erlebe, mit jemandem, der mir Schwierigkeiten bereitet, mit jemandem, der mir noch sehr fremd ist usw. Doch die Gruppe muß bereits ein gewisses Gefühl der Zusammengehörigkeit haben, damit diese Arrangements überhaupt zu verantworten sind. Dabei lernen die Jugendlichen eine Menge über Vorurteile, Projektionen, eigene und fremde Schwierigkeiten oder über die Ähnlichkeit von Problemen bei verschiedenen Äußerungsformen.

Es bietet sich auch die Gelegenheit, die *eigene Abgrenzung* zu thematisieren und in den Gesprächen zu trainieren, etwa indem nur das aus den Feedbacks angenommen wird, was für die eigene Person stimmt. Schwierig zu lernen ist für viele auch, „nein“ zu sagen, wenn sie etwas nicht tun wollen, worum sie gebeten werden, oder wenn wir eine Übung machen, mit der sie sich überfordert fühlen. Die Angst aufzufallen ist in diesem Alter besonders stark. Hier ergibt sich die Gelegenheit, immer wieder über die eigenen Phantasien zu sprechen und sie von der Realität des anderen unterscheiden zu lernen. In diesen Zusammenhang gehört auch die Entscheidung darüber, was man aus den eigenen Gefühlen und Gedanken mitteilen will und was nicht. Die TZI nennt das „selektive Authentizität“. Manchmal frage ich am Ende der Stunde, wer jetzt noch etwas nicht ausgesprochen habe, was er gerne sagen möchte.

Es ist zwar einfacher, seine Probleme nur einem einzelnen Menschen mitzuteilen, und oft gibt es auch gar keinen anderen Weg, doch ist es häufig fruchtbar, wenn man die Schwierigkeit in einer Gruppe sagen kann und dann erlebt, daß die anderen einen nicht ablehnen sondern sogar besser annehmen können als vorher. Ermutigend ist das Feedback: „Jetzt verstehe ich dich viel besser. Du bist mir näher gekommen.“ Zudem bieten die Gespräche einen Einstieg in pädagogisches Denken überhaupt und

helfen vielleicht auch, die Schwierigkeiten der zukünftigen Schüler, Lehrlinge oder Kollegen aus dem eigenen Gefühl und Erleben besser zu verstehen. Das Fruchtbarste ist, wenn die Schüler beginnen, Schwierigkeiten und auch Schönes aus eigenem Antreib mitzuteilen. Die Atmosphäre wird dadurch offener und entspannter.
Es gibt immer Jugendliche, die solche Gespräche ablehnen, meist, weil sie Angst haben. Ich gehe von der Voraussetzung aus, daß diese Ablehnung für die Betreffenden im Augenblick gut ist. Es gibt eine Zeit für alles, und nicht für jeden fällt sie auf den gleichen Zeitpunkt. Problematisch wird es erst dort, wo mit dem Verhalten eines Jugendlichen die Klasse oder Gruppe blockiert wird. Hier sind Gespräche nötig, vielleicht nur so weit, daß auch die Jugendlichen lernen, Schwierigkeiten eines anderen, die sie stören, bis zu einem gewissen Grad anzunehmen, ohne die eigenen Gefühle verleugnen zu müssen.
Das *Zusammensein zu lernen* ist etwas vom Schwierigsten und Wichtigsten im Jugendalter. Die größte Gefahr besteht für viele darin, das eigene Unbehagen nicht auszudrücken sondern nachzugeben, weil man das Ausgestoßenwerden befürchtet. Die Konsequenz ist meist, daß man eine heimliche Wut bekommt. Entweder tritt sie ganz überraschend doch zum Vorschein, oder die Gemeinschaft splittert sich in Grüppchen auf, die einander bekämpfen. Man will den anderen schonen und treibt ihn gerade dadurch in Isolation. Sicher müssen die Jugendlichen auch lernen, Kritik zu ertragen. Das ist in diesem Alter besonders schwierig, weil der junge Mensch ja gerade beginnt, sich selbst als eine Person mit eigener Verantwortung und Entscheidungskraft zu erleben. Meist sind sie furchtbar unsicher und denken viel darüber nach, was andere von ihnen denken. Auch der Protest gegen die Eltern ist oft mit Unsicherheit und Schuldgefühl verbunden. Dennoch ist es gerade für Jugendliche wichtig, die eigenen Bedürfnisse wahrzunehmen und sich dann mit denjenigen der anderen auseinanderzusetzen um so neue Formen des Miteinanderseins zu finden.

Wie kann das geschehen? Häufig erwächst ein entsprechendes Thema aus der Klassenatmosphäre heraus, zum Beispiel: „Wann tue ich etwas nicht, was ich gerne tun möchte und was sind die Konsequenzen?“ Oder: „Wie gehe ich damit um, daß ich traurig bin?“ „Kann ich meinem Freund sagen, daß ich ihn liebe?“ Hier erlebt jeder, daß es verschiedene Meinungen gibt, daß nicht für jeden dasselbe richtig ist, ohne daß einer von den Diskussionspartnern deshalb seinen Standpunkt aufgeben muß. Wir können erleben, daß es nicht Schwäche bedeutet, dem anderen zu sagen: „Was du mir sagst, verletzt mich.“ Im Gegenteil, ich kann lernen, daß ich stark bin, wenn ich zu mir stehe und dadurch auch die Freiheit gewinne, auf den anderen einzugehen. Die Themen, die für Jugendliche brennend wichtig sind, haben eine große Vielfalt. Es tauchen mit der Zeit sehr viele Fragen auf, die das Umgehen der Jugendlichen mit sich selbst und mit ihrer Umwelt betreffen. Ich führe ein paar Fragen exemplarisch an:

- Was kann ich in- und außerhalb der Schule für mich tun, wenn ich deprimiert bin?
- Wie gehe ich mit meinen körperlichen Bedürfnissen um? Mit Gefühlen, die sich auch körperlich stark äußern wie Wut oder Angst? Wie lerne ich, auf meinen Körper zu hören?
- Wie gehe ich mit Kritik um? Wie lerne ich sie von meinen destruktiven Impulsen unterscheiden?
- Wie gehe ich mit meiner Trauer und mit derjenigen anderer um? Wie gehe ich mit meiner Teilnahme um? (Angst, lächerlich zu wirken, dem andern zu nahe zu kommen, abgewiesen zu werden usw.)
- Wie kann ich lernen, zu meinen Gefühlen zu stehen?
- Was macht eine Freundschaft aus? Wie wählt man einen Freund/Freundin? Wann ist man reif für Intimbeziehungen? Was spielt beim Verlieben mit?
- Was kann ich tun, wenn ich mit den Eltern ständig Krach habe?
- Was bedeutet für mich das Leben? Der Tod?

Oft finden *existentielle Gespräche* statt, die für mich selbst als Lehrende wichtig sind. Dann bin ich meist sehr berührt, wie viel und tief Jugendliche über diese für uns alle entscheidenden Fragen denken. Ich kann hier keines dieser Gespräche anführen, denn sie lassen sich nicht planen und aufzeichnen. Sie fallen uns allen zu, wenn wir Vertrauen zueinander gewonnen haben und deshalb auf Absicherungen und Manipulationen verzichten können. Ich bin in diesen Gesprächen auch immer so tief einbezogen, daß ich sie nachher nicht rekonstruieren kann. Sie bleiben ein Geschenk des Augenblicks.

Die Gespräche beziehen sich jedoch auch auf den Alltag – sei es der Schulalltag oder derjenige zuhause mit den Eltern, Geschwistern und Freunden.

Eine der wichtigsten Fragestellungen geht darauf hin, wie Jugendliche das *Lernen lernen*. Einerseits geschieht dies durch den Unterricht exemplarisch selbst, so wie ich es im letzten Kapitel zu zeigen versucht habe. Die leistungsorientierte Arbeitsweise bietet jedoch ein Modell an, bei dem das Ergebnis und nicht der Lernprozeß wichtig ist. Deshalb können wir einerseits in der Interaktion im Sozialen Lernen mit dieser Fragestellung umgehen, ohne sie direkt zu thematisieren, andererseits besteht eine Vielfalt von Themen, die sich in diesem Zusammenhang besprechen lassen.

Es gibt Lerngesetze, die allgemeingültig sind und Techniken, die den einzelnen Fachbereichen zugehören. Doch vor allem ging es uns darum, den eigenen Arbeitsrhythmus und die eigene Art des Lernens zu finden. Die Frage nach dem Umgehen mit den Aufgaben ermuntert zur Überlegung, womit jeder Schüler Erfolg hat und wo er immer wieder scheitert. So haben wir auch die Vorschläge der einzelnen Schüler zu den verschiedenen Fächern zusammengetragen, wodurch die Schüler voneinander lernen können. Fragen der Aufgabengestaltung sind etwa: Zeiteinteilung, Schwierigkeit der Arbeitsgestaltung unter Druck, Verteilung von schriftlichen und mündlichen Aufgaben. Wann fange ich mit den Aufgaben an? Wie gründlich müssen Aufgaben gemacht werden? Konzentrationsfähigkeit usw.

Man kann generell die Wichtigkeit von Pausen und die Pausengestaltung (Übungen) besprechen, kann dem einzelnen die Möglichkeit geben, herauszufinden, wie er am besten einteilt, indem wir seine Erfahrungen gemeinsam besprechen. Wo große Schwierigkeiten auftauchen, berührt sich dieser Themenkreis mit einem zweiten, demjenigen der Lernstörungen. Dazu gehören Konzentrationsmangel, Prüfungsangst, Angst, im Unterricht etwas zu sagen, Unfähigkeit, das Wesentliche zu erfassen, lähmender Perfektionismus und „Faulheit". Ich möchte auf zwei Punkte näher eingehen.

Zunächst die Hemmungen im mündlichen Unterricht! Das Problem führt bei vielen über die Schulsituation hinaus, weil diese Hemmungen sich unter Umständen auch in anderen sozialen Kontakten zeigen. Häufig sind Gruppen und ganze Klassen gespalten in solche, die immer reden und solche, die nicht reden.

Die Themenformulierung heißt etwa: „Wann rede ich und möchte eigentlich nicht. Wann rede ich nicht und möchte es eigentlich tun?" Meist werden nämlich von den Lehrenden bloß die Schweiger zum Mittelpunkt gemacht. Doch geht es um ein Interaktionsproblem: „Ich rede, weil die anderen schweigen und ich mich verantwortlich fühle. Gleichzeitig ärgere ich mich, weil die anderen immer so faul sind." „Ich komme gar nicht zum Reden, weil die anderen immer schon vorher den Mund auftun" (Kollusion).

Häufig spielte sich nach kritischen Äußerungen der Lehrenden folgendes ab: Die Vielredner schweigen demonstrativ und die Schweiger ebenfalls, weil sie sich herausgefordert fühlen. Nachher triumphieren die Redner und die Schweiger, weil sie in ihrer Rolle bestätigt sind. Beide Parteien haben auf ihre Weise gesiegt, und die Fronten verhärten sich noch mehr; dem zugrunde liegt ein Macht-

kampf. Diese Interaktion gilt es aufzuzeigen, ohne in den Kampf einzusteigen. Das geht etwa mit der Frage: „Wann spreche ich, ohne daß es mir zum Problem wird?" Dabei kommen die primären, sachbezogenen Motivationen heraus: Freude und Faszination durch den Stoff, den Willen, einen Beitrag zum Thema zu leisten. Meist fallen dann auch Sätze wie: „Ich finde es manchmal einfach schade, daß du nichts sagst, weil ich gern wissen möchte, was du dazu meinst." Manchmal verabreden die Schüler, einander zu fragen und gegenseitig aufzurufen.
Beim Thema „Wann tue ich etwas, das ich nicht tun will", kommt die sekundäre Motivaton heraus. Oft schreibt jeder einzelne auf, welche Schwierigkeiten er dem Reden gegenüber hat und warum der Betreffende glaubt, daß es so sei. Diejenigen, die viel reden, müssen sehen lernen, was ihr Ziel ist, wenn es nicht um die Bezogenheit auf den Prozeß geht. Ist der Anfang schwierig, sage ich etwa, wie die Schwierigkeiten bei mir gewesen sind. Dann knüpfen die einzelnen Schüler mit „Bei mir war es auch so" an. Häufig schicke ich sie dann zu zweit oder in kleinen Gruppen weg, um miteinander die Schwierigkeiten zu besprechen und Alternativen auszuarbeiten. Wir gehen dann manchmal in der Gruppe die Schwierigkeiten nochmals durch. Das kann gesprächsweise geschehen oder in kleinen Rollenspielen. Dazwischen frage ich oft: „Wem geht es ähnlich?" Dies gibt das Gefühl, nicht allein zu sein mit dem eigenen Problem. Viele Schwierigkeiten werden überwunden, wenn darüber gesprochen wurde. Manchmal bitten auch die Schüler selbst ihre Kameraden um Hilfe bei der Lösung des Problems.
Sind interne Spannungen der Grund des Schweigens, so gehen wir darauf ein, wenn die Klasse will. Ich kann beispielsweise den Vorschlag machen, diejenigen, die Spannungen haben, einander gegenüber sitzen und einmal sagen lassen, wo ihre Schwierigkeiten liegen (eventuell Rücken an Rücken). Es erweist sich dann, daß beide meist nicht so selbstsicher sind, wie sie voneinander vermuten. Werden einmal diese Phantasien aufgelöst, ist die

Atmosphäre meist entspannter. Vielfach stehen nie ausgesprochene gegenseitige Verletzungen dahinter, die sich auch oft als Mißverständnisse erweisen. Nicht alle Gespräche bringen die Versöhnung. Es gehört mit zum Lernprozeß, auch Distanzbedürfnis oder ein Gefühl der Antipathie stehen lassen zu können, ohne selber den Boden zu verlieren.

Schwierig wird es oft, wenn ein Gruppenmitglied in der Auseinandersetzung zu weinen beginnt. Meist tauchen Schuldgefühle und Ängste auf. Oft hilft das Feedback des Betroffenen, das Weinen sei erleichternd gewesen. Ist es jedoch sehr tief gegangen, muß die Gruppe das aushalten lernen. Manchmal biete ich mich für ein Gespräch mit dem Betreffenden nach der Stunde an. Es ist wichtig, daß genügend Vertrauen in den Leiter besteht, damit die einzelnen kommen können, wenn sie in Schwierigkeiten geraten.

Die Prüfungsangst ist oft ein weiteres wichtiges Thema: Es gibt verschiedene Grade der Entmutigung, die zu schlechten Leistungen führen. Wesentlich zu wissen ist, ob die Entmutigung schon lange besteht. Sehr schwere und frühe Entmutigungen können im Sozialen Lernen angesprochen, müssen aber in Einzelberatung durchgearbeitet werden (etwa mit Geschwisterkonstellation, Beziehung der Eltern zur Leistung usw.). Beginnt ein Schüler plötzlich zu versagen, so gerät er in Panik, fängt alle anderen Aufgaben an und kommt unter Zeitdruck. Wir erarbeiten oft miteinander, wie der Schüler sich verhält. Man kann ihm vorschlagen, in der nächsten Prüfung überhaupt nicht auf Zeit zu arbeiten, es einmal zu wagen, langsam zu sein. Das Ergebnis ist häufig besser als dasjenige der früheren Prüfungen. Ein Erfolg nach solchen Gesprächen freut meist die ganze Klasse, die mitgeholfen hat, einen Weg zu finden.

Ich möchte noch auf etwas anderes hinweisen: den Ehrgeiz. Die einen befinden sich in der Schule in dauernder Spannung, ob wohl gut genug sei, was sie tun. Sie sind völlig von der Reaktion der anderen abhängig. Doch der

Ehrgeiz und die damit verbundene Entmutigung zeigt sich nicht nur in einem übereifrigen Arbeiten und Mitmachen, sondern oft durch das Gegenteil. Eine sehr stille Klasse ist nicht selten eine ausgesprochen ehrgeizige Klasse: „Wenn ich sehr hohe Anforderungen an mich stelle, bin ich nie imstande, ihnen zu genügen. Deshalb gebe ich lieber auf. Es ist leichter, nichts zu lernen." Dann kann man sich nach der Prüfung sagen: „Ich war ja faul und habe nichts getan, kein Wunder, daß es schiefgegangen ist." Gerät die Prüfung doch, so hat man einen um so höheren Beweis der eigenen Fähigkeiten. Manchmal hilft es, wenn wir diese Mechanismen erarbeiten. Immer wieder gibt es auch Schüler, deren Noten ohne Grund zwischen sehr guten und sehr schlechten schwanken. Sie wissen selbst nicht, warum. Sie lernen auf alle Prüfungen etwa gleich, und doch sind die Leistungen so verschieden. Es ist so, daß sie sich – ohne es zu wissen – immer wieder beweisen müssen, daß sie doch nichts können. Dem beizukommen ist nicht einfach, aber auch dieses Problem kann im Sozialen Lernen nur angeschnitten werden.

Ähnliches kommt bei den Aufgaben zum Vorschein. Wer alles ganz gründlich machen möchte, gibt häufig auf, kann kaum anfangen, vertrödelt die Zeit und hat am Schluß fast nichts erledigt. Man sieht nur den Aufgabenberg, ohne den Mut zum Planen zu haben. Eine vernünftige Aufgabeneinteilung vor dem Arbeitsbeginn erleichtert hier viel. Wir erarbeiten manchmal einen individuellen Arbeitsplan, in dem jeder einzelne versuchen kann, die eigenen Schwierigkeiten zu sehen, eine besser Lösung zu finden und Bedürfnisse und Anforderungen miteinander in Einklang zu bringen.

Großen Raum nehmen auch die *Beziehungsschwierigkeiten nach außen* ein, die wir gemeinsam aufarbeiten, sehr oft mit kleinen Rollenspielen, die die Muster und Arrangements verdeutlichen – ähnlich, wie es auch in der Einzelberatung geschieht, nur daß jetzt eine ganze Gruppe mit ihren Impulsen und Gefühlen beteiligt ist.

Die Gespräche im Sozialen Lernen beziehen sich auf *alle für Jugendliche wichtigen Bereiche des Lebens*:

- Arbeit/Schule
- Freundschaft
- Gemeinschaft
- Familie
- eigene Person
- Liebe

Die Übersicht über die einzelnen Themenkreise und ihre Aspekte, wie ich sie für das Soziale Lernen zusammengestellt habe, gebe ich im folgenden wieder, wobei Wahl und Schwerpunkte sowie Reihenfolge ganz vom Prozeß der einzelnen Klassen und Gruppen abhängig sind:
(Siehe Seite 215–217)

Es gibt ganz verschiedene Möglichkeiten, mit einer Klasse oder überhaupt mit einer Gruppe von Jugendlichen diese Themen zu bearbeiten. Eine Möglichkeit sind Stille und Meditation – zu Beginn oder im Laufe des Prozesses. Viele Jugendliche betonen immer wieder, wie wohltuend diese Freiräume im meist gehetzten Tagesablauf der Schule seien.
Die Beziehungsaspekte ergeben – wie ich schon dargestellt habe – daß in den verschiedensten Gruppierungen diskutiert und gearbeitet wird. Ich lege großen Wert darauf, das richtige Arrangement zu erspüren. Das ist nur in der Situation selbst und nicht in einer vorgängigen Planung möglich.
Wenn es um Konflikte und damit oft um das Aufarbeiten von Lebensstilmustern geht, sind Rollenspiele etwas sehr Dankbares. Die möglichen Formen habe ich im entsprechenden Kapitel über Einzelberatung dargelegt. In der Gruppe ist die Vielfalt größer und damit die Chance der Vertiefung. Eine gute Erfahrung kann etwa sein, wenn Jugendliche den Elternteil spielen müssen, mit dem sie einen Konflikt haben.

Soziales Lernen

1. Arbeitstechnik

Ziel: Förderung des Individualisierungs-/Sozialisierungsprozesses, Abbau von Lernstörungen (unter Einbeziehen der physischen Spannungen), Lernen lernen

Aufbau: I *Selbstwertgefühl – Gemeinschaftsgefühl*

Zusammenarbeit mit den Klassenlehrern:

1. Einübung von Klassengesprächen (sich kennenlernen, Abbau von Vorurteilen, Ziele des eigenen Verhaltens usw.) Allgemeine Gesprächsführung

2. Konzentrative Bewegungsübungen, Entspannungsübungen (Erfahrung der psychophysischen Einheit)
3. Erarbeitung von Lebensstilaspekten in Gruppen und Einzelgesprächen

II *Lernstörungen*

1. Erarbeitung der individuellen Schwierigkeiten aufgrund des Lebensstils (Prüfungsangst, Hemmungen, Konzentrationsstörungen usw.) im Klassenverband, in Gruppen und Einzelgesprächen

Zusammenarbeit mit den Fachlehrern, insbesondere Klassenlehrern:

2. Verhaltenstraining (Mitmachen im Unterricht, Übernahme selbständiger Arbeiten usw.)

3. Problemzentrierte Gruppen

	III *Technik des Lernens*
Zusammenarbeit mit den Fachlehrern	1. Umgang mit kulturellen Angeboten 2. Anregungen zur Lektüre auf den verschiedenen Fachgebieten 3. Benutzen der notwendigen Hilfsmittel (Lexika, Handbücher usw.) 4. Fachspezifische Fragen (Prüfungsvorbereitungen, Referate usw.) 5. Formen der Gruppenarbeit und deren Präsentation
	2. Klassengespräche (evtl. im 2. Jahr)
Ziel:	Lösung klasseninterner Fragen, Austragen von klasseninternen Konflikten, Vertiefung des Individualisierungs-/Sozialisierungsprozesses
Aufbau:	Die Themen bzw. Probleme werden von den Schülern selbst bestimmt (oder von einem Lehrer vorgeschlagen) Die Leitung haben die Klassenlehrer, später eine Schülerin [Klassengespräche sollten auch in den oberen Kursen nach Bedarf durchgeführt werden]
	3. Grundfragen der Gemeinschaft
Ziel:	Auseinandersetzung mit der eigenen Person und ihrer Beziehung zur Gemeinschaft
	I *Die Lebensaufgaben als Beziehungsfragen* 1. Umgang mit Autoritäten (sich Bilder machen – Realität), mit Konflikten zuhause oder mit Vorgesetzten

2. Freundschaft mit Gleichaltrigen/ Erwachsenen, mit gleichgeschlechtlichen/gegengeschlechtlichen Menschen
   Fragen im Bereich von Zärtlichkeit und Sexualität
3. Umgehen mit der eigenen Person (Kontakt finden mit sich, sich selbst kennenlernen)
4. Vorbereitung auf den Beruf (Fragen der Berufswahl und der Motivation)

II *Grundlegende Aspekte der Beziehung zu sich und den anderen*

Sie tauchen in allen Prozessen auf und können auch immer wieder thematisiert werden

1. Umgehen mit den eigenen Gefühlen (Freude, Wut, Trauer usw.), den eigenen Bedürfnissen und mit der eigenen Körperlichkeit allgemein
2. Umgehen mit Abgrenzung und Offenheit (selektive Authentizität), mit Nähe und Distanz, Geben und Nehmen
3. Akzeptieren und verstehen lernen der eigenen Person und anderer Menschen, wie sie sind (Unterscheidung von Verhalten und dahinter liegenden Problemen und Nöten)
4. Arbeit an Mustern und Arrangements (eventuell mit Rollenspiel) in Schule, Gruppen und zuhause aufgrund von Lebensstilaspekten
5. Einüben selbstverantwortlichen Handelns (im Kontakt mit sich selbst entscheiden und handeln)
6. Umgehen mit den verschiedenen Möglichkeiten des Gesprächs und des Feedbacks

Vielleicht erleben sie, daß sie sich nicht in ihn versetzen können oder sie beginnen, seine Reaktionen zu verstehen, weil sie die Wirkung des eigenen Tuns von außen her erleben. Besonders eifrig sind Jugendliche, wenn es darum geht, alternative Verhaltensweisen vorzuschlagen und zu spielen. Neben sehr ernsten ergeben sich hier auch viele humorvolle Stunden.

Viele Jugendliche machen immer wieder von sich aus den Vorschlag, ein Thema mit einem Rollenspiel zu bearbeiten. Sie sind dabei oft erstaunlich kreativ. Bei Problemen, die mit Mustern zusammenhängen, schlage ich machmal auch ein Verhaltenstraining vor. Ich sage zu Jugendlichen, die Widerstände haben, ihre Aufgaben zu lösen: „Versuchen Sie jetzt, an einem Abend in der Woche die Aufgaben so zu lösen, daß Sie planen und nicht herumtrödeln. Ist die Erfahrung positiv, können wir einen Schritt weitergehen." Das Prinzip ist, einen kleinen möglichen ersten Schritt zu machen und sich nicht zu viel vorzunehmen, damit die Schüler sich gleich wieder beweisen können, daß es doch nicht geht. Zugleich gibt die positive Erfahrung Mut, hier weiterzuarbeiten. Nur bei schwer entmutigten Schülern nützt das Verhaltenstraining zunächst nichts, weil die Angst zu groß ist. Dasselbe gilt ja auch für den mündlichen Unterricht. Man kann mit dem Schüler abmachen, ihn in nächster Zeit öfters aufzurufen, damit er die erste Redehemmung überwindet. Hier ist die Zusammenarbeit der Fachlehrer wichtig. Die größte Gefahr besteht darin, daß das Übungsarrangement in einem Kampfmuster endet. Dann geht es darum, die Bemühungen fallenzulassen und etwa eine Woche lang es zu genießen, die Aufgaben nicht zu machen. „Bemühe dich darum – und die anderen sollen dir dabei helfen." Eine Symptomverschreibung kann hier eventuell den Bann lösen.

In diesen Gesprächen und Rollenspielen gibt es eine eindeutige Grenze: Die Schwierigkeiten und Probleme werden immer nur im Gleichgewicht mit den Interessen der ganzen Gruppe bearbeitet. Ich gehe Schwierigkeiten nur insoweit an, wie sie von den andern aktiv mitbearbeitet und mitvollzogen werden können. Tieferliegende Konflikte gehören nicht in diese Arbeit. Dazu ist sie nicht da und die Gruppe zu groß.

Manchmal machen wir auch Körperübungen, in denen die Jugendlichen erfahren können, daß sie eine Ganzheit sind und daß Gefühle wesentlich auch ein körperliches Phänomen darstellen. Wir machen zusammen Atem- und Entspannungsübungen sowie kurze einfache Meditationen. Einige Übungen können die Jugendlichen auch zu zweit oder in kleinen Gruppen durchführen.

Das Ziel ist, den eigenen Körper mit seiner „Sprache“ wahrnehmen zu lernen und mit den eigenen Verspannungen besser umgehen zu können. Nicht nur Entspannungs- sondern auch Mobilisierungsübungen, die die Energie in Fluß bringen, sind wichtig. Sie können ebensogut auch im Fachunterricht eingesetzt werden.

Etwas sehr Schönes sind meist die Kommunikationsspiele, die auf die jeweilige Klasse abgestimmt sein müssen. Für mich kommen nur jene Spiele in Frage, die in ihrem Arrangement nichts Manipulatives enthalten, also einen großen Freiraum für Erfahrungen ergeben. Direkte Kontaktspiele sind oft sehr schwierig für Jugendliche und lösen Ängste aus. Sind sie jedoch bezogen auf ein Medium oder einen Gegenstand, können die meisten Jugendlichen besser darauf eingehen. Auf die Möglichkeiten, mit Medien zu arbeiten, werde ich im letzten Kapitel eingehen.

Es können dieselben Körperübungen ausgeführt werden, die ich auf S. 70 ff. beschrieben habe. Dabei ist jedoch zu beachten, daß sie nicht zu lange sind, da viele aussteigen, weil sie überfordert sind oder eine individuelle Begleitung brauchen würden. Auch darf man sie nicht zu häufig einsetzen, da sie den Jugendlichen sonst verleidet werden. Übungen, die einen kommunikativen Aspekt haben, führen sie meist gerne aus, wenn sie nicht zuviel Intimität erzeugen, vor allem dann, wenn sie auch ein spielerisches Element enthalten.

Wichtig sind oft – an lähmenden grauen Schultagen – *Übungen, die Engergie mobilisieren* (vgl. auch S. 73):

- Einen Kreis bilden und sich um die Schultern fassen. Sich durch seitwärts Hüpfen langsam in eine Richtung bewegen, im Takt mit den Füßen auf den Boden springen auf a - e - i - o - u, bei jedem Zu-Boden-Kommen einen Vokal rufen. Mit der Zeit die Bewegung beschleunigen. Die Übung so lange wie möglich durchhalten.
- Die Gruppe steht im Kreis. Jemand geht freiwillig in die Mitte. Die Basis ist ein Aufspringen und Zu-Boden-Kommen auf den Ausruf „ha". Zugleich macht derjenige in der Mitte eine Geste dazu. Der ganze Kreis wiederholt sie daraufhin, ebenfalls auf „ha". Dann kommt wieder der einzelne mit einer neuen Bewegung. Diese Bewegungen können lustig, skurril, grazil usw. sein. Das Tempo der Abfolge beschleunigt sich auch hier.
- Alle erhalten einen Ball, den sie mit der gleichen Hand auf den Boden schlagen, während sie durch den Raum gehen und das Aufschlagen des Balls jedesmal mit „ha" begleiten. Langsam beginnen und im Rhythmus und Lauftempo immer schneller werden.

Eine weitere – recht bekannte – Gruppe sind die *„Blindübungen"*.

- Eine Möglichkeit besteht darin, daß sich Paare bilden, einer der beiden Partner die Augen schließt und sich vom anderen führen läßt, wohin dieser mit ihm geht. Schön ist es, wenn die Übung im Freien gemacht werden kann. Die Feedbacks zeigen meist eine ganze neue Wahrnehmung des eigenen Körpers sowie der Umgebung.
- Die Übung kann auch als Einzelübung in einem Raum gemacht werden. Alle gehen für sich mit geschlossenen Augen. Nach einer Weile stellen sie sich vor, daß die Grenze des Raumes, der wie ein Mantel zum Körper gehört, sich erweitert. Die Folge ist, daß es viel weniger Zusammenstöße gibt.
- Eine andere Möglichkeit besteht darin, daß die Orientierung mit allen übrigen Sinnen stattfindet. Dann wird als Orientierungshilfe einer nach dem anderen ausgeschal-

tet (letzte Sehreste nach hell/dunkel, Gehör, Tasten) bis nur noch die Energieausstrahlung des Raumes übrig bleibt, um sich zu orientieren.

- Die Blindübungen können mit Kontaktübungen verbunden werden, z.B. indem jeder Beteiligte etwas hält und bei jeder Begegnung dem anderen in die Hand gibt oder austauscht. (Berührungen ohne vermittelndes Medium sind für Jugendliche oft zu schwierig).
- Die Blindübung kann auch mit Klängen verbunden werden. Alle gehen durch den Raum; dann versucht jeder, seinen eigenen Ton zu finden und summt ihn im Gehen. Nach einer gewissen Zeit suchen sich alle mit dem gleichen Ton und bilden eine Gruppe. Alle Gruppen singen auf - und abschwellend ihren Ton. Meist findet ein Ausgleich auf eine harmonische Kombination statt. Nach dieser Übung ist der Austausch wichtig (z.B. Alleinbleiben mit dem eigenen Ton).

Zum *Thema Führen/Geführtwerden* gibt es eine weitere Übungssequenz, die oft sehr eindrucksvoll ist für die Beteiligten:

- Die Teilnehmer stehen/sitzen einander paarweise gegenüber und halten eine Hand mit der Handfläche nach außen hoch, der andere spiegelverkehrt dieselbe Hand. Die Handflächen beider Hände aufeinanderlegen. Bewegungen machen, indem zuerst der eine, dann der andere führt; danach Wechsel der Hände. Anschließend dasselbe mit beiden Händen. Zum Schluß Bewegungen, ohne daß jemand führt (Partnerwechsel). Nach dieser Übung muß unbedingt ein Austausch über die verschiedensten Erlebnisse stattfinden.
- Eine andere Übung beginnt damit, daß alle Teilnehmer eine Minute lang ohne Unterbrechung die Hände schütteln. Dann die Augen schließen und die beiden Handflächen in einem gewissen Abstand gegeneinander halten. Es sind deutliche Energiephänomene spürbar. Man kann mit diesen Energien „spielen“, je nachdem wie nahe die Hände beieinander sind. Dasselbe „Spiel“ kann anschließend mit einer eigenen Hand und derjenigen eines Part-

ners ausgeführt werden. Für die meisten ist das Erlebnis faszinierend.

Aus der Vielzahl der *Entspannungsübungen* kann ich hier nur einige auswählen:

- Gegenseitiges Massieren und Lockern der Schulterpartie im Sitzen.
- Leichtes Abklopfen des Rückens mit den Handaußenkanten, mit den Fäusten oder mit zwei Tennisbällen, in die man ein Loch bohrt und einen Stab darin befestigt.
- Auch die schon für die Einzelberatung beschriebene Übung, den Kopf in die Hände des Partners zu legen und ihn bewegen zu lassen, eignet sich gut für die Gruppenarbeit.
- Dieselbe Übung läßt sich auch im Liegen durchführen.

Solche Entspannungsübungen können so angelegt werden, daß der Liegende die Augen geschlossen hält und nicht weiß, wer mit ihm arbeitet. Nach einer gewissen Zeit wird der Partner gewechselt. Das wiederholt sich mehrmals. Auf diese Weise läßt sich die Erfahrung machen, wie verschieden sich Berührungen und Bewegungen anfühlen können. Es ist wichtig, am Schluß gemeinsam über die Erfahrungen zu sprechen.

- Es gibt eine sehr schöne Sequenz, in der ein Paar miteinander arbeitet: Einer der Partner legt sich auf den Boden und schließt die Augen. Der andere setzt sich neben ihn und bleibt eine Weile ruhig. Diese Übung kann gut von Musik begleitet sein. In der Folge wird der ganze Körper, Glied um Glied entspannt. Man beginnt mit der Hand, läßt sie aus dem Gelenk heraus immer wieder von der einen Hand in die andere gleiten, dann den Unterarm, zuletzt den ganzen Arm. Es wird immer so bewegt, daß der Arm sich in die dargebotene Hand fallen läßt. Für viele ist es schwierig, so passiv zu sein. Dann wird der Kopf entspannt, indem man ihn nach allen Seiten bewegt. Auch der Oberkörper kann an den Armen leicht aufgezogen und wieder gesenkt werden. Entsprechendes läßt sich mit den Beinen ausführen. Es tut auch gut, Arme und Beine in kleinen vibrierenden Bewegungen zu entspannen. Um

das Becken zu lockern, faßt man unter den Knien durch, hebt es vom Boden und läßt es leicht baumeln. Zum Vertiefen der Atmung kann eine Hand auf Brust oder Bauch gelegt werden, zuerst ruhig, um dann beim Ausatmen mit leichtem Druck zu vibrieren.
Es kommt darauf an, die Entspannung den Bedürfnissen des Liegenden anzupassen, ohne daß gesprochen wird. Die ganze Übung soll etwa eine halbe Stunde dauern, dann wird gewechselt. Die Wirkung ist oft erstaunlich, doch immer gibt es welche, die ganz schwer loslassen können, vielleicht weil sie Angst haben.
An diese Übung läßt sich die „Bildhauerübung" anschließen, bei der der Partner zu einer Figur geformt wird. Man stellt sich dabei vor, daß er ein Stück Lehm sei. Ohne zu sprechen, wird Glied um Glied in die gewünschte Position gebracht. Die Position kann gelöst werden, indem die „Statuen" aus ihrem Gefühl heraus in Bewegungen übergehen, die ihnen die Haltung suggeriert. Das Ganze soll langsam und schweigend geschehen.
Der Austausch am Schluß ist sehr wichtig, vor allem zwischen den Partnern. Es können auch ganze Gruppen zu Statuen geformt werden. Spannend ist immer die Interpretation, wie man sich selber fühlt, und was der „Bildhauer" gemeint hat. Eine gute Möglichkeit ist es, die Partner in eine Position zu bringen, die versucht, ihr Wesen auszudrücken, so, wie es der Bildhauer auffaßt. So entsteht eine Auseinandersetzung zwischen Selbstbild und Fremdbild. Die Bildhauerübungen können vielfältig variiert werden, je nach Situation.
Eine weitere Gruppe von Übungen, *„Vertrauensübungen"*, ist vielen bekannt:

- Eine kleine Gruppe stellt sich Schulter an Schuler im Kreis. Einer begibt sich in die Mitte und läßt sich gerade in eine Richtung fallen, wird von Händen aufgehalten und mit einem sanften Schubs weitergestoßen im Kreis. Es ist äußerst wichtig, daß der Betreffende gut aufgefangen wird. Je nach Person kann der Kreis erweitert oder verengt werden. Diese Übung läßt sich auch zu dritt ausführen, nur darf derjenige, der sich fallen läßt, im Verhältnis zu den andern nicht zu schwer sein.

- Einer legt sich auf den Rücken und wird von einer Gruppe sanft in die Höhe gehoben, hin und hergeschaukelt, dann wieder hingelegt.
- Einer legt sich auf den Rücken und wird an den Hand- und Fußgelenken mit einer intensiven Bewegung in die Höhe gehoben, so daß er fast ins Fliegen kommt.

Diese Übungen müssen freiwillig sein, denn es gibt immer Jugendliche, die tiefe Ängste haben, sich so fallenzulassen.

- Im Freien auf einer Wiese läßt sich die folgende Übung ausführen: Die Gruppe begibt sich ans eine Ende der Wiese. Ein einzelner schließt die Augen und rennt in Richtung der Gruppe und wird von dieser aufgefangen.

Es gibt viele weitere Übungen, die ich nicht aufgeführt habe.* Es ist mir aber wichtig zu betonen, daß z.B. nie Kommunikationsspiele ausgewählt werden sollten, die manipulativ sind auf ein vorgeschriebenes Erlebnis hin. Eine sehr schöne Kommunikationsübung habe ich in der Schilderung eines Wochenendes mit einer Seminarklasse (S. 230) beschrieben. Die Übungen entstehen immer aus einer entsprechenden Situation heraus. Sie stehen nie unverbunden im Raum, sonst werden sie auch von den Jugendlichen abgelehnt.

Übersicht über die Möglichkeiten der Erarbeitung:

– Gespräche
– Rollenspiele
– Kontaktspiele
– Körperübungen
– Meditationen
– kreative Übungen

In dem Maß, wie individuelle Probleme erarbeitet werden, kommen dieselben Möglichkeiten zum Tragen wie in der

* Vgl. Mittermair, Franz: Körpererfahrung und Körperkontakt. Spiele, Übungen und Experimente für Gruppen, Einzelne und Paare. München 1985.

Einzelberatung, nur immer im Kontakt mit dem Gruppenprozeß.

Einige Feedbacks zum Sozialen Lernen am Seminar:

„Zuerst möchte ich sagen, daß die Diskussionen und Auseinandersetzungen untereinander sehr wertvoll waren, denn ich kam der Klasse und auch mir immer wieder ein Stück näher. In den ersten Stunden hatte ich manchmal Mühe abzuschätzen, wieviel ich sprechen sollte. Ich experimentierte dann ab und zu, und ich glaube nun ungefähr eine Lösung gefunden zu haben."

„Viele Stunden halfen mir persönlich weiter. Ja, ich wurde zum Nachdenken angeregt, und fand öfters auch eine positivere Einstellung. So wurde ich auf viele negative Eigenschaften von mir aufmerksam (z.B. bei der Arbeitstechnik oder vor allem bei Verhaltensregeln). Besonders gefielen mir die verschiedenen Übungen, z.B. Meditation, die Übung zu zweit, in der wir die gegenseitige Wärmeabgabe und der Wärmeempfang spüren sollten, Übungen der Entspannung. So konnte ich mich in letzter Zeit öfters vor der Prüfungsangst lösen, wenn ich mich innerlich versuchte zu entspannen."

„Gruppenarbeiten – Diskussionen: Die fand ich irrsinnig. Ich habe die Schulkameradinnen viel besser kennengelernt und mir andere Vorstellungen (sollte *man* ja nicht) von ihnen ‚gemacht', als wenn ich sie nur in der Klassengemeinschaft erlebt hätte. Es hat ein wenig komisch angemutet, als in letzter Zeit mehrere ‚Mädchen' erwähnten, sie fühlten sich nicht akzeptiert. Bei jenen, denen man's am wenigsten ‚glaubte', stimmt's von mir aus gesehen. Ich habe aber gelernt, langsam meine Abneigung (es ist nicht das richtige Wort!!) abzubauen, und darüber bin ich sehr glücklich. Dabei haben mir ganz sicher auch die SL-Stunden geholfen."

„Ich bin froh gewesen, daß wir diese beiden Stunden pro Woche hatten. Ich glaube, es hat mir in gewissen Dingen geholfen. *Ich lernte, mich selber zu durchschauen* und dadurch auch mich selber besser kennen. Ich achte bewußter auf meine Gefühle und Bedürfnisse. Ich kann mich bewußter lenken. Auch mein Verhalten in der Gruppe wurde natürlicher. Was ich als negativ empfand, waren jene Gespräche, nach denen ich nachher total zermürbt war. Da kamen die Probleme auf mich zu wie eine dicke schwarze Decke ohne Ende. Es war zu schwierig, nachher wieder in den normalen Schulrhythmus zurückzufinden. (Vielleicht sollte man die SL-Stunden an den Rand nehmen) Ich finde es schade, daß wir dieses Jahr kein SL mehr haben. Denn eigentlich ist es ja das einzige Fach, in dem man auf uns eingeht, nicht nur auf den Geist, sondern auf uns als junge Menschen mit eigenen Gedanken und Problemen."

Ich möchte nun im folgenden zwei Beispiele aus dem behandelten Arbeitsbereich anführen. Es geht um zwei unabhängige Prozesse, die nicht im Laufe des Schuljahres sondern je an einem Wochenende und in einer Arbeitswoche stattfanden:

a) Ein Wochenende mit einer zweiten Klasse des Seminars im Jahr 1979

Eine Seminarklasse im zweiten Ausbildungsjahr fragte mich, ob ich mit ihr zusammen ein Wochenende gestalten würde. Die Mädchen waren bereit, ein freies Wochenende dafür herzugeben. Es war eine Klasse, die sich schon im ersten Jahr im Sozialen Lernen weit vorgewagt, ihre Ängste und Konflikte offen ausgesprochen und ausgetragen hatte, nicht zuletzt auch deshalb, weil die Klassenlehrerin sich rückhaltlos und ehrlich mitgeöffnet hatte. Am Ende des ersten Jahres war in einem oberflächenlichen Sinn nichts „gelöst" gewesen, nichts abgeschlossen – im Gegenteil. Die meisten waren sehr hellhörig geworden und wußten manchmal kaum, wie sie damit umgehen sollten. Es war für mich selber traurig, die Stunden mit den Mädchen aufzugeben, weil es der Stundenplan so wollte, denn die schmerzliche Wahrheit besteht ja darin, daß der Schulbetrieb die Energien der Schüler so aufschluckt, daß sie die Initiative zu gemeinsamen Stunden – in der Freizeit – ohne Anstoß eines Leiters kaum ergreifen. Dennoch war gerade diese Klasse aufgrund des intensiven Prozesses im ersten Jahr bereit, etwas für sich zu tun. Ich ließ – wie immer – die Klasse vorbereitend ihre Anliegen, Wünsche und Phantasien formulieren. Das gemeinsame Thema, das sich herauskristallisierte, hieß „Erleben" und wurde so umschrieben: (Siehe gegenüberliegende Seite)

In Kleingruppen aufgeteilt, hatten sie ihre Vorschläge und Phantasien zusammengestellt. Aus den verschiedenen Formulierungen wurde klar, daß es den meisten um das Zusammensein ging, darum, die anderen mehr und intensiver zu spüren, eine neue Zusammengehörigkeit zu schaffen. So hieß es etwa: „Ich weiß nicht recht, was ich

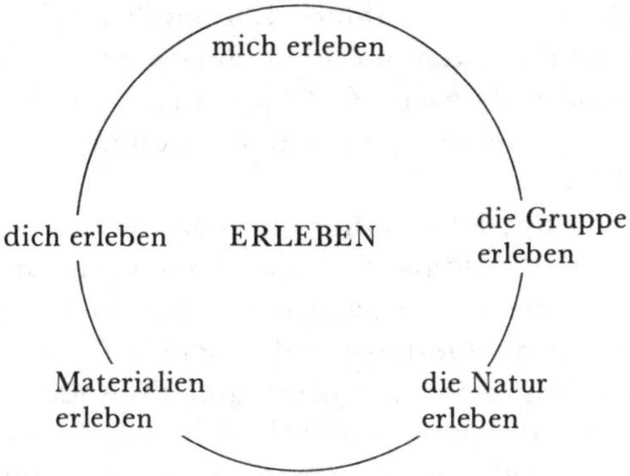

möchte. Einfach der Klasse wieder näher kommen. Aber wie? Sprechen schon gar nicht mehr. Mit Übungen vielleicht könnten wir uns näher kommen... Möglichst nichts Forciertes." Es kamen Vorschläge wie: „Essen aus großem gemeinschaftlichem Topf (Kappeler Milchsuppe)", „schlafen in gemeinsamem Raum", „einander schminken (vielleicht mit Fingerfarben)", „gemeinsame Nachtwanderung", „Gruppenbild zeichnen", Bewegung mit Musik", „einander in anderer Art kennenlernen". Dazu kam auch der Wunsch, zwischendurch allein zu sein und vor allem auch, dieses Wochenende ohne Druck zu verbringen. Eine Schülerin schrieb: „Ich wünschte, daß wir immer die Möglichkeit hätten, mit der ganzen Gruppe etwas zu unternehmen oder auch allein zu sein, wobei es natürlich schön wäre, wenn alle mitmachen würden. Ich vermisse oft das Soziale Lernen vom letzten Jahr. Besonders Kontaktspiele würde ich gerne wieder einmal machen." Oder: „Ich möchte einfach gerne Dinge tun, wozu ich immer Lust, jedoch keine Zeit habe oder mir nehme." Wieder eine andere Schülerin äußerte: „Ich habe momentan vom Probleme-Wälzen innerhalb der Klasse etwas genug. Sollte jedoch an diesem Wochenende gerade etwas anfallen, wäre ein Gespräch vielleicht gut. Ich glaube, das ist nicht vorauszusehen, doch sollte die Möglichkeit offenstehen." Und nochmals das Zeitproblem: „Ich sehe in diesem Wochenende mit der Klasse ein gemeinsames Erlebnis außerhalb des Schulzimmers. Ich möchte mir wieder einmal Zeit für die anderen und mich nehmen. Es ist mir darum ein großer Wunsch, Zeit zu haben und keinen vollgestopften Stundenplan, an dessen Zeiten wir uns unbedingt halten müssen."

Die Schülerinnen formulierten genau jene Anliegen, die für mein Verständnis des Zusammenseins im Sozialen Lernen allgemein wichtig waren, aber auch eine Herausforderung an die Gestaltung des Schulalltags sein sollten. Die Klasse wünschte sich Zeit und Freiraum oder Spielraum für die Beschäftigung mit sich selbst, mit einzelnen der Gruppe und mit der ganzen Klasse auf den verschiedenen Ebenen des Ausdrucks. Im Vordergrund stand das gemeinsame Tun wie Waldlauf, Spiele in der Natur, der gemeinsame Alltag beim Essen und Schlafen, Kontakt und Rollenspiele oder Selbstausdruck und Kontakt über verschiedene Medien. Der Wunsch nach Spontaneität und Offenlassen war groß, auch derjenige, dem Sprechen keinen zu breiten Raum zu lassen. Dennoch fiel die Klasse nicht ins Extrem des Strukturierten oder völlig Strukturlosen.

Für mich war es wichtig, Möglichkeiten zu finden, die der spürbaren Energie und Kreativität der Klasse genügend Raum verschafften. So begannen wir mit einem gemeinsamen Nachtessen, mit Fondue als „Kappeler Milchsuppe". Dann setzten wir uns auf den Boden des Singsaals zusammen. Ich wählte für den Beginn ein mir schon lange bekanntes Imaginationsspiel, das darin bestand, Vor- und Zunamen – wie wir dies schon als Kinder getan hatten – umzukehren und sich vorzustellen, sie seien zwei Wörter einer fremden Sprache, für die die Bedeutungen im Wörterbuch „gelesen" werden. Im Entstehen phantasierte ich weiter und ließ Paare bilden. Die vier Wörter waren der Beginn eines Textes. Sie fanden heraus, was für ein Buch es ist, verzierten den „Buchdeckel" und stellten das Buch der ganzen Klasse vor. Schon begann die Phantasie ihre Blüten zu treiben, es gab viel Verspieltes. Eine heitere Stimmung lag über dem Abend.

Am anderen Morgen beim Frühstück spürte ich, daß die Namen immer noch präsent waren und viele damit herumspielten. Noch war also der Spielraum nicht ausgeschöpft. Ich holte ein riesiges Blatt Papier. Wir verfaßten einen gemeinsamen Text aus den Wörtern, indem jede die seinen dann auf das Blatt setzte, wann sie wollte. Es war still im Raum, alle verfolgten gespannt diese Art Ritual. Der gemeinsame Text entstand. Anschließend bildete sich Gruppen, die den Text in eine gestalterische Form umsetzten. Eine Melodie entstand, die den Text in ein gemeinsames Lied umformte, das immer wieder auftauchte, auch beim gemeinsamen Mittagessen. Zu Beginn des Nachmittags wurden alle stiller und wollten etwas mit den Händen tun. Wir setzten uns zu zweien hin, schlossen die Augen und formten gemeinsam tastend aus Ton ein Gebilde.

Eindrücklich empfand ich, wie groß das Verlangen der Mädchen war, sich auszudrücken und im Ausdruck eine faßbare Gestalt zu finden, eine individuelle oder eine gemeinsame. Viele begannen durch dieses Tun, sich im Laufe der Stunden besser zu spüren, wie in der Gesprächsrunde zum Ausdruck kam. Auf die besinnlich tastende Gestaltgebung folgte ein neuer, zupackender Gestaltungswunsch: Die Mädchen wollten einander gegenseitig die Gesichter bemalen. Ein emsiges, zum Teil heimliches Treiben begann, bis wir uns vor dem Nachtessen gegenseitig bestaunen und belachen konnten und dann in einer Prozession zum Nachtessen gingen. Ich war sehr gespannt. Ging die Gestaltung weiter oder blieb sie – wie oft in diesen Situationen – an dem Punkt stehen? Noch während des Essens einigte sich die Klasse: Es gibt ein Karnevalstreiben. Wieder verschwanden alle und kamen verkleidet in den Theatersaal zurück. Musik- und Rhythmusinstrumente wurden angeschleppt. Ich setzte mich auf den Boden, begann zu trommeln. Das Licht verlöschte langsam. Farbige Scheinwerfer leuchteten auf. Ein paar Schülerinnen nahmen mein Trommeln auf, andere begannen sich zu bewegen. Immer mehr Rhythmen und immer intensivere Bewegungen. Die einzelnen wechselten ab zwischen Spiel und Tanz, Pantomimen entstanden. So ging es fort bis um Mitternacht. Einfach so. Diese Intensität hatte ich selten in einer Klasse erlebt. Und doch zeigte sich einmal mehr, welch schöpferisches Potential in einer Gruppe Menschen lebt, das meist unter dem äußeren – und inneren – Druck brach liegt.

Wieder war die Stimmung am anderen Morgen stiller, besinnlicher. Wir beschäftigten uns deshalb sehr meditativ miteinander, entspannten uns gegenseitig und „bildhauerten" anschließend den Körper der Partnerin zu einer Figur. Wir spielten mit verschiedenen Möglichkeiten und ließen die Figur in Bewegung übergehen. Die Stimmung blieb sehr meditativ. Wir bildeten Kleingruppen, und jede durfte sich von der Gruppe etwas wünschen. Mir fiel auf, daß die Wünsche sehr kreativ und persönlich waren, ohne daß wir bisher viele Gespräche miteinander geführt hätten.

In dieser sehr innigen Stimmung folgte nach dem Mittagessen der Abschied von einer Kameradin, die für immer wegging. Wir waren alle traurig und begleiteten sie vor das Haus.

Bis jetzt hatte die Initiative zur weiteren Gestaltung der Tage zwischen den Mädchen und mir gewechselt. Nach einer gemeinsamen Aussprache spürte ich, wie offen und damit auch verletzbar die einzelnen geworden waren. Wie können wir jetzt gut sein zueinander, jede das geben, was sie vermochte und jede das nehmen, was sie brauchte? Ich hatte eine Idee. Wir gingen zusammen in den dunklen Theatersaal. Jede stellte sich irgendwo auf mit einer Kerze und richtete ihr „Haus" mit etwas Persönlichem ein. Dann begann eine die Wanderung „von Haus zu Haus" mit geschlossenen Augen, man ließ sich Melodien singen, ertastete Gegenstände, tanzte . . . und wurde an die Grenze geführt, wo schon andere Hände warteten, den Gast zu empfangen. So machte jedes Mädchen die Reise durch alle „Häuser" der Klasse.

Nachher gingen wir zum gemeinsamen – von den Mädchen gewünschten – Gottesdienst, während dessen die Schülerinnen in kleinen Gruppen Erlebnisse der vergangenen zwei Tage gestalterisch darboten.
Die einzelnen waren einander etwas nähergekommen und fühlten sich geborgener in der Klasse. Sie hatten sich Gestalt gegeben und ihre Kräfte verwirklicht. Mit Wehmut denke ich, was hier alles möglich wäre, wenn diese Kräfte mehr Raum haben dürften.

b) Konzentratinswoche mit dem Hauswirtschaftsseminar
Ganz andere Voraussetzungen bestanden für jene Wochen, die von vorneherein als Krisenintervention gedacht waren. Eine solche Woche führte ich mit zukünftigen Hauswirtschaftslehrerinnen im Herbst durch.
Die Mädchen hielten es weder miteinander noch mit den Lehrern aus. Diese Woche war so etwas wie die letzte Hoffnung – was ich selber als Belastung empfand.
Schon die erste Gesprächsrunde mit dem Thema „Wie bin ich hergekommen? Wie fühle ich mich jetzt? Was erwarte ich und was bin ich bereit einzusetzen?" zeigte gemischte Gefühle bei den meisten; die einen hatten viel, die anderen wenig Erwartungen. Groß war die Angst vor Enttäuschungen. Wir Leiterinnen wurden ebenfalls aufgefordert, unsere Gefühle zu sagen. Einige sprachen das Problem von Distanz und Respekt an, Angst vor Autorität.
Ich spürte, daß unsere Person auf ganz andere Art wichtig erschien, als in einem Lager, das nicht auf Konfliktlösungen ausgerichtet war. Hinter allen Fragen stand dasselbe Anliegen: Können wir euch trauen?
Und schon ging es los: Die einen fühlten sich wegen der Aufteilung in „Schweigende" und „Redner" blockiert. Ich schlug vor, daß immer ein Mädchen, das von sich glaubt, leicht zu reden, sich mit einem zusammentut, das mehr Mühe hat, sich zu äußern. Jedes sollte dem anderen zu sagen versuchen, wie es seine Rolle und die des anderen erlebt.

In der Runde kam zum Ausdruck, daß einige etwas mehr Verständnis füreinander gewonnen hatten. Und schon wurde der erste Konflikt zwischen zwei Mädchen erkennbar. Kaum war das Gespräch zwischen ihnen beendet, kamen wir zum Kernproblem, das die Klasse kaum zu verkraften vermochte: die ausspielende Art der Klassenlehrerin, die die meisten verunsicherte. Die Reaktionen erfolgten wie eine Lawine. Außer etwa drei Mädchen weinten alle. Viele hatten ursprünglich eine sehr intensive Beziehung zu dieser Leherin gehabt, sie bewundert und geliebt und waren dann aus der Gunst gefallen. Einige fühlten sich tief verletzt, andere enttäuscht. Viele sprachen von Angst und Druck, den sie spürten.

Wir ließen alle Aussagen stehen und verbrachten den übrigen Abend in freien Gesprächen und Tätigkeiten. Mir wurde einmal mehr klar, wie tief Lehrer gerade im Jugendalter in das Leben eines Menschen einzudringen vermögen. Für diese Lehrerin war alles nur eine Machtfrage. Sie benutzte Menschen so, wie sie sich am meisten Erfolg versprach.

Die erste Gesprächsrunde am nächsten Morgen war harzig, doch viele äußerten, daß sie sich wohler und gelöster fühlten. Ich spürte auch etwas mehr Zuversicht. Zwei Mädchen griffen erneut ein persönliches Problem auf: Sie fühlten sich in der Klasse nicht akzeptiert. Vor allem Ruth bekam die Kritik zu hören: „Du bist zu extrem in deinen negativen Äußerungen oder läßt einfach den Rolladen herunter." Wir spürten jedoch bald, wieviel Angst und Verletztheit dahinterstand. Ein Mädchen schlug vor, Ruth in solchen Situationen zu sagen: „Jetzt erlebe ich dich als abweisend. Ich glaube, du bist verletzt." Es ging auch darum, mit Ruth einen Schritt zu finden, um die wirklichen Gefühle äußern zu können. Ruth ergriff die Chance und wendete sich an die anwesende Lehrerin: „Sie lassen mich nicht frei arbeiten und Ideen verwirklichen." Die Äußerung erweiterte sich zum Problem der eigenen Verantwortung, von dem wieder alle betroffen

waren. Allgemein wurde als sehr positiv empfunden, daß diese Lehrerin mitgekommen war.
Die nächste Runde brachte ein weiteres brennendes Thema: die Stellung der zukünftigen Hauswirtschaftlehrerinnen am Seminar. Viele äußerten Minderwertigkeitsgefühle, andere Wut und Bitterkeit den „besseren" Kindergärtnerinnen und vor allem den Lehrerinnen gegenüber. Lange tauschten wir unsere Erfahrungen mit Minderwertigkeitsgefühlen aus. Schließlich zentrierte sich das Problem um die Rolle als Frau überhaupt.
Die meisten fühlten sich wohler, auch diejenigen, die wenig oder nichts gesagt hatten. Die beiden Mädchen, die die intensivste Beziehung zur Klassenlehrerin gehabt hatten, waren immer noch tief betroffen. Eines von ihnen sagte: „Es ist eine neue Situation zu sehen, daß ich aus eigenem Anstoß etwas unternehmen muß, um das Ganze zu verändern."
Am Nachmittag gingen wir spazieren und suchten geeignete Astgabeln, um ein Gebilde hineinzuweben. Den ganzen Abend verbrachten wir alle recht still mit unserer Webarbeit.
Am nächsten Morgen wurde gleich eine Störung vom Vorabend zum Ausdruck gebracht. Ruth und Brigitte hatten sich allein zurückgezogen. Einmal mehr hatte Ruth sich angegriffen gefühlt und nach gewohnter Art reagiert. Brigitte sagte, sie hätten sich zurückgezogen, um die Beziehung zu klären. Zudem hätten vor dem Nachtessen einzelne einander „angezündet". Sie habe mitgemacht und sich überfordert gefühlt. Eigentlich habe sie Ruhe und ein Gespräch gewollt. Nun wurde auch klar, warum die Klasse diese Situation aufgegriffen hatte: Sie fühlten sich unsicher und angegriffen durch den unbegründeten Rückzug der beiden. Brigitte explodierte: „Niemand vermißt mich. Warum habt ihr mir nichts gesagt?" Ein gegenseitiges Argumentieren und Verteidigen entstand. Im Grunde fühlten sich beide Seiten verunsichert.
Wir sprachen darüber, wie schnell wir glauben, die anderen seien feindlich gestimmt und uns zurückziehen oder

verteidigen. Sehr schnell wird Verteidigung dann zum Angriff. Eine Möglichkeit wäre, die Gefühle zu formulieren und nicht einfach abzustellen. Ganz am Schluß kam von ein paar Mädchen her die Angst zum Ausdruck, in Zukunft alle Worte genau abwägen zu müssen. Es war noch viel Mißtrauen da, doch es kam immer deutlicher zum Ausdruck.

Den Nachmittag verbrachten wir mit freiem Weben. Am Abend malten wir gemeinsam zu Musik. Ich spürte immer deutlicher, daß die Mädchen dieses Berufes sich vor allem in der stillen Beschäftigung wiederfinden konnten, während etwa Kindergärtnerinnen Spielräume brauchen.

Am folgenden Morgen malten wir weiter, allein, zu zweit, in kleinen Gruppen. Dazwischen wurden die Erfahrungen gegenseitig ausgetauscht.

Am Nachmittag gingen wir spazieren und weben. Ich sah, daß viele Kontakte und Gespräche zwischen einzelnen zustande kamen, die sehr wichtig waren und – wie in der folgenden Gesprächsrunde zum Ausdruck kam – den Bann lösten. Am Ende der Gesprächsrunde regte ich an, diejenigen, die noch etwas Ungesagtes mit sich herumtrügen, möchten es in den Kreis bringen, oder dem Betreffenden allein sagen. Wiederum setzten sich einige zusammen.

Am nächsten Morgen kamen die Schülerinnen auf das Problem mit ihrer Klassenlehrerin zurück. Es ergaben sich verschiedene Problemkreise:

– Wie gehe ich mit Enttäuschung um? Mit dem Schmerz, der aus der Konfrontation mit der Wirklichkeit entsteht?
– Wie unterstütze ich die Klassenkameradinnen?
– Was läßt sich konkret tun?

Alle spürten, wie wichtig es war, genau hinschauen zu lernen, und daß der Verlust der Täuschung auch etwas Positives sein kann. Sie beschlossen, gemeinsam einen Rapport zu schreiben.

Die nächste Runde brachte ein neues Thema: Die Schülerinnen hatten versucht, gemeinsam ohne Lehrer ihre

Schwierigkeiten auszutragen. Dabei tauchten die folgenden Problemkreise auf:

– Weinen und Verletztsein. „Ich darf vor den andern nicht weinen.“ „Ich wünsche mir einen Kontakt, wage aber nicht, dies auszusprechen.“
– Aggressionen ausdrücken. „Man muß doch lieb sein zueinander.“

Es wurden viele Gefühle und Schwierigkeiten ausgedrückt, die zeigten, daß das Vertrauen innerhalb der Klasse gewachsen war.

Den Nachmittag verbrachten wir mit Weben. Am Abend bekam jede Schülerin einen Knopf, den sie in ein Feld setzen mußte, das die Klasse darstellt, und zwar so, daß sie ihre Position ausdrückte. So ließen sich noch einige bis jetzt unausgesprochene Probleme zwischen den Schülerinnen aufarbeiten – Ausgeschlossensein, Angst zu stören. Ruth konnte nicht sprechen, sie weinte. Wir spürten alle, daß sie es sehr schwer mit sich hatte.

Vieles war in dieser Woche in Bewegung gekommen. Doch hätte dieser Prozeß weitergeführt werden müssen. Nach einem halben Jahr geriet die Klasse wieder in eine Sackgasse, was jedoch – ganz zu Unrecht – gegen sie interpretiert wurde. Doch allein war sie überfordert.

Die Feedbacks auf diese Woche zeigten mir, wie wichtig die Erfahrung für die einzelnen und für die Klasse als Ganzes war. Die einzelnen Aspekte kann ich am besten in den Worten von Schülerinnen aus ihren schriftlichen Äußerungen wiedergeben:

„Ich glaube, ich konnte jetzt schon einige Aggressionen abbauen, die ich gegen einzelne hatte, dadurch, daß ich etwas über sie erfahren habe und sie jetzt verstehe.“
„Ich habe gelernt, meine Gefühle auszudrücken. Das war für mich das erste Mal, daß ich versuchte, sie zu formulieren.“
„Ich habe diese Woche sehr lehrreich gefunden, denn ich erfuhr mich in meiner Klasse und die anderen. Wie sie sind und wie ich sie antasten soll. . . Ich fühlte plötzlich, daß das Leben schwer zu leben ist, wirklich zu leben.“
„Ich weiß mehr von meinen Gefühlen und den Gefühlen der anderen. Ich will versuchen, etwas von dieser Woche zu verwirklichen

und weiterzuführen! Nun habe ich mich sehr in den Vordergrund gestellt und ich glaube, mich verstanden gefühlt zu haben. Ich glaube zuerst an mir etwas ändern zu müssen, um die andern meiner Klasse richtig zu verstehen. . . Ich habe gelernt, mich so anzunehmen wie ich bin, aber leider ist dieser Prozeß nicht abgeschlossen. Es geht weiter, aber wie?"

„Ich fand es auch schön, den einen die Möglichkeit zu geben, sich vor allen auszuweinen und das Gefühl zu haben, daß es nichts Schlechtes ist."

„Ich habe andere Kameradinnen erlebt, als in der Schule. Sie haben sich anders gezeigt. Ich habe sie näher kennengelernt, aber auch jetzt noch gibt es solche, die mir verschlossen sind. . . Auch mich habe ich besser kennengelernt. Sie haben mir geholfen, mich selbst anders zu sehen. Ich bin froh über diese Hilfe."

„Daß eine Klasse zusammen weinen und zusammen nachher offen darüber sprechen kann, ist für mich eine schöne Erfahrung."

„Ich fühlte mich sehr stark gefordert von der Klasse. Aber ich glaube, das hat mir und meiner Klasse gut getan, daß sie direkt erfahren, wie es mir so geht. . . Das Gespräch durch den Nebel mit Ihnen, Frau Kummer, hatmir sehr gut getan. Ich habe zu Ihnen sehr großes Vertrauen geschöpft und möchte die Gelegenheit wahrnehmen, hie und da in der Schülerberatung aufzutauchen. Einfach so, wenn ich aus mir nicht mehr schlau werde. . . Mir ist so recht bewußt geworden, daß ich sehr ähnlich wirke wie mein Bruder, und bei meinem Bruder hasse ich das. . . Ich möchte lernen, mit meiner Aggressivität zu leben, so, daß ich andere nicht so brutal abschrecke."

„Ich glaube, daß uns einiges bewußtgeworden ist. Nun müssen wir lernen, damit umzugehen, was sicher Mühe bereiten wird. Doch ich habe ein zuversichtliches Gefühl und hoffe, daß ich meine kleine gewonnene Sicherheit behalten kann, denn nun fühle ich mich auch zur Klasse gehörend."

„. . . die Woche hat in mir selbst eine Wandlung hervorgerufen. Ich bin wie von irgend etwas befreit worden. Eine Angst ist gewichen. Ich kann mich jetzt besser äußern. Ich habe den Mut dazu gefunden."

„Den Unterschied Lehrer–Schüler habe ich in dieser Woche nicht gespürt. Die Distanz, die ich am ersten Tag hatte, war schnell verschwunden, und ich empfand es als ein sehr schönes Verhältnis."

„Wir haben gelernt, die Verschiedenheiten, die uns ja unterscheiden, zu erkennen. . . "

„Ich konnte mich frei entscheiden und auch eine Antwort verweigern, also nach meinen Gefühlen gehen, sofern es immer ging. . . Ich konnte zuhören, dabei etwas für mich profitieren, von mir etwas beitragen, das den anderen helfen konnte."

4.6 Möglichkeiten und Formen des Selbstausdrucks und der Kommunikation in verschiedenen Medien

Nicht nur das fachbezogene und das problembezogene Unterrichtsgespräch oder die Prozesse im Sozialen Lernen sowie die Selbsterfahrungsgruppen vermögen die heilenden und damit auch die Wachstumskräfte zu mobilisieren und zu fördern, sondern auch Selbstausdruck und Kommunikation in den verschiedenen Medien wie sprachliches Gestalten, musikalischer und malerischer Ausdruck, Theater und Bewegung. Hier können sich die schöpferischen Kräfte der einzelnen und der Gruppe entfalten, und wenn genügend Raum da ist, können sich auch jene auftun, die sich zunächst gehemmt fühlen oder dem Ganzen ablehend gegenüberstehen. Wir haben bereits gesehen, daß sich die selbstheilenden Kräfte im Zusammenhang mit Unterricht und Beratung in diesen Medien entfalten können. Die Schilderung des Deutschunterrichts habe ich als Beispiel aufgeführt. Doch können diese Medien nicht nur für sich, sondern auch in ihrem inneren Zusammenhang als Basis von Prozessen dienen, was ansatzweise schon im Unterricht und ausführlicher in einem eigens dafür gewährten Raum möglich ist – sei es im Rahmen von Arbeitswochen zu bestimmten Themen, fächerübergreifenden Kombinationen oder im Rahmen einer Theaterarbeit, wie ich sie bei Fridolin Henking kennenlernte und für meine eigene Arbeit die wesentlichsten Impulse erhielt, die im folgenden einfließen.

Mein Konzept macht sich Tendenzen der modernen Kunst zunutze, in der sich die Grenzen zwischen den einzelnen Kunstgattungen auflösen und dadurch vielfältige Experimente und Transpositionen ermöglichen, so etwa zwischen Musik und Theater im sogenannten Instrumentaltheater, Musik und Grafik in einer bestimmten Form moderner musikalischer Notation, zwischen Sprache und Grafik in der visuellen Poesie oder zwischen Schriftzei-

chen und Bild in verschiedenen Experimenten der modernen Malerei. Die Musik erweitert sich um das Einbeziehen der Sprache und durch das Einbeziehen von weiteren Körpergeräuschen und künstlich erzeugten Geräuschen bis hin zur Elektronik in all ihren Möglichkeiten. Die Musik findet in sich ihre Affinität zur Geste, zur Aktion aus ihrem eigenen praktischen Tun des Musizierens heraus. Die Sprache entdeckt über Schreibweise und Typographie aus sich heraus ihr grafisches Element.
Die verschiedenen Beziehungen und „Übergriffe" oder Begegnungen lassen sich in einer Übersicht darstellen:

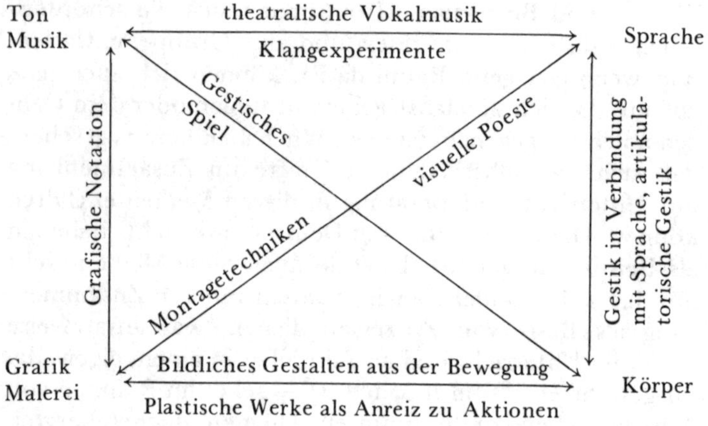

Aus diesen experimentellen Möglichkeiten ergeben sich auch für das Gestalten mit Jugendlichen reiche Ansätze, die spontan in Improvisationen oder in längerfristigen Arrangements realisiert werden können.
So läßt sich aus einem Medium heraus eine in ihm angelegte Dimension weiter entfalten. Es können beispielsweise die Bedingungen beim Spiel eines Instrumentes intensiviert oder gar verselbständigt, oder die Stimme selbst als ein differenziertes Instrument betrachtet werden, vom Sprechton bis zum Gesang mit geschlossenem Mund. Oder es können alle natürlichen Töne, die von

einer Stimme erzeugt werden, als „Leibmusik“ verstanden werden, etwa Laute, Geräusche, Seufzer, Lachen, Weinen, Artikulationspartikel usw. Dies wiederum verbindet musikalische Gestaltung mit sprachlichen Möglichkeiten, die auch ihren Ausdruck jenseits der Sinndimension finden. So zeigen sich die reichhaltigsten Übergänge zwischen Sprache und Geräusch, Sprache und Musik, Musik und Geräusch. Als Musik werden auch elektronisch verfremdete Klänge und alle möglichen Geräusche betrachtet, zunächst die verfremdete Spielweise traditioneller Instrumente, Klänge, die umliegende Gegenstände überhaupt hergeben, Alltagsgeräusche vom Straßenlärm bis zu Maschinengeräuschen. Beliebig sind zudem die Kombinationen der verschiedensten sprachlichen, musikalischen und bewegungsmäßigen Elemente. Auch das Element des Schriftlichen in Musik und Sprache kann weiter ausgebaut, verfremdet oder verselbständigt werden. Eine weitere Komponente, die sich akzentuieren läßt, ist der Vorgang des Artikulierens selber, sowohl im Bereich der Musik wie der Sprache.
Im folgenden gebe ich eine Übersicht über die erwähnten Möglichkeiten:

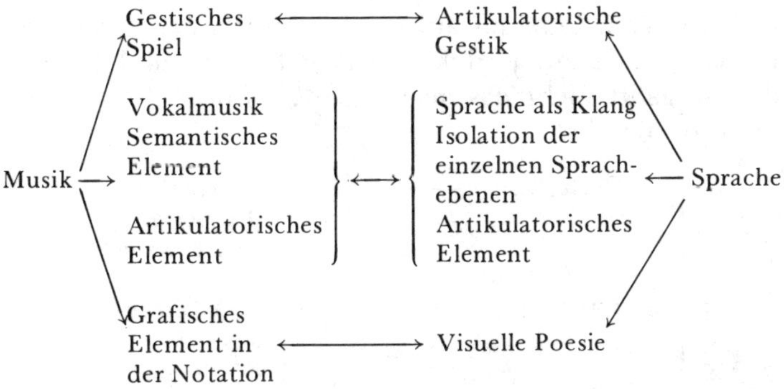

Damit ist eine totale Erweiterung des Spektrums auf der Ebene der Stimme und der Klänge gegeben; man klatscht, schnippst, stampft, schleift, trommelt sich auf den eige-

nen Leib usw., bezieht Fremdmaterialien ein, entlockt ihnen alle möglichen Töne und Geräusche und verfremdet Althergebrachtes durch die Behandlungsweise einerseits, aber auch durch die Elektronik.
Das Beispiel der grafischen Notation mag zeigen, wie Transformationen von einem Medium ins andere stattfinden. Oft wird die „Musik“ in freien grafischen Signalen festgehalten, die ganzheitlich als Botschaft des Autors aufgenommen werden sollen. Schließlich kann jedoch jede grafische Struktur in Klang umgesetzt werden, sei dies eine Zeichnung, eine Bildkomposition überhaupt, aber auch ein architektonisches Gefüge, ein natürlicher Gegenstand wie die Maserung einer Baumrinde, die Struktur eines Steines usw. Umgekehrt ist Musik in grafische Strukturen übersetzbar. Auch das Element der Bewegung läßt sich einbeziehen in die Transpositionen. Grafische Strukturen können ebenso wie Musik getanzt, Tanz wiederum klanglich oder grafisch interpretiert werden. Schließlich sind Transpositionen von einem Medium ins andere oder simultane Transpositionen in mehrere Medien gleichzeitig denkbar, alles Arrangements, die von Jugendlichen gern aufgegriffen werden.
Damit verlegt sich – auch in der modernen Kunst – das Gewicht vom Ergebnis auf die Dimension des Erzeugers. Im Gegensatz zur perfektionierten Platten- und Filmindustrie zählt nicht das makellose Kunstprodukt sondern der Prozeß selbst.

Möglichkeiten von Übergängen und Kombinationen		
	Musik/Klang →	Tonerzeugung (Körperklang, fremde Klänge)
	Sprache →	Spracherzeugung (artikulatorischer, semantischer Prozeß)
	Körper →	Entwicklung von Bewegung und Gestik
	Bildnerisches →	Bildentstehung

Damit findet auch eine intensive Auseinandersetzung mit dem Material, mit dem Gegenstand – im ursprünglichen Wortsinn – statt. So werden die verschiedensten Klänge und Geräusche, auch solche aus der technischen Welt, miteinbezogen, Sprachfetzen und -partikel aus allen möglichen Bereichen und Objekte aus dem Alltag als Elemente des Bildnerischen.
So ist ein weiter Spielraum gegeben, im Vordergrund steht die Ganzheitlichkeit und die Betonung des Prozeßcharakters. Es ergeben sich viele Möglichkeiten von Experimentieren, Entdecken neuer Aspekte und Kombinationen. Der Kreativität sind kaum Grenzen gesetzt.
Alle diese Aspekte sind – so wie ich es dargelegt habe – auch für die Arbeit mit Jugendlichen ein zentrales Anliegen. Neben der Betonung von Ganzheitlichkeit und Prozeß geht es vor allem auch darum, festgelegte Strukturen einmal aufzubrechen und Experimente zu wagen, die in ihrem Ende und „Ergebnis" nicht absehbar sind und in Neuland führen. Damit wird ein echter Spielraum erschlossen. Eine neue Wahrnehmung läßt sich damit gewinnen, ein Erproben der Dinge nicht nur auf ihren definierten Zweck hin, sondern so, wie es vor allem beim kleinen Kind zu finden ist. Sinnlichkeit in der ganzen Breite, Phantasie und Ausdrucksfähigkeit können gefördert werden. Damit ist es möglich, eigene Kräfte zu entdecken und für den Prozeß der Gestaltwerdung einzusetzen.
Daß die verschiedenen Medien therapeutisch eingesetzt werden können, ist nichts Neues, es gibt eine Maltherapie, Tanztherapie usw. Doch braucht Therapie im engeren Sinn nicht im Mittelpunkt zu stehen. Auch eine gestalterische Tätigkeit, bei der das Hauptgewicht auf dem Entdecken, Experimentieren, Werden und auf dem ganzheitlichen Ausdruck liegt, wirkt in sich „therapeutisch". Deshalb könnte der Ausdruck in den beschriebenen Medien auf den verschiedensten Ebenen eingesetzt werden.
Eine erste Möglichkeit bietet der Fachunterricht. Sprache und Klang beispielsweise ließen sich auf die geschilderte

Weise erleben und verwenden, also in der Rolle des Hörenden, Schauenden und des Schaffenden, um vielleicht zu erleben, daß diese Rollen auch ineinander übergehen können. Damit wäre zugleich ein neuer Zugang zur Kunst und zur eigenen Kreativität gegeben, und es würde deutlich, daß Kreativität auf beiden Seiten möglich ist. Zugleich wird auch die museale – unfruchtbare – Distanz zur Kunst verringert oder das Verständnis von Kunst transformiert, wie ich es ansatzweise geschildert habe. Das Konzept, das sich an den Tendenzen der modernen Kunst orientiert, kann auch fächerübergreifend wirksam werden, das Erleben der großen Zusammenhänge fördern und damit die an unseren Schulen üblichen Trennungen und Abspaltungen überwinden. Gerade Jugendliche brauchen dringend übergreifende Modelle.

Im Sozialen Lernen vermag diese Art der Gestaltung zusätzlich auch Probleme und Konflikte ausdrücken helfen, oder sie können in der Gestaltung selbst überwunden werden. Dasselbe gilt auch für die verschiedensten Formen von Selbsterfahrungsgruppen. Die Arrangements mögen je etwas anders sein; das ganzheitliche Erleben, die Betroffenheit, ist ein verbindliches Element. Im Rahmen des Sozialen Lernens, vor allem in Arbeitswochen, habe ich mehrmals das Konzept des multimedialen Experimentierens verwendet, abwechselnd mit mehr problemzentrierten Arrangements. Das Konzept gibt jedoch nicht nur einen Spiel-Raum für das Erleben der eigenen kreativen Kräfte, sondern auch für das Erleben der kommunikativen Aspekte. Viele der Experimente und Arrangements beruhen auf gemeinsamem Tun und erfordern es, daß die Teilnehmer aufeinander achten, sich in die anderen einfühlen können und eine Balance zu finden vermögen zwischen Selbstausdruck und Einfinden in das ganze Geschehen. Die Gestalt ist nicht nur die eigene, sondern vor allem die neue der ganzen Gruppe oder sogar eine, die aus dem Zusammenwirken verschiedener Gruppen entsteht.

In diesem Zusammenhang erinnere ich mich an eine Arbeitswoche mit einer Gymnasialklasse. An einem Abend

hatten sich alle gegenseitig geschminkt, und nachher begannen wir zusammen eine Tanzimprovisation. Plötzlich mimte ein Mädchen eindrücklich sein Zusammensinken und Sterben. Es war im Laufe der Woche aufgefallen, weil es sich immer zurückzog und nur einmal mit zwei Zeichnungen direkt Kontakt mit uns aufgenommen hatte. Ich wußte, daß es aus sehr schwierigen Verhältnissen kam. Als die Mitschüler sahen, daß Lisa auf dem Boden lag, kamen einige, tanzten um sie herum, in einem immer engeren Kreis und bückten sich schließlich, um Lisa zu berühren. So blieben sie eine Weile, dann begannen sie behutsam, mit sanft tanzenden Bewegungen, Lisa zu stützen und schließlich aufzuziehen, obwohl sie zunächst wie eine leblose Puppe blieb. Keiner gab auf. Sie bewegten sich mit ihr, trugen sie halb, und viele Gesten schienen ihr Leben und Energie zu übetragen, bis sie allmählich anfing, auf ihren eigenen Füßen ein wenig mitzutanzen, und sich schließlich – immer noch umkreist von den anderen – zum Tanzen mitreißen ließ. Nachher war Lisa sehr entspannt und uns allen ein wenig nähergerückt. Und sie blieb es auch in den folgenden Tagen. Niemand berührte das Geschehen mit Worten. . .
Hier zeigt sich, wie das Geschehen plötzlich eine Tiefe und eine heilende Kraft gewinnen kann, die aus den schöpferischen Kräften der Beteiligten stammt und sich nicht planen läßt. Ich kann nur den Spielraum gewähren, in dem die Entfaltung dieser Kräfte innerhalb eines Arrangements möglich ist, das die Beteiligten anzusprechen vermag. Es ist für mich immer wieder erstaunlich, wie rückhaltlos Jugendliche sich auf einen solchen, aus aller Tiefe kommenden, symbolischen Prozeß einzulassen vermögen. Bei aller Scheu, das Persönlichste zu berühren, geben sich Jugendliche oft sehr rückhaltlos in ein Geschehen hinein, in dem sie sich ganz entblößen. Doch auch die lustvolle und spielerische Seite kann hier gelebt werden. Sie hat eine große zentrierende Wirkung auf die Beteiligten.

Rückblick und Ausblick

Meine Erfahrungen und Auseinandersetzungen mit Jugendberatung haben mich zur Überzeugung geführt, daß jede Institution, die mit Jugendlichen arbeitet – Gewerbe- und Berufsschulen, Real- bzw. Mittelschulen, Handelsschulen, Internate, Heime usw. – auch die Jugendberatung anbieten müßte. Viele Probleme erwachsen direkt aus der Ausbildung, schwererwiegende betreffen meist andere Bereiche, behindern jedoch die Jugendlichen in der Schule und Arbeit, mehr noch und allgemeiner in ihrem Wachstum, im Gewinnen der eigenen Gestalt im Sinne von Autonomie und Verbundenheit mit den Belangen dieser Welt. Wenn sich Ausbildung in einem umfassenden Sinn als ganzheitliche Forderung von Wachstum versteht, ist die Jugendberatung – von der Krisenintervention bis zu längerfristigen Prozessen – ein unabdingbarer Bestandteil. Sonst müssen viele Jugendliche einen großen Bereich ihrer Persönlichkeit für den größten Teil ihrer Jugendzeit abspalten. Damit ist die Chance, die die Adoleszenz bietet, vertan.
Ich möchte im folgenden einige Richtlinien für die Jugendberatung, wie sie sich in meiner Arbeit herauskristallisiert haben, formulieren:

1. Die Jugendberatung (Schülerberatung) dient der Persönlichkeitsentfaltung im Sinne der individuellen Gestaltwerdung und ist deshalb ebenso Förderung von Wachstum allgemein, Prävention sowie Hilfe bei akut auftauchenden Schwierigkeiten und Konflikten.
2. Die Beratung stellt keinen abgeschirmten, tabuisierten Sonderbereich dar, sondern ist unter strikter Wahrung des Berufsgeheimnisses in die Institution inte-

griert. Damit soll die Klassifizierung von ratsuchenden Jugendlichen ebenso abgebaut werden, wie durch jederzeit zugängliche Informationen über Sinn und Ziele der Beratung.

3. Die Jugendberatung dient dem Jugendlichen als Möglichkeit, besser mit sich, den anderen und den sich im Leben ergebenden Schwierigkeiten umzugehen.

4. Die in bezug auf die Beratung verwendete Terminologie soll aus diesem Grund die Aspekte des Lernens, Wachsens und des Prozeßcharakters in den Vordergrund stellen.

5. Die anthropologische Grundlage bildet die Ganzheitlichkeit des Menschen, der also von seiner ganzen Person her – unter Einschluß des körperlichen und emotionalen Bereichs – in die Gesamtzusammenhänge des Lebens einbezogen ist und selbstverantwortlich an ihnen teilnimmt.

6. Als globales Ziel, das über der konkreten Bewältigung von bestimmten Schwierigkeiten und Problemen steht, ist ein Leben in mehr Verbundenheit mit sich, mit den anderen Menschen, mit der Welt und dem Kosmischen zu sehen.

7. Die Beratung stellt für den Jugendlichen einen Freiraum dar, in dem er seinen Lernprozeß ohne den Druck der Alltagssituation gestalten kann.

8. Die Beratung stellt für den Jugendlichen die mögliche Chance einer Auseinandersetzung mit dem Berater als einem Vertreter der Erwachsenenwelt, als einem Vertrauten, einem Menschen dar, der ebenfalls auf dem Weg ist. Die Beratungssituation kann als exemplarische Möglichkeit der Einübung von Beziehung und als Heilwerden in Beziehungen verstanden werden.

Die Jugendberatung sollte soweit wie möglich in den Alltag der Institution integriert und von seinen Mitgliedern bezahlt und getragen sein, damit sie nicht zu etwas Suspektem und zur Maßnahme für „schwere Fälle“ wird, sondern offen bleibt für alle Fragen und Probleme, die Jugendliche bewegen und sie gerne in der Beratung mitteilen möchten. Besteht jedoch eine Ablehnung der Beratung gegenüber, fühlen sich die Jugendlichen ausgesetzt. Man darf sie nicht beim Besuch ertappen, und sie dürfen auch niemals Auswirkungen einer Beratungsstunde im Sinne verminderter Arbeitskapazität zeigen.

Um das Klima zu verbessern, braucht es meist Gespräche mit den Mitgliedern – etwa dem Lehrkörper – um Vorurteile, Phantasien, Projektionen und Ängste abzubauen, aber ebenso überdimensionierte und falsche Erwartungen. Die beratende Person sollte soweit als möglich in die Institution integriert und für die Jugendlichen auch außerhalb des Beratungszimmers zugänglich sein, weil die meisten auf diese Weise den Zugang zur Beratung leichter finden. An der Gewerbeschule in Zürich wurde dies beispielsweise so gelöst, daß die Beraterin zugleich auch den Lebenskundeunterricht abhielt; am Lehrerinnenseminar erteilten die Berater das Soziale Lernen, Deutsch und Psychologie. Wenn möglich, sollten mindestens ein Mann und eine Frau das Beratungsteam bilden, damit die Jugendlichen eine echte Wahl haben. Supervision für die Mitglieder der Institutionen hingegen wird mit Vorteil von einer außenstehenden Person erteilt.

Je mehr eine Institution wachstumsorientiert denkt und arbeitet, desto besser läßt sich Jugendberatung integrieren. Sie kann erweitert werden zur Arbeit in Gruppen oder Klassen vom Typus des Sozialen Lernens, wie ich es dargestellt habe oder der Lebenskunde, wo nicht nur unterrichtsbezogene Fragen und Probleme zur Sprache kommen. Es ist jedoch zu bedenken, daß solche Prozesse manchmal Nachwirkungen haben, und man diese Stunden an den Rand des Stundenplans verlegt. Zudem muß in Kauf genommen werden, daß vielleicht die Aufgaben liegenbleiben und der eine oder andere Jugendliche eine gewisse Zeit von seinen Problemen absorbiert ist.

Der Bereich der Einzelberatung, der Lebenskunde wie des Sozialen Lernens muß unbedingt von einer hierfür

ausgebildeten Person mit Praxiserfahrung erteilt werden. Das Psychologie- oder Pädagogikstudium reicht nicht aus; es braucht vielmehr eine direkte Ausbildung zum psychologischen Berater mit Selbsterfahrung und eine Zeit praktischer Tätigkeit unter Supervision. Mindestens müssen die eigenen Ablösungsprobleme bewußt und wenn möglich verarbeitet sein. Es braucht auch den Bezug zur eigenen Adoleszenz mit allen Erlebnissen und Problemen, um für diejenigen der Jugendlichen frei zu sein. Dort, wo für die Arbeit in den Klassen die Stunden im Sinne der Lebenskunde oder Sexualkunde von Lehrern ohne entsprechende ausführliche Zusatzausbildung erteilt werden, sind die Ergebnisse eher negativ, weil die Jugendlichen das Vertrauen oft nicht finden können. Es braucht für diese Arbeit einen guten Bezug zu sich selbst, Offenheit allen Themen gegenüber, nichtwertendes Eingehen auf die Person des Jugendlichen sowie eine Sprache, die Jugendliche verstehen können.
In den meisten Institutionen finden alle persönlichen Prozesse in diesem von einer Fachperson gestalteten Freiraum statt – und es ist schon viel, wenn sie überhaupt stattfinden. Je ganzheitlicher Ausbildung verstanden wird, desto mehr geschehen wichtige Prozesse auch im Unterricht. In der Arbeit selbst besteht dann Raum genug, die persönliche Betroffenheit und die der Gruppe im Zusammenhang mit dem Thema auszusprechen und zu diskutieren, sowie persönliche Gespräche mit Lehrern, Erziehern und Lehrmeistern zu wagen. Es gibt eine unterrichtsbezogene Einzelberatung, die durchaus in den Kompetenzbereich der Ausbildner allgemein gehören könnte. Das hätte allerdings zur Folge, daß deren Ausbildung Raum für das Erlernen der nötigen Voraussetzungen böte. Einerseits geht es um die Persönlichkeitsbildung und damit ein gutes Maß an Selbsterfahrung, damit nicht einfach Methoden und Techniken angelernt werden, die mechanistisches Denken fördern. Andererseits muß auch ein Unterrichtsmodell zur Verfügung stehen, das die nötige Hilfestellung bietet, ob es nun die Themenzentrierte

Interaktion (TZI), der individualpsychologische Ansatz Alfred Adlers oder der Lernprozeß im Sinne von Carl Rogers sei. Die Ausbildung von Lehrenden müßte allgemein viel stärker in diese Richtung gehen, damit nicht nur ein einziger Lehrer an einer Schule den beschriebenen Freiraum zu bieten vermag. Er isoliert sich von seinen Kollegen, und die Schüler können oft sehr schlecht mit diesem gewährten Raum umgehen, spielen ihn aus, oder es müssen viel zu viele Probleme ausgelebt und ausgedrückt werden, die eine breitere Basis bräuchten. Immerhin ist ein schmaler Freiraum besser als keiner, insofern der betreffende Lehrende den Druck auszuhalten vermag. Arbeiten jedoch mehrere oder viele Lehrer in dieser Richtung, vertieft sich die Wirkung, und der Druck verteilt sich. Nicht alle Lehrenden brauchen ihre Prozesse gleich zu gestalten – die Atmosphäre müßte jedoch offen genug sein, daß verschiedene und verschiedenartige Angebote nebeneinander bestehen können – sofern sie ganzheitlich und wachstumsorientiert sind.
Auf diese Weise fallen persönliche Gespräche, die nicht auf ein tieferes seelisches Problem bezogen sind, in den Bereich der Lehrenden und der Erzieher. Es ist nur positiv zu werten, wenn die Gewichte verteilt sind und nicht alles auf der Jugendberatung liegt, die damit als etwas Besonderes außerhalb der normalen Abläufe liegt. Die Spaltung besteht dann nicht nur innerhalb der Institution, sondern bewirkt auch eine Aufteilung in den Jugendlichen selbst, was dem ganzheitlichen Prinzip zuwiderläuft.
Die ganzheitliche Konzeption könnte sich fortsetzen in fächerübergreifenden Angeboten und in kreativen Arrangements, die bestehende Strukturen zugunsten spontanen und experimentierenden Ausdrucks loslassen können. Gerade die vor allem intellektuell ausgerichteten Ausbildungen brauchen diese Gegengewichte, die mit den musischen Fächern verbunden werden können.
Vor allem diejenigen brauchen diesen Spielraum, die als zukünftige Ausbilder Ganzheitlichkeit, Wachstum und

Kreativität erfahren sollten, damit sie dies später auch in ihren eigenen Lehrbereichen verwirklichen können.
Die Ausbildung der Jugendlichen war – abgesehen von einigen Privatschulen – immer ein Stiefkind von Reformen, da sie sich vom Leistungsdruck der Berufe und der Hochschule kaum zu befreien wußten. Der Maßstab müßte jedoch nicht das Nächsthöhere, sondern die Gegenwart, die Ebene der Jugendlichen selbst sein. Nur so kann jede Institution, jede Ausbildungsstätte das ihr adäquate Modell finden.
Ein letzter Schritt wäre es, auch die Eltern mit einzubeziehen: in Veranstaltungen für sie, in gemeinsamen Gesprächen mit den Jugendlichen, in Teilnahme am Unterricht selbst.
Das Verwirklichen ganzheitlichen Lernens ist die einzige Möglichkeit, daß wir das auf uns Zukommende in allen Bereichen des Lebens zu bewältigen vermögen. Deshalb müßte das hier geschilderte Konzept in modifizierter Form in der Ausbildung Jugendlicher allgemein realisiert werden.

Vorbemerkungen zur Bibliographie

In der vorliegenden Arbeit habe ich die Auseinandersetzungen mit der einschlägigen Literatur auf die Angabe von einigen Namen beschränkt, um das Buch nicht mit einem ausgedehnten wissenschaftlichen Apparat zu beschweren, da es weitgehend für die Praxis bestimmt ist. In meinem Buch „Individualität und Verbundenheit" findet sich eine grundsätzliche Behandlung all jener Themen, die sich allgemein auf den Wchstumsprozeß des Menschen im Leben und in der therapeutischen Arbeit beziehen, und zwar mit den entsprechenden Hinweisen auf die wichtigen Werke und einer Auseinandersetzung mit ihrer Bedeutung für meine eigenen Aussagen.
Die Schwerpunkte – auch für die „Jugendberatung" – liegen im Bereich der Individualpsychologie Alfred Adlers, der Transaktionsanalyse und der Themenzentrierten Interaktion, der Humanistischen Psychologie im Sinne von Abraham Maslow, Carl R. Rogers, Erich Fromm und der bioenergetischen Ansätze von Alexander Lowen und vor allem von Stanley Keleman, der Gestalttherapie und des Psychodramas. Meine eigene Arbeit als Beraterin, Therapeutin und Ausbilderin in Individualpsychologie, verbunden mit Körperarbeit, beruht auf der Auseinandersetzung mit ihrem Werk und auf persönlicher Ausbildung in den einzelnen Richtungen. Daraus entwickelte sich mein eigenes integratives Konzept, wie es auch – in modifizierter Form – in der Jugendberatung und -therapie zum Ausdruck kommt. Wesentliche Gedanken verdanke ich auch den Werken von Karen Horney und Horst E. Richter. Aus den genannten Bereichen stammen sowohl

die entscheidenden Impulse für die anthropologische Grundlage wie für die methodische Gestaltung. Die wichtigsten Werke habe ich in der folgenden Bibliographie angeführt.

In meiner Auseinandersetzung mit dem Jugendalter spielte die Erfahrung mit Jugendlichen von Anfang an eine große Rolle. Wesentlich waren auch die schriftlichen Äußerungen – Briefe, freie Texte, Aufsätze, Erlebnisberichte – aus meiner eigenen Arbeit, sowie die Sammlungen und Berichte, die im Literaturverzeichnis angeführt sind.

Für meine Konzeptbildung stellte die Individualpsychologie Alfred Adlers die Basis dar, wurde jedoch modifiziert und weitergeführt durch systematische Ansätze vor allem Helm Stierlins und Ivan Boszormenyi-Nagys. Der Begriff der „Identität" entstammt dem Werk von Erich H. Erikson, da er mir für die psycho-physische Eigenart des Jugendalters als geeignet erschien. Der Begriff des „Gestaltwandels", der den zentralen Ansatz in meinem Verständnis des Jugendalters darstellt, kristallisierte sich für mich vor allem in der Auseinandersetzung mit Eriksons Ansatz und in der Arbeit mit Stanley Keleman heraus. Die wesentlichen Impulse für Verständnis und Umgang mit Gruppenprozessen in der Ausbildung erwarb ich mir im Rahmen der Themenzentrierten Interaktion. Die methodischen Aspekte entstammen vor allem dem Lebensstilkonzept der Individualpsychologie, mit dem ich seit vielen Jahren arbeite, in Verbindung mit Rollenspiel, Imagination und Körperarbeit.

Die übrigen in der Bibliographie genannten Werke erweiterten meinen Horizont im Verständnis der Adoleszenz, gingen aber nicht unmittelbar in meine Arbeit ein. Gerade das Buch von Konrad Widmer vermittelte mir Anregungen – doch ergab mein persönlicher Kontakt mit sehr vielen Jugendlichen ein anderes, weniger „harmloses" Bild als aus seinen Befragungen hervorging.

Die Sammelwerke, die ich in der Bibliographie anführe, habe ich benutzt, jedoch die Übungen so ausgesucht, daß die Spielanlage möglichst frei war und keinen manipula-

tiven Kern enthielt, was bei vielen Beispielen aus den entsprechenden Werken der Fall ist.
In der mehr als zehnjährigen Arbeit mit Jugendlichen verschmolzen meine Erfahrungen mit Jugendlichen, in Schule, Beratung und Therapie, der eigene innere Prozeß, die Aus- und Weiterbildung bei den verschiedenen Therapeuten, die Lektüre und Verarbeitung ihrer Werke – nicht zuletzt in meinen eigenen Vorlesungen an verschiedenen Instituten – zu einem Konzept, das ich in diesem Buch darzulegen versuchte.

Bibliographie

1. Literatur zur Individualpsychologie Alfred Adlers, zur Humanistischen Psychologie und verwandten Gebieten

a) Selbständige Publikationen

Alfred Adler: Der Sinn des Lebens. Frankfurt [10]1983

Alfred Adler: Die Technik der Individualpsychologie.
Bd. 1: Die Kunst eine Lebens- und Krankengeschichte zu lesen. Frankfurt 1974
Bd. 2: Die Seele des schwer erziehbaren Schulkindes. Frankfurt 1974

Alfred Adler: Ermutigung in Erziehung, Beratung und Therapie. Ausgewählte Aufsätze.
Bd. I: 1919–1929. Frankfurt 1981
Bd. II: 1930–1932. Frankfurt 1982
Bd. III: 1933–1937. Frankfurt 1983

Alfred Adler: Lebenskenntnis. Eingeleitet von Wolfgang Metzger. Frankfurt [2]1981

Alfred Adler: Das Leben gestalten. Aus dem Amerikanischen von Wolfgang Schmidbauer. Hrsg. und eingeleitet von Wolfgang Metzger. Frankfurt 1981

Alfred Adler: Menschenkenntnis. Frankfurt [17]1983

Alfred Adler: Praxis und Theorie der Individualpsychologie. Frankfurt 1974

Alfred Adler: Wozu leben wir? Aus dem Amerikanischen von Elisabeth und Wolfgang Schmidbauer. Frankfurt 1979

Heinz L. und Rovena Ansbacher: Alfred Adlers Individualpsychologie. Eine systematische Darstellung seiner Lehre in Auszügen aus seinen Schriften. München/Basel 1972

Ivan Boszormenyi-Nagi: Unsichtbare Bindungen. Die Dynamik familiärer Systeme. Stuttgart 1981

Gerhard Brandl: Sich miteinander verständigen lernen. Das Beratungskonzept der Individualpsychologie Alfred Adlers. München/Basel 1980

Gerhard Brandl: Vom Ich – zum Wir. Individualpsychologie konkret. München 1979

Martin Buber: Das dialogische Prinzip. Ich und Du. Zwiesprache. Die Frage an den Einzelnen. Elemente des Zwischenmenschlichen. Heidelberg [4]1979

Charlotte Bühler/Melanie Allen: Einführung in die Humanistische Psychologie. Stuttgart 1974

Ruth C. Cohn: Von der Psychoanalyse zur themenzentrierten Interaktion. Stuttgart 1975

Erik H. Erikson: Identität und Lebenszyklus. Wachstum und Krisen der gesunden Persönlichkeit. Ich-Entwicklung und geschichtlicher Wandel. Das Problem der Ich-Identität. Frankfurt 1976

Viktor E. Frankl: Der Mensch vor der Frage nach dem Sinn. Eine Auswahl aus dem Gesamtwerk. München/Zürich 1979

Erich Fromm: Die Furcht vor der Freiheit. Stuttgart 1983

Erich Fromm: Die Kunst des Liebens. Deutsche Originalausgabe Frankfurt/Berlin 1956

Erich Fromm: Die Revolution der Hoffnung. Für eine humanistische Technik. Stuttgart 1971

Erich Fromm: Haben oder Sein. Die seelischen Grundlagen einer neuen Gesellschaft. Stuttgart 1976

Erich Fromm: Wege aus einer kranken Gesellschaft. Stuttgart ^{11}1981

Anna Freud: Das Ich und die Abwehrmechanismen. München ^{11}1978

Karen Horney: Der neurotische Mensch in unserer Zeit. München, 5. Auflage (o. Jahrg.)

Henry Jacoby: Alfred Adlers Individualpsychologie und dialektische Charakterkunde. Frankfurt 1974

Stanley Keleman: Dein Körper formt dein Selbst. Der biogenergetische Weg zu emotionaler und sexueller Befriedigung. München 1980

Stanley Keleman: Leibhaftes Leben. Wie wir uns über den Körper wahrnehmen und gestalten können. München 1982

Irène E. Kummer: Individualität und Verbundenheit. (i. Vorber.)

Jean Liedloff: Auf der Suche nach dem verlorenen Glück. Gegen die Zerstörung unserer Glücksfähigkeit in der frühen Kindheit. München 1980

Alexander Lowen: Bio-Energetik. Therapie der Seele durch Arbeit mit dem Körper. Reinbek 1979

Alexander Lowen u.a.: Bioenergetische Analyse. Neue Konzepte und Praxis der biogenergetisch-analytischen Therapie. Hrsg. von Ulrich Sollmann. Oldenburg 1984

Alexander Lowen: Depression. Unsere Zeitkrankheit. Ursachen und Wege der Heilung. München ^{4}1984

Alexander Lowen: Lust. Der Weg zum kreativen Leben. München ^{2}1980

Alexander Lowen: Körperausdruck und Persönlichkeit. Grundlagen und Praxis der Bioenergetik. München ^{2}1985

Alexander Lowen: Narzißmus. Die Verleugung des wahren Selbst. München 1984
Abraham H. Maslow: Psychologie des Seins. Ein Entwurf. München 1973
Alice Miller: Das Drama des begabten Kindes und die Suche nach dem wahren Selbst. Frankfurt 1983
Alice Miller: Du sollst nicht merken. Variationen über das Paradies-Thema. Frankfurt 1983
Alexander Müller: Grundlagen der Individualpsychologie. Beiträge zur Verhaltensweise des Menschen und zur individualpsychologischen Pädagogik. Zürich/Stuttgart 1973
Frederick S. Perls: Gestalt Therapie in Aktion. Stuttgart 1974
Hilarion Petzold: Gestalttherapie und Psychodrama. Kassel 1973
Hilarion Petzold (Hrsg.): Psychotherapie und Körperdynamik. Verfahren psychophysischer Bewegungs- und Körpertherapie. Paderborn 1977
Jean Piaget: Theorien und Methoden der modernen Erziehung. Frankfurt 1974
Horst E. Richter: Der Gotteskomplex. Die Geburt und die Krise des Glaubens an die Allmacht des Menschen. Reinbek 1979
Horst E. Richter: Flüchten oder Standhalten. Reinbek 1976
Horst E. Richter: Lernziel Solidarität. Reinbek 1974
Horst E. Richter: Patient Familie. Entstehung, Struktur und Therapie von Konflikten in Ehe und Familie. Reinbek 1972
Horst E. Richter: Sich der Krise stellen. Reden, Aufsätze, Interviews. Reinbek 1981
Carl R. Rogers: Der neue Mensch. Berlin 1981
Carl R. Rogers: Entwicklung der Persönlichkeit. Psychotherapie aus der Sicht eines Therapeuten. Stuttgart 1982
Carl R. Rogers: Therapeut und Klient. Grundlagen der Gesprächstherapie. München 1977
Rüdiger Rogoll: Nimm dich wie du bist. Wie man sich einig werden kann. Eine Einführung in die Transaktionsanalyse. Freiburg/Basel/Wien 1976
Paul Rom: Mitmenschlichkeit lernen – mit dem eigenen Lebensstil. Angewandte Individualpsychologie. Tübingen (o.Jahrg.)
Werner Schmidtbauer: Ich-Stärke: Wirklichkeit, Begriff, Verwirklichung. In: G. Brandl: Vom Ich zum Wir. München 1979
Rainer Schmidt (Hrsg.): Die Individualpsychologie Alfred Adlers. Ein Lehrbuch. Stuttgart/Berlin/Köln/Mainz 1982
Toni und Theo Schoenacker: Die Doetinchemer Methode. Individual-psychologische Techniken. Selbstverlag des Rudolf Dreikurs-Instituts 1974
Manès Sperber: Individuum und Gemeinschaft. Versuch einer sozialen Charakterologie. Stuttgart 1978

Oskar Spiel: Am Schaltbrett der Erziehung. Vorwort von Walter Spiel. Bern 1979

Helm Stierlin: Von der Psychoanalyse zur Familientherapie. Stuttgart [2]1979

b) Sammelbände

Die neuen Körpertherapien: Hrsg. von Hilarion Petzold. Paderborn 1983

Neurose ist eine Fiktion. Die Behandlung von Verhaltensstörungen nach Alfred Adler: Hrsg. von Arthur G. Nikelly. München 1978

c) Artikel in Zeitschriften

Alfred Adler: Der Sinn des Lebens. In: IZI, 9. Jahrg., 1931/3, S. 161–171

Alfred Adler: Erste Kindheitserinnerungen. In: IZI, 11. Jahrg., 1983, S. 81–90

Alfred Adler: Körperliche Auswirkungen seelischer Störungen. In: IZI, 12. Jahrg., 1934, S. 65–72

Alfred Adler: Kritische Erwägungen über den Sinn des Lebens. In: IZI, 3. Jahrg., 1925/2, S. 93–96

Alfred Adler: Neurotisches Rollenspiel. In: IZI, 6. Jahrg., 1928, S. 427–432

Alfred Adler: Neurotisches Weltbild. In: IZI, 14. Jahrg., 1936, S. 129–137

Alfred Adler: Nochmals – die Einheit der Neurosen. In: IZI, 8. Jahrg., 1930/2, S. 201–216

Alfred Adler: Persönlichkeit als geschlossene Einheit. In: IZI, 10. Jahrg., 1932/2, S. 81–83

Alfred Adler: Über den Ursprung des Strebens nach Überlegenheit und des Gemeinschaftsgefühls. In: IZI, 11. Jahrg. 1933, S. 257–263

Alfred Adler: Zum Leib-Seele-Problem. In: IZI, 11. Jahrg. 1933, S. 337–345

Heinz L. Ansbacher: Die Entwicklung des Begriffs „Gemeinschaftsgefühl" bei Adler. In: Zeitschrift für Individualpsychologie, 1981/4, S. 177–194

Robert F. Antoch: Gemeinschaftsgefühl und „Psychische Gesundheit". In: Zeitschrift für Individualpsychologie, 1984/1, S. 2–8

Gerhard Brandl: Eine Logik, die uns alle – an das Zusammen-Leben – bindet. In: Zeitschrift für Individualpsychologie, 1980/2, S. 86–91

Malcolm Brown: Die Beziehung zwischen Patient und Therapeut in der „Therapie des direkten Körperkontakts". In: Die neuen Körpertherapien, S. 175–193

Wolf E. Büntig: Die Gestalttherapie Fritz Perls. Sonderdruck aus dem fünfzehnbändigen Informationswerk „Die Psychologie des 20. Jahrhunderts“
Erik H. Erikson: Das Problem der Identität. In: Psyche X, 1956/7
Günter Heisterkamp: Grundzüge der Therapie und Beratung. In: Zeitschrift für Individualpsychologie, 1980/1, S. 32–40 und 1980/2, S. 65–81
Günter Heisterkamp: Therapie als Beziehungsanalyse. In: Zeitschrift für Individualpsychologie, 1983/2, S. 86–105
Rudolf Kausen: Kontaktfähigkeit. In: Zeitschrift für Individualpsychologie, 1981/3, S. 121–125
Stanley Keleman: Bioenergetische Konzepte des „Grounding“. In: Die neuen Körpertherapien, S. 158–174
Stanley Keleman (im Gespräch): Wir haben keinen Körper, wir sind unser Körper. In: Stimmen und Visionen, S. 162–184
Irène E. Kummer: Körpersprache als Ausdruck des Lebensstils. In: Zeitschrift für Individualpsychologie, 9. Jahrg., 1984/3, S. 142–152
Alexander Lowen: Bioenergetische Analyse: Eine Weiterentwicklung der Reichschen Therapie. In: Die neuen Körpertherapien, S. 51–61
Alice Miller: ... und wer steht den Kindern bei? In: Psychologie heute, 1981/9
Leni Verhofstadt-Denève: Durch Konflikte leben lernen. In: Psychologie heute, 1982/9

2. Literatur zum sozialen Lernen – Handbücher, Anleitungen, Beispielsammlungen

Georg Eberhard Becker: Optimierung schulischer Gruppenprozesse durch situatives Lehrtraining. Heidelberg 1973
Ulrike Finke/Reinhard Hübner/Fritz Rohrer: Spielstücke für Gruppen. München 1977
Jürgen Fritz: Methoden des sozialen Lernens. München 1977
Howard Halpern: Abschied von den Eltern. Eine Anleitung für Erwachsene, die Beziehung zu den Eltern zu normalisieren. Hamburg 1978
Norbert Kluge: Einführung in die Sexualpädagogik. Darmstadt 1978
Alexander und Leslie Lowen: Bioenergetik für Jeden. Das vollständige Übungshandbuch. Ganting [4]1981
Richard de Mille: Setz Mutter auf den Tiger. Phantasieexperimente für Kinder und Erwachsene. Hamburg 1978
Claudio Naranjo: Techniken der Gestalttherapie. Hamburg 1978

Harm Prior (Hrsg.): Soziales Lernen in der Praxis. Berichte. München 1978
Reden und reden lassen. Begleitmaterial zur gleichnamigen Fernsehreihe in Zusammenarbeit mit dem Südwestfunk und dem österreichischen Rundfunk. Stuttgart 1975
Lutz Schwäbisch/Martin Siems: anleitung zum sozialen lernen für paare, gruppen und erzieher. Reinbek 1974
Cäsar Schwieger: Bio-Energetik-Praxis. Bioenergetische Übungen (nach Alexander Lowen). Sufi-Gymnastik. Dynamische Meditation. Frankfurt 1977
Arne Sjelund: Gruppenpsychologie für Erzieher, Lehrer und Gruppenleiter. Heidelberg [10]1973
Klaus W. Vopel: Handbuch für Gruppenleiter. Zur Theorie und Praxis der Interaktionsspiele. Hamburg 1976
Klaus W. Vopel: Interaktionsspiele 1.–6. Teil. Hamburg 1976
David Warwick: Team Teaching. Grundlegung und Modelle. Heidelberg 1971
Franz Zöchbauer/Henk Hoekstra: Kommunikationstraining. Ein Erfahrungsbericht. Heidelberg 1974

3. Literatur zu Themen und Aspekten des Jugendalters

Walter Abegg: Aus Tagebüchern und Briefen junger Menschen. Ein Beitrag zur Psychologie. München/Basel 1954
Alfred Adler: Kindererziehung. Frankfurt 1981
Alfred Adler: Individualpsychologie in der Schule. Vorlesungen für Lehrer und Erzieher. Frankfurt [5]1981
Robert F. Antoch: Zur Bedeutung des Lebensstilkonzepts im Prozeß der Berufsfindung und Berufsberatung. In: Gerhard Brandl: Vom Ich zum Wir. München 1979
Philippe Ariès: Geschichte der Kindheit. Vorwort von Hartmut von Hentig. München/Wien 1975
Peter Blos: Adoleszenz. Stuttgart [2]1978
Erik H. Erikson: Jugend und Krise. Die Psychodynamik im sozialen Wandel. Berlin 1981
Erziehung wozu? Pädagogische Probleme der Gegenwart. Eine Vortragsreihe. Stuttgart 1956
Christiane F.: Wir Kinder vom Bahnhof Zoo. Hamburg 1978
Haim G. Ginott: Between parents & Teenager. New York 1973
S. Jordan: Probleme der Selbstfindung in der Pubertät. In: Miteinander leben lernen, 1980, Jahrg. 5, Heft 4
Jugend-Report. Jugend und Meinungsbildung. Ergebnisse empirischer Jugendforschung. Stuttgart 1976
Jugend zwischen gestern und morgen in psychotherapeutischer Sicht. Stuttgart 1961

Ernst Kappeler: Es schreit in mir. Briefdokumente junger Menschen. Zürich 1979
Kinder. Kursbuch 34. Berlin 1973
K. Landauer: Die Ichorganisation in der Pubertät. In: Zeitschrift für psychoanalytische Pädagogik, Vol IX, 1935
Ulrike Lehmkul und Gerd Lehmkuhl: Gruppentherapie mit Jugendlichen in der Individualpsychologie. Theorie und Praxis. In: Zeitschrift für Individualpsychologie, Heft 3, 1982, S. 143–153
Ulrike Lehmkuhl und Gerd Lehmkuhl: Systematik der psychogenen Störungen im Kindes- und Jugendalter aus individualpsychologischer Sicht. In: Zeitschrift für Individualpsychologie, Heft 1, 1983, S. 36–42
Werner Michl: Individualpsychologische Beratung in Jugendfreizeitstätten. In: Zeitschrift für Individualpsychologie, Heft 4, 1983, S. 219–228
Marcel Müller-Wieland: Wandlungen der Schule. Schaffhausen 1976
Henri Nannen (Hrsg.): Die himmlischen Verführer. Sekten in Deutschland. Hamburg 1979
Horst Nickel: Entwicklungspsychologie des Kindes- und Jugendalters. Bern/Stuttgart/Wien ^{2}1975
Neil Postman: Das Verschwinden der Kindheit. Frankfurt ^{2}1983
Carl R. Rogers: Lernen in Freiheit. ^{3}München 1979
Carl R. Rogers: Freiheit und Engagement. Personenzentriertes Leben und Lernen. München 1984
Mara Selvini-Palazzoli u.a.: Der entzauberte Magier. Zur paradoxen Situation des Schulpsychologen. Stuttgart 1978
Helm Stierlin: Die Ent-Bindung von der Familie. In: Psychologie heute, 1982/4
Helm Stierlin: Eltern und Kinder. Das Drama von Trennung und Versöhnung im Jugendalter. Frankfurt 1980
Valérie Valère: Das Haus der verrückten Kinder. Ein Bericht. Frankfurt 1982
Franz Wellendorf: Schulische Sozialisation und Identität. Zur Sozialpsychologie der Schule als Institution. Weinheim/Basel ^{3}1975
Daniel Widlöcher: Das Psychodrama bei Jugendlichen. Diagnostisch. therapeutisch. pädagogisch. Olten/Freiburg 1974
Konrad Widmer: Der junge Mensch und seine Eltern, Lehrer und Vorgesetzten. Zum Problem des Verstehens und der Führung im Jugendalter. Zürich/Stuttgart 1978
Jürg Wunderli: Stirb und werde. Wandlungen und Wiedergeburt in der Pubertät und in der Lebensmitte. Feldbach/Öffingen 1980

Ulrike Petermann

Kinder und Jugendliche besser verstehen

Ein Ratgeber bei seelischen Problemen
213 Seiten. Kartoniert

Seelische Probleme bei Kindern und Jugendlichen sind heute keine Seltenheit. Sie können in jeder Familie vorkommen. Oft ist Eltern jedoch gar nicht bewußt, daß ihr Kind unter einem seelischen Problem leidet. Andere Eltern wiederum sind zu besorgt und vermuten hinter den kleinsten Anzeichen bereits psychische Störungen. Beides ist für ein Kind oder einen Jugendlichen nicht hilfreich.
In alphabetischer Anordnung behandelt dieser Ratgeber die häufigsten psychischen Störungen. Die klare Gliederung jedes Stichwortes erleichtert Eltern, Erziehern, Lehrern und allen, die beruflich mit Kindern oder Jugendlichen umgehen, die Handhabung und macht dieses Buch zu einem praktischen Nachschlagewerk.

Kösel-Verlag · München